ECONOMIC THEORY OF HEALING INDUSTRY

치유산업 경제론

ECONOMIC THEORY OF HEALING INDUSTRY

치유산업 경제론

조록환, 전성군 지음

프롤로그

치유경제 자본은 심리자본, 문화자본, 지식자본, 신체자본, 언어자본, 사회자본을 확장하는 데 중요하다. 이 여섯 가지 자본을 최대화할 수 있는 시장이 세계 건강웰니스 시장이다. 1,800조 원 대 세계 건강웰니스 시장 시대를 맞이해 대구한의대학교는 국내 최초로 치유산업학과를 신설했다. 이는 지금까지 추진해온 산림치유지도사, 치유농업사 양성 등 치유 관련 전문자격과정과 연계하고, 국내 대학 최초로 독일의 크나이프 치료법, 네팔의 싱잉볼 치유기법, 우리 토종 몸살림 치유기법, 아로마 테라피 등 국내외 치유기법과 치유농장 조성방안 등을 종합적으로 도입한 치유산업의 전문인력을 양성한다.

때마침 공원 속 초록색 나무들의 푸른빛과 힘껏 소리치는 풀벌레 울음소리가 생동감을 준다. 어쩌면, 사계절을 몽땅 가진 계절 부자 대한민국에서 태어난 것이 다른 나라에 비해 얼마나 다행스러운지 모른다. 여기에 대구한의대학교의 치유산업학과 개설은 시의적절하다. 특히 요즘처럼 코로나-19가 계속되고 있는 상황에서는 건강을 아무리 강조해도 지나치지 않다.

그런 의미에서 네덜란드의 케어팜을 벤치마킹할 필요가 있다. 케어팜(care farm)은 농업 및 농촌 생활을 통해서 몸과 마음을 치유하는 농업의 새로운 순기능으로 네덜란드에서 가장 발전된 모습을 보이고 있다. 네덜란드의 케어팜 시스템은 사회적 돌봄(care) 서비스와 농장(farm)이라는 단어를 합성한 것이다. 현재 케어팜 농가 수는 1,100여 곳에 이른다. 그리고 케어팜을 이용해 돌봄 서비스를 받는 인원은 2만5,000여 명으로 알려져 있다. 농축산임업이 주는 자연적 경관, 자연보전, 에너지 생산, 휴식 등 사회적 요구에 초점을 맞추면서 케어팜은 꾸준히 성장하고 있다. 반면 우리나라는 농산어촌 지역이 많은 어려움을 겪고 있다. 특히 코로나 시대에 치매 노인, 정신장애 등 돌봄이 필요한 사람들, 그리고 스트레스에 찌든 도시민들을 위한 치유 프로그램이 필요한 시점이다. 이러한 흐름에 맞춰 치유산업의 합리적인 경영 의사결정에 필요한 경제학 지식을 제공할 목적으로 펴냈다. 특히 이 책은 농산어촌의 치유자원이 얼마나 소중한 것인지를 좀 더 논리적이고 경제학적으로 체계화시키는 데 중점을 두고, 그리고 현상(現像)의 본질을 파헤치는 데도 신경을 썼다. 물론 유럽과 우리는 다르다. 사람(人)이 다르고, 물(水)도 다르고 바람(風)도 다르다. 그렇기 때문에 서로 다른 풍토 위에서 성숙한 문화 역시 다를 수밖에 없다. 어쩌면 서로 다른 것이 당연한 것일지도 모른다. 그렇지만 한 가지 공통점은 있다. 한국이든 유럽이든 치유경제를 추구한다는 것이다. 독자들이 처음부터 순서대로 읽으면 치유산업의 공급망을 따라 상류에서 하류로 이동하는 치유산업의 흐름뿐만 아니라 그와 관련된 치유산업의 최적 분배이론 및 치유산업과 협동조합경제모형과 같은 다양한 형태의 의사결정 문제도 이해할 수 있도록 하였다. 기획 단계에서의 의욕은 컸으나 치유농업의 확장선상에서 치유산업의 주제 내용을 풀어내다 보니 그 한계가 있었다. 하지만 두려움을 무릅쓰고 책을 낼 수 있게 된 것은 주위의 성원과 격려 덕분이었다.

2022년 9월 1일(양)

Contents

제1장

치유산업경제의
기본 개념

제1절

왜 치유산업경제인가

현대 시대에 접어들면서 산업이 오로지 생산성에만 집중하던 시대는 끝이 났다. 물론 농림수산업의 경우 생산성 증가는 필두적 목표로서 생명공학 및 화학을 통한 개발 등이 활발히 이루어지고 있다. 하지만 그것 또한 4차 산업혁명을 바탕으로 다양하고 융합적이며, 나아가 통합적인 부분으로 연구되며 실용 단계에 접어들고 있다.

근대 이후 농림수산업에서는 '6차 산업'의 일환인 서비스 산업과의 연계로서 발전하게 되었는데, 그중 대표적인 것으로 치유농업이 있다. 그로써 농업은 생산성을 넘어 사람들의 내적인 건강 증진과 난민 구제, 교육 등에 활용되었다.

한편 우리나라는 산업적인 측면에서 그동안 고속성장을 실현했다. 다른 나라와 비교해도 놀라운 속도의 성장이다. 그러나 이것은 양날의 검이었다. 수도권 위주의 발전에 따라 특정 지역 위주로 일자리가 늘어나면서, 해당 지역만을 위주로 인구가 쏠리게 된 상황이 발생한 것이다. 그 결과 이러한 지역을 위주로 사회기반시설이 집중되었고 이것은 도시와 농산어촌의 양극화를 초래하였다. 이러한 상황 때문에 필자는 농산어촌을 '낮은 인구밀도, 저소득, 낙후된

생활서비스'의 특징을 가진 원격지역으로 여긴다. 애석하게도 이러한 농산어촌에 대한 암담한 인식은 필자뿐 아니라 많은 사람들이 가지고 있을 것이고, 실제로 그것이 현재 농산어촌이 처한 현실이라고 생각한다.

아울러 4차 산업혁명으로 인한 면대면 직업군의 소멸과 비대면 직업군 창출이 예상된다. 4차 산업혁명으로 인한 무인 자동차, 로봇 등이 등장함으로써 소비자 맞춤형 서비스가 증가하고, 소비자가 공유경제 플랫폼을 통해 생산 부문에 적극적으로 참여하는 생산소비자(Prosumer)가 증가할 것이다. 또 포스트 코로나로 인한 비대면 서비스의 증가는 단순한 코로나로 인한 문제라기보다는 4차 산업혁명으로 인한 플랫폼 경제의 확대와 함께 비대면 비즈니스로 전환할 것이다. 산업적인 측면에서 농림수산업의 경우, 농수산물 거래 시스템이 많지 않아서 농어업인 대부분은 협동조합에다 판매를 의존할 수밖에 없다. 하지만 유통과정에서 큰 비용이 추가되다 보니 농어업인 입장에서는 저렴한 가격에 팔았는데, 소비자 입장에서는 비싼 가격에 물건을 구입할 수밖에 없는 구조이다. 아울러 인구가 도시의 집중포화 상태가 심각해지는 상황 속에서 농산어촌에 젊은 사람들이 많이 부족하고 인구의 고령화로 인하여 땅은 있으나, 일할 사람이 없어서 방치되어 있는 곳이 많다.

이러한 이유로 농어촌 융복합사업의 일환으로 치유산업이 등장했다. 치유산업으로서의 농림수산업은 경제적 발전을 중요시한다. 사회적 농업은 주로 사회적 문제 해결에 초점을 두고 있어 사회 안정화 및 안정적인 분배를 목적으로 하고 있다. 즉, 이것은 농산어촌 환경의 개선보다는 '사람' 그 자체를 개선하기 위함이 목적이다. 이와 반면에, 치유산업으로서의 농림수산업은 사회문제의 해결뿐만 아니라, 농어업인을 위한 영리 목적도 강하다. 이에 더 나아가 치유산업은 타 산업군과의 융복합을 형성함으로써 6차산업 등 농업의 가치창출을 다각화할 수도 있다. 이러한 치유산업을 통한 농림수산업의 경제적 발전은 농산어촌환경을 개선하는 데에도 큰 기여를 할 것으로 생각한다.

이러한 치유산업에 의의를 두어, 필자는 치유산업경제를 기획해 봄으로써, 농림수산업의 가치를 높이고자 한다.

1. 치유산업경제론이란

최근 '치유'와 함께 사용하는 용어인 '힐링(healing)'의 사전적 의미는 치료로도 해석되나 현재 트렌드에서 말하는 힐링은 우리말의 치유에 가깝다. 우리 국어사전에 치료는 상처나 증상을 다스리는 행위 즉, 의료기술이 동원된 의학의 영역이며, 치유는 치료를 통해 상처가 나아가는 과정을 의미하며 상처가 나아가는 과정에 관여하는 요법 등을 담은 넓은 의미로 해석한다. 따라서 치유산업이란 농산어촌자원이나 이를 이용해 국민의 신체, 정서, 심리, 인지, 사회 등의 건강을 도모하는 활동과 산업을 의미한다고 할 수 있다. 치유산업의 범위는 채소 작물뿐만 아니라 가축 기르기, 산림 이용 및 해양치유까지 모두 포함하며, 그 목적은 더 건강하고 행복한 삶을 추구하는 사람들을 비롯해 의료적·사회적으로 치료가 필요한 사람들을 치유하는 것이다. 일반 농산어촌 소득사업과의 가장 큰 차이점은 소득 자체가 목적이 아니라, 건강의 회복을 위한 수단으로 농림수산업을 활용한다는 것이다. 즉 체계화된 프로그램 하에서 농산어촌 관련 일을 치유의 수단으로 이용하는 것으로 건강, 돌봄 서비스 등이 있다. 치유산업 선진국에서는 치유산업을 치유농업, 사회적 농업, 녹색치유농업, 해양치유 등 건강을 위한 산업의 포괄적인 용어로 표현하며 본질적으로는 '치유를 제공하기 위한 농림수산업의 활용'이라는 의미를 가지고 있다.

한편 치유산업은 병원 치료와 비교하기는 곤란하다. 치유산업을 통한 효과는 신속히 드러나지 않고 오랜 기간에 걸쳐 달성되며 질병 자체의 치료보다는 주로 개인의 대처능력 강화에 초점을 맞춘 것이다. 약간의 산업 활동은 다양한 신체 부위를 이용하므로 근육을 강화하고 관절의 움직임을 부드럽게 하는 효과와 자연의 생명력을 지닌 산업자원을 통해 안정감과 신뢰감이 증가하는 효과가 있다. 미국원예치료협회에 의하면 생명에 대한 소중함, 내가 가꾼 것이라는 소유의식, 돌보는 주체가 된다는 존재감 등 심리적 효과도 인정된다고 한다. 따라서 치유산업은 신체·정신적 건강 및 복지증진을 위한 적극적 과정이라는 것으로 이해하는 것이 바람직하다. 그렇다면 치유산업경제론이란 무엇인가에 대해 알아보고자 한다. 치유산업이란 농업치유와 산림치유 외에도 해양치유 등을 포함한다.

해양치유가 국내에서는 아직 생소한 개념이지만 독일, 프랑스, 영국 등 유럽과 해양 강국은 자국민의 복지를 위한 방편으로 이미 100년 전부터 해양 자원을 이용해 온 것으로 알려졌다. 독일은 북해 연안의 섬을 중심으로 해양치유시설 클러스터가 형성되어 있으며 시장 규모는 연간 45조, 고용인력만 45만 명에 이르는 것으로 조사됐다. 가까운 나라 일본도 해양치유산업이 크게 활성화되어 있으며, 프랑스와 독일 등 일부 국가는 보험급여를 적용하고 있다. 해양치유산업이 가장 활성화된 독일의 경우 이를 전문적으로 제공하는 리조트가 전국 350여 개 이상이나 된다. 심장질환, 신장 요로질환, 근골격계질환, 호흡기질환, 피부질환 등 각각의 질환에 특화된 프로그램이 운영되고 있다. 이러한 리조트를 이용하는 '리조트 테라피'가 보험급여 대상이 되어 국민들이 손쉽게 해양치유를 이용하고 있다. 프랑스 역시 해양요법을 대중적인 치료법으로 활용하며 사회보험으로 지원하고 있다. 프랑스 내 해양요법시설은 83개 이상으로, 해양요법 전문기관 연합체인 '프랑스 탈라소(France Thalasso)'가 인증 시스템을 구축하고 있다. 일본은 1990년대 후반부터 해양심층수를 활용한 탈라소 테라피가 발전했다. 일본 전역에 걸쳐 30여 개의 탈라소 테라피 시설이 운영되는 것으로 파악되며 그중에서도 해양치유가 활발히 이루어지는 지역은 기후가 온난하고 자연환경이 아름다운 오키나와와 규슈 지역이다. 오키나와는 지역 대학과 민간 사업체가 중심이 되어 해양치유 활성화 방안을 마련하고 있다. 영국의 경우에도 인터넷 중독 예방 모델로서 해양 헬스케어를 운영 중이며, 이스라엘은 요르단 접경지의 사해를 브랜드화 해 복합의료단지를 조성하고 해니(머드)와 소금을 수출함으로써 부가가치를 창출하고 있다.

치유산업경제론이란 이와 같은 농산어촌 치유자원의 연결고리를 구성하는 전후방 산업부문을 조직의 비용구조와 시장경쟁구조 측면에서 경제학적 입장으로 접근하는 데 있다.

2. 치유산업경제의 대두

(1) 치유산업의 개요

치유산업은 농림수산업에 기초한 자원을 활용하여, 사람들의 건강 증진에 기여하는 일련의 활동을 의미한다. 이는 유럽 선진국을 시작으로 각국에서 발전하기 시작했는데, 주로 신체장애인의 재활과 심리치료의 요소로서 활용되고 있다. 이러한 치유산업은 관련 부분에서 유명한 동물매개치료로 대표되는 녹색치유와 산림치유 및 해양치유(크나이프 치유 등)의 일각으로서 점차 확대되고 있다. 이는 농어업인을 중심으로 진행되어 생산성 향상에도 기여하는 농어업 중점 치유산업과, 치유 자체에 중점을 두는 치유 중점 치유산업이 있다.

치유산업이 주는 가장 큰 혜택은 치유법으로서 활용되어 치료에 기여하는 것이다. 치유산업은 특성상 주로 내적 문제에 대한 치료에 응용되는 경우가 많다. 기존의 미술치료, 음악치료 등과 같은 의미로서, 동물치료와 산업치료로 확장된 것이다. 독거노인, 실업자, 비행 청소년, 신경증 환자, 우울장애 및 충동조절장애 환자 등의 대상이 가지는 내적 증상들을 완화하는 효과가 있다.

치유산업이 주는 혜택은 내적 치료에만 국한되지 않는다. 신체장애인, 각종 약물 및 마약 중독자 등에 대한 신체적 재활에도 기여할 수 있다. 또한, 체험학습 등을 통해 학생들에 대한 교육에 활용될 수 있다는 장점을 가진다. 대표적 교육으로 농림수산업의 각 요소가 어떻게 구성되며 이루어지는지, 밥상에 올려지려면 얼마나 오랜 과정을 거쳐야 되는지 등이 포함되며, 이는 학생들로 하여금 농림수산업의 가치와 중요성을 이해하고, 나아가 인격발달 및 내적, 윤리적 성숙 등의 긍정적 촉발요인이 될 수 있다.

농림수산업 중점 치유산업은, 농림수산업의 일차적 목표인 생산성 향상에 기여한다. 예를 들어, 농업의 경우, 우리나라에서는 '인삼 축제' 등이 해당할 수 있다. 작물 수확 과정 등에 직·간접적으로 참여하게 함으로써, 관광사업의 일환으로서도 활용될 수 있으며 성공적으로 진행될 경우 사람들로 하여금 대상 농작물에 대한 인식을 올려 매출을 증가시킬 수 있고, 다른 농업 중점 치유농업 관련 사업의 활성화에도 기여할 수 있다.

이는 그 지역의 인지도를 향상시켜 지역사회 단위에도 긍정적으로 작용할 수 있다.

요약하면 치유산업은 치유 중점으로서, 치유대상자에 대한 치료 효율 증가 및 치유 방안으로서 사용될 수 있고, 학생 등의 체험학습 등으로서 농림수산업 관련 지식 및 중요성을 깨닫게 해 줄 수 있다. 마찬가지로 농림수산업 중점으로서, 대상 농림수산작물의 매출 향상 및 지역 관광산업에 일조할 수 있고 이는 지역사회에도 긍정적으로 작용할 수 있다. 따라서 치유산업의 발전은 사회 건강에 기여할 수 있다고 말할 수 있다.

(2) 치유산업과 시장

한마디로 치유산업은 공급자 측면의 개념이고, 시장은 소비자 측면의 개념이다. 이른바 치유산업은 생산 및 서비스를 중심으로 정의되는 개념이지만, 시장은 생산과 소비를 연결해주는 과정인 거래를 중심으로 정의된다. 치유산업은 분류기준에 따라 그 범위가 넓게 정해질 수도 있고, 좁게 정해질 수도 있다. 하지만 치유시장은 동일제품과 서비스들만의 거래를 중심으로 그 범위가 정해진다. 일반적으로 경제학에서 시장은 동일한 종류의 제품만을 거래하는 판매자와 구매자 집단을 의미한다. 그러므로 한 시장에서는 동일한 종류의 한 가지 제품만 거래된다.

산업의 범위를 동일한 종류의 제품만을 생산하는 기업들만의 집합으로 좁게 정의한다면, 산업의 범위와 시장의 범위는 일치한다. 산업분류에서 산업의 범위를 아주 세분화시켜 나가면 궁극적으로는 산업이 시장과 일치하게 된다. 하지만, 한국표준산업분류에서 세세분류산업으로 정해진 산업의 경우, 그 범위가 시장과 일치하는 것도 있고, 그렇지 않은 것도 있다. 산업이 동일한 제품의 생산을 의미하는 것으로 세분되지 않으면 한 산업 내에 많은 시장이 성립될 수 있다. 예를 들어 가공식품 산업이라고 하면 가공식품의 생산 부분을 지칭하는 데 이 산업 내에 구체적인 제품에 따라서 여러 시장이 성립될 수 있다.

3. 치유산업경제론의 학문적 성격

(1) 농식품 자원과 산업경제

대부분의 대학교의 농업생명대학에는 식품자원경제학에 관련된 학과목이 개설되어 있다. 국립과 사립대학을 불문하고 생명자원경제학 혹은 식품산업경제학이라는 이름으로 학과가 다수 있다. 농업생명대학을 이과계의 학문 분야라고 생각하고 입학하는 학생들이 대부분이기 때문에 생명자원경제학이라고 들으면 뭔가 이질감을 느낄 수도 있을 것이다. 그러나 생명자원경제학은 농업 생명과학뿐만 아니라 식료나 식품에 관련된 학문에 있어서는 절대적으로 필요한 학문 분야이다.

생명자원경제학을 정의하면 농학의 한 분야로써 농업과 생명자원 나아가 식료를 포함한 경제적 제 현상(생산, 가공, 유통, 소비, 수급) 및 생명자원에 관계되는 환경문제에 대하여, 경제학, 사회학, 법학 등 사회과학의 성과를 응용하여 규명하는 학문이라고 할 수 있다.

농업생명과학대학[1]에는 작물학, 원예학, 축산학, 토양학, 식품학,

---

1) 우리나라에 있는 주요 농업생명과학대학을 알아보면, 서울대학교 농업생명과학대학, 전남대학교 농업생명과학대학, 경상대학교 농업생명과학대학, 충남대학교 농업생명과학대학, 경북대학교 농업생명과학대학, 전북대학교 농업생명과학대학, 강원대학교 농업생명과학대학, 충북대학교 농업생명과학대학, 경희대학교 자연과학대학 생명과학부 원예생명공학과, 한경대학교 자연과학대학 식물생명환경과학부, 고려대 생명환경과학대학, 동국대 생명자원과학대학 등을 비롯하여 이외에도 서울특별시 건국대학교(서울캠퍼스) 응용생명과학부, 서울특별시 서울대학교(본교) 식물생산·산림과학부군, 서울특별시 서울대학교(본교) 식물생산과학부, 부산광역시 부산대학교(부산캠퍼스) 식물생명과학과, 대전광역시 충남대학교(본교) 응용식물학과, 대구광역시 경북대학교(본교) 응용생명과학부, 대구광역시 경북대학교(본교) 응용생명과학부 식물생명과학전공, 광주광역시 전남대학교(광주캠퍼스) 식물생명공학부, 경기도 경희대학교(국제캠퍼스) 식물·환경신소재공학과, 경기도 중앙대학교(안성캠퍼스) 생명자원공학부(식물시스템과학전공), 경기도 한경대학교(본교) 식물생명환경과학과, 강원도 강릉원주대학교(본교) 식물생명과학과, 강원도 강원대학교(본교) 식물자원응용공학과, 강원도 상지대학교(본교) 친환경식물학부 유기농생

바이오테크놀로지 등 생명자원 제 분야의 개별적인 연구를 수행하고 있지만, 개개의 연구 성과나 기술도, 산업계에 현실적으로 도움이 되지 않는다면 의미가 없다. 농업은, 토양을 주요한 생산기반으로 하여 인간의 노동력을 추가하는 것에 의해 농작물, 가축이라는 생물자원을 유효하게 활용하려고 하는 생산 활동이다. 따라서 토양비료학, 토양개량학, 작물학, 축산학, 병리학, 농업기계학, 기상학 등 폭넓은 자연과학의 지식과 기술이 필요하다. 이것에 덧붙여 농업은, 현재에는 경제활동으로써 영위되는 것이기 때문에 농학 개개의 과학기술을 실제에 응용하는 데 있어서는 생산증대, 품질개선, 생산성·수익성 향상이라는 경영·경제의 시점이 필수적이다. 즉, 개별적으로는 매우 뛰어난 기술이라고 해도, 경영·경제적 시각에서 봐 채산성이 있고 동시에 인간에게 안전하고 효용적이지 않으면 사용할 수 없다. 그것을 판단하는 것은 산업계에서는 농식품 경영자(생산자 또는 농업인)이며 농식품학 중에서도 생명자원경제학이다.

농업생명과학대학에는 농산물이나 축산물 가공, 미생물 응용이라는 폭넓게 식품에 관계되는 분야도 있으며, 이러한 분야들에 있어서 최근의 기술개발은 상상을 초월하고 있다. 그러나 농업과 마찬가지로 대단히 뛰어난 연구나 기술이라 해도 산업화에 있어서는 경영·경제적 시점에서 검토해야만 한다. 이러한 것을 수행하는 것은 산업계에서는 식품기업이며 농학 중에서는 식품경제학 혹은 식량경

태학전공, 강원도 상지대학교(본교) 친환경식물학부, 충청북도 충북대학교(본교) 식물자원학과, 충청북도 충북대학교(본교) 특용식물학과, 충청북도 충북대학교(본교) 식물의학과, 충청남도 공주대학교(공주(신관)캠퍼스) 식물자원원예학과군, 충청남도 공주대학교(공주(신관)캠퍼스) 식물자원학과, 전라남도 순천대학교(본교) 식물의학과, 경상북도 경북대학교(상주캠퍼스) 생태환경시스템학부 식물자원환경전공, 경상북도 안동대학교(본교) 식물의학전공, 제주특별자치도 제주대학교(아라캠퍼스) 식물자원환경전공, 제주특별자치도 제주대학교(아라캠퍼스) 생물산업학부 등이 있다.

제학2)(이것도 생명자원경제학의 한 분야임) 등의 학문이다.

농학이 일반적으로 대상으로 하는 농림업의 주요한 기능은 인간에게 유효한 식량이나 임산물 공급이다. 동시에, 농림업에는 자연, 국토, 경관을 보전하고 인간에게 쾌적한 환경을 제공한다는 기능도 존재한다. 임업은 수자원을 함양하고 산간지역이나 해안지역에 광범위하게 존재하고 있는 다랑논이나 밭은 토사붕괴를 방지한다. 우리나라의 논이나 밭은 경관적으로도 뛰어나 도시인들에게 휴양과 정겨움을 제공해 주고 있다.

농림업의 이러한 비교역적 요인3)(다원적 기능)은 환경자원이라고도 할 수 있다. 그렇지만, 오늘날 경제기구 중에서는 환경자원은 일부를 제외하고는 사적인 경영 활동 대상이 아니다. 그렇기 때문에 환경자원을 보전하기 위해서는 국가나 지방공공단체, 그 이외의 공적 기구의 역할이 중요할 수밖에 없다. 국제기구를 통해 여러 국가들과의 협력도 중요하다. 이러한 공적 기관의 활동은 일반적으로 정부관청이나 재정자금에 의해 유지된다.

제한된 자금에서 무엇을 어떻게 하여 보전할 것인가를 최종적으

---

2) 식량에 관한 경제학적 분석임. 농업경제학과 같은 특수한 산업부문을 대상으로 하는 것이 아니라, 식량의 생산으로부터 소비에 도달하는 각 분야를 주로 분석하는 것으로서 반드시 학문적인 체계가 있는 것은 아니다.

3) NTC(Non-Trade Concerns)는 비교역적 요인, 비교역적 고려요소 등으로 불리며 농업이 지니고 있는 고유의 비교역적 기능을 총칭하는 용어이다. 농업은 경제적으로 평가할 수 없는 효과를 많이 갖는 업종이다. 경제적 역할뿐만 아니라 식량안보, 사회안정, 환경보전 등 비경제적인 역할을 수행하고 있다. 예컨대 쌀농사의 경우 쌀생산으로 인한 경제적 효과만이 중요한 것이 아니라 여름철에 비가 많이 올 때 논이 훌륭한 저수지 기능을 수행함으로써 파생하는 효과도 만만찮다. 이 같은 농업 고유의 기능을 총칭해 NTC라고 일컫는다. 1989년 4월 우루과이라운드(UR)의 무역조정회의에서 공식 합의된 데 근거를 두고 있으나 이러한 NTC를 어떻게 어느 정도 반영할 것이냐에 대해서는 각국이 유리한 대로 해석을 해오고 있어 실제 적용에 논란을 빚고 있다. EU, 한국, 일본, 스위스, 노르웨이 등 농산물 수입국은 이른바 'NTC 그룹'을 형성하여, 세계무역기구(WTO) 농업 분야 협상에서는 식량안보와 환경, 농촌 개발 등의 농업의 비교역적 특성이 고려돼야 한다고 줄기차게 주장해왔다. 최근엔 "Multi-functionality(다원적 기능)"라는 용어로 대체되는 분위기다.

로 판단하는 것은 국민이지만, 직접적으로는 정책관청이나 관계하
는 공적 기관의 행정적 기능이 수행하는 역할이 크다. 정책화 과정
에 있어서 생명자원경제학은 환경경제학4)과 하나 되어 환경자원의

---

4) **환경경제학**(環境經濟學)은 환경문제에 관한 경제학의 하부 분야이다. (1) 배경 및 개념 : 지구
온난화부터 생물 다양성의 감소와 환경오염에 이르기까지 다양한 종류의 환경문제들은 오늘날
경제적 시각에서 많이 다루어지고 있다. 이와 같은 사조는 1970년대 여러 환경오염 문제가 미
디어에 보도되면서 생태학에 관한 논의 활성화와 함께 형성되었다. 세계 경제는 자원이용과 국
민총생산소득으로 해석되는 경제 개발의 환경적 "비용"을 측정하기 시작하였고 이는 현재까지
환경적 고려가 적었던 기존 사고방식의 변화를 보여준다. 생물물리학적 환경은 생태학과 지구
상의 모든 활동과 관련하여 생태계의 체계와 순환구조와 연계되어 있다. 이는 곧 시장 측면의
한계(지하수 오염)보다 공급 측면의 한계(석유나 수산자원의 과도한 채취 및 포획)에 비중을 두
고 있음을 말한다. 경제 개발 모델은 인간 활동의 결과물로서 환경에 부정적인 영향을 미칠 수
밖에 없다는 해석을 내포하고 있다. 이와 같은 인식은 현대문화의 근래 현상으로 여겨진다. 경
제(economy)라는 단어의 어원은(집이라는 의미의 "oikos"와 규칙이라는 의미의 "nomos"의 조
합) "집" 즉, 생태계의 효율적인 관리라는 뜻으로 해석되며, 생태학(ecology)의 어원(집이라는 의
미의 "oikos"와 학문이라는 의미의 "logos")에도 반영되어 있다. 중농주의자(Physiocratie)나 고전
경제학파의 논의에서 경제와 천연자원의 희소성의 관계가 명확하게 확립되었다면, 새 고전경제
학파의 입장에서는 천연자원의 고갈에 대한 인식이 생략되고 희소성에 따른 비용적 측면만 다
루고 있다. 경제학과 생태학이 진정으로 통합되어 (자연과학적 측면을 포함하여) 논의된 계기
는 1968년 설립된 로마 클럽에서 발표한 «성장의 한계(Limits to Growth, 1972)» 보고서로 볼
수 있다. 에너지 자원의 한계에 대한 경각심을 일깨운 이 보고서는 새 고전주의 이론에 따라 환
경의 개념을 환기시키는 역할을 하였다. (2) 환경경제학의 의의 : 인간과 자연의 관계에서 인간
은 전적으로 자연에 의존하여 천연자원을 채취하고 자연을 정복함으로써 독립성을 확보한다.
인간의 경제활동에 있어서 자연은 필수불가결한 존재이다. 이러한 인식의 발전으로 인해 다소
관점의 논쟁이 많은 환경경제학이 성립되었다. 환경경제학의 의의는 환경의 생태학적 가치를
경제학적 개념에 통합시키고 더 나아가 사회과학 분야 전반에 도입하는 것이다. 따라서 환경경
제학은 신고전학파가 무의식적으로 고려하지 않는 환경적 관점을 경제학에 포함시키는 데에서
의의를 갖는다. 환경경제학은 인간과 환경이라는 주체들 간의 상호작용을 반영하는 새로운 경
제적 효율성의 개념을 연구한다. 이러한 연구 방향은 기존 경제학과 동떨어진 것이 아니라 기
존 경제학에 생태학적 가치를 접목하고 환경적 변수를 고려하는 경제학을 제시하는 것이다. 환
경경제학은 행위자의 후생, 자원의 생산과 이용과 같은 기존 경제학의 중심개념들을 새롭게 정
의하며 기본적인 가정을 전제로 한다. 신고전경제학에서 말하는 후생은 상품의 소비를 통해 이
루어진다. 환경경제학에서는 후생 개념에 개인이 환경에 부여하는 계량화할 수 없는 상징적이
고 실질적인 가치를 추가한다. 전 세계적인 물자의 생산과 소비가 경제구조 속에서 갖는 환경
적 연관성 또한 포함된다. (3) 경제이론과 환경 : 경제학에서는 경제적 행위자들의 선호도와 효
용성을 고려하는 희소한 자원의 최적의 분배상태인 옵티멈(optimum)을 중시한다. 예를 들어 파
레토최적은 경제학에서 가장 많이 사용되는 옵티멈 중 하나이다. 이는 한 개인의 후생이 향상
되는 것은 다른 개인의 후생을 저하시킨다는 개념을 뜻하는데, 파레토최적은 이러한 분배가 모
두 완료된 상태를 지칭한다. 이처럼 경제학적 개념에서 정의하는 파레토최적은 시장의 경쟁적
특성과 가격 결정구조의 조종기능을 전제로 할 때에 존재 가능하다. 그러나 경제학에서 말하는
시장의 균형이 사회 및 환경적 측면에서의 최적의 상태와 동일하지는 않다. 최적의 상태는 정
교하게 통제된 시장거래 체제에서 존재하며, 가치로 인정되지 않은 요소들은 경제행위자들의
경제적 효율성에 일정한 영향을 갖더라도 효용성 분석에서 철저하게 배제된다. 즉, 환경과 관련
된 측면들이 생략된 것인데, 이러한 요소들을 시장거래의 외부효과(externality)라고 한다. 외부
효과는 경제행위자의 후생을 개선할 수 있다는 관점에서 긍정적 요소로 볼 수도 있다. 그러나

기초적인 데이터 분석이나 계량평가, 구조분석이나 정책제시 등을 수행한다. 환경자원의 보전에 관계되는 개개의 자연과학적 분석도 경제학이나 정책학에 의한 검토를 거치지 않으면 실용화는 불가능하다.

(2) 산림치유자원과 산업경제

우리나라는 국토면적의 65%가 산림으로 되어있다. 지세는 험하고 산림지의 약 66%가 화강편마암으로 구성되어 있어 황폐하기 쉽고 비옥도가 낮다. 뿐만 아니라 연평균 강우량의 약 2/3가 여름철에 집중되며 겨울이 춥고 길어 나무가 자라는 데 좋은 조건은 아니다.

산림의 소유구조를 보면 사유림이 총 산림면적의 73%를 차지하고 나머지 27%가 국, 공유림으로 되어있다. 사유림의 산주 수는 약 197만 호나 되어 호당 평균 산림면적이 3.27ha에 불과한 영세 소유구조를 갖고 있다. 나무가 자라는 데 열악한 자연환경과 산림의 영세 소유구조는 산림의 상업적 경영을 어렵게 하고 있다.

우리나라의 산림은 옛날에는 풍부했던 것으로 보이나 인구의 급증과 땔나무의 수요증가 등으로 줄어들기 시작했다. 특히 한일병탄, 광복, 6.25 동란의 혼란기를 거치며 산림에 대한 무절제한 남벌로 임상이 피폐해져 1950년대와 60년대에는 커다란 사회문제로까지 되었다. 당시에는 임산 연료 이외에는 대체연료가 거의 없었으며

금전적인 보상 없이 후생을 감소시킬 수 있다는 측면에서 부정적인 요소로 여겨지기도 한다(예를 들어 공항건설 시, 소음공해로 인해 주변 부동산 가치가 하락할 수 있다). 따라서 비효율적인 외부효과의 내재화를 통해 손실가치를 시장거래 체제에 반영해야 한다. 즉, 환경적 손실의 가격을 결정하는 것이다. 환경경제학에서는 "오염의 최적"을 탐구한다. 즉, 환경이라는 변수를 고려하여 파레토최적을 산출하는 것을 의미한다. 오염의 최적에서는 타인의 손실 없이는 환경적 변수에 민감한 한 경제행위자의 후생을 향상시키는 데에 한계가 있다. 실제 환경경제학의 오염의 최적은 생태학자들로부터 가장 많은 비판을 받고 있기도 하다.

추운 겨울을 지내기 위한 우리나라 특유의 온돌은 막대한 양의 화목을 소비하는 특성이 있다.

일단 나무를 마구 베어 헐벗은 산은 좋지 않은 지세와 자연환경 때문에 정성 들여 식목을 해도 나무가 뿌리를 내리기 힘들었다. 산림의 남벌은 마을 주변의 산으로부터 시작되고 점차 확대되면서 대부분의 산은 민둥머리 붉은 산으로 되어 버렸다. 그 결과 마을주민들은 나무를 하기 위하여 더 먼 산으로 가지 않으면 안되어 땔감을 마련하는 시간은 자꾸만 늘어났고 멀리 떨어진 벽지의 산마저도 황폐되는 실정이었다.

산에 나무가 없어진 결과 여러 가지 부작용이 나타나기 시작했다. 조금만 비가 와도 홍수가 되어 토사가 밀렸고, 하상은 논보다 높아졌다. 조금만 비가 오지 않으면 피해가 확대되었고 약한 바람에도 황토 먼지가 부옇게 날리는 등 생태계의 파괴로 인한 대가를 톡톡히 치르지 않으면 안되었다.

1960년대와 1970년대의 꾸준한 조림과 함께 경제성장으로 인한 농촌노임의 상승과 연탄 등 값싼 대체연료의 공급에 힘입어 최근에 다시 임상이 푸르러지고 산에 나무가 자라는 등 획기적인 산림녹화를 이루게 되었다.

그러나 하루빨리 속성수와 연료림 중심의 식목이 이루어졌기 때문에 산림자원이 빈약하므로 고급목재 등을 생산하기 위한 수종개량이 시급한 실정이다. 산림녹화를 할 당시는 농촌에 유휴노동력이 많아 이를 효과적으로 이용하였으나 지금은 농촌노동력이 부족하고 인건비가 비싸서 수종개량사업이 난관에 봉착하고 있다.

국민소득이 증가함에 따라 목재와 펄프의 수요는 날로 증가하고 있으나 가까운 장래에 이것들을 자급자족하기는 어려운 실정이다. 그러나 국민 생활 수준이 향상됨에 따라 산림이 갖는 미관과 국토 보전, 수자원함양, 야생동식물의 보호와 증식장소, 국민의 보건과 휴양지로서의 공익적 기능이 점차 그 중요성을 더해가고 있다.

이런 산림자원의 경제적 가치는 크게 생산자원적 가치와 환경자원적 가치로 나눌 수 있다.

① 산림의 생산 자원적 가치

산림의 생산 자원적 가치는 주산물인 목재의 생산과 더불어 여러 가지 부산물로 구분된다. 목재는 각종 건축 재료와 가구 등의 원료가 되며 물리·화학적 처리를 통하여 펄프와 종이를 제조하는 데 사용된다. 또, 부산물로서 나무의 특수 성분을 이용하여 탄닌, 수지, 정유 등을 만들고 숲에서 산나물, 버섯 등을 얻을 수 있다.

② 산림의 환경 자원적 가치

산림의 환경 자원적 가치는 생명유지 기능과 보건 환경 기능으로 크게 나눌 수 있다. 산림은 나무와 풀을 가지고 또 낙엽 등을 쌓이게 해서 빗물을 흡수, 저장하고 그 유출속도를 조절하는 이수 기능을 가지고 있어 홍수와 가뭄의 피해를 줄여준다. 또한 나무의 뿌리는 토양을 굳게 잡아서 이동을 막고 낙엽과 잡초는 지면을 보호함으로 토사의 붕괴 유출을 막아 토양 침식을 막는다. 그밖에 수원함양, 기후 완화, 대기 정화, 방풍·방음·방진 등 다양한 환경 조절 효과를 가지고 있다.

▶ 수원함양

산림(숲)은 비가 내릴 때 그것을 붙잡아 두었다가 일정 시간이 지난 후에 다시 방출한다. 따라서 많은 양의 물이 식물체에 의해서 대기로 방출되고 나머지는 지표면의 낮은 곳을 따라 유출된다. 이는 홍수를 방지하고 물 공급체제를 유지하는 데 중요한 역할을 한다. 또한, 산림(숲)의 유지는 물의 순환에 결정적인 역할을 한다. 지상에 내리는 비의 7할이 대기 중으로 돌아가고 대기 중으로 환원된 수증기의 8할이 식물체의 증산 작용에 의해서 이루어진다. 따라서 육상에 내린 비의 절반 이상이 식물체에 의해서 대기 중으로 환원되어 다음 강수량에 대비를 하는 것이다. 그리고 대기로부터 온 각종 물질은 제거하고 무기질을 포함시켜 흘려보내는 수질 보전기능도 가지고 있다.

▶ 기후조절

산림은 나무가 없는 지역과 비교할 때 평균 기온 2~3도 정도의 차이가 나며 최고·최저기온의 차이가 적은 온화한 조건을 만들어낸다. 따라서 숲이 적은 도시는 시골에 비하여 온도가 높게 된다. 기상학자들은 이와 같은 도시 열섬효과의 원인 중의 하나로 도시에 나무가 너무 적다는 점을 든다. 토양 수분이 충분히 존재할 때 한 그루의 나무가 하루에 대략 400리터의 물을 뿜어낸다고 한다. 또한 수목은 이산화탄소를 유기물 형태로 저장함으로써 대기 중의 이산화탄소농도를 제어하여 온실효과로 인한 지구 기후 변화를 방지할 수 있다.

▶ 방풍·방무 등

방풍림을 조성할 경우, 바람 위쪽에 있어서는 수고의 5배, 바람이 아래쪽에 있어서는 수고의 35배의 거리까지 영향을 미친다. 방무림을 조성할 경우, 잎이 안개를 흡착해 증발시키기 때문에 안개에 의한 교통사고율을 줄일 수 있고 작물의 생산량도 증가시킬 수 있다.

▶ 침식 및 홍수 방지

비가 오면 나무뿌리에 의해 생긴 토양 중의 공간은 물의 흡수와 저장 공간으로 이용된다. 따라서 수목은 물의 일부를 소비하는 한편, 물의 속도를 조절하기 때문에 토양 침식과 홍수를 막을 수 있다.

▶ 대기 정화

숲의 식물은 탄소동화작용을 통해서 이산화탄소를 소비한다. 삼나무림 1헥타르에서 흡수할 수 있는 양은 사람 70명이 방출하는 이산화탄소의 양과 같다고 한다. 게다가 인간의 호흡 외에도 여러 가지 산업 활동으로 인해 이산화탄소 배출량이 증가하고 있다. 그러나 현재 열대·아열대림의 파괴가 가속화되고 이산화탄소 배출량은 증가하고 있는 추세이기 때문에 산림의 보전이 시급하다.

▶ 야생동물의 서식지 제공

산림은 인간에게는 물론, 야생동물에게도 먹이와 보금자리를 제공해 주는 중요한 역할을 한다. 여러 동식물이 스스로 복원될 수 있도록 이들의 서식처를 보전하면 산림 내의 생물 다양성이 유지되어 건강한 산림을 조성할 수 있다.

▶ 보건 휴양적 기능

도시화, 산업화에 따라 사람들은 여러 가지 스트레스를 받고 있다. 따라서 사람들은 조용하고 깨끗한 숲에서 요양을 하면서 건강과 활력을 되찾으려 하고 있다. 숲은 테르펜, 음이온 등 인체에 유익한 성분을 방출하여 사람의 정서에 도움을 준다.

③ 산림의 그 밖의 가치

쓰레기 매립지 정화 : 쓰레기의 불완전한 연소로 인해 생성되는 다이옥신과 매립 후에 발생하는 침출수를 수목을 이용해서 정화할 수 있다. 정화할 수 있다.

폐광산지역의 생물학적 정화, 예컨대 아연광산 등은 채탄이 끝난 이후에 방치해 두면 침출수의 유출로 인해서 오염이 심각해지는데 이를 막기 위해 폐광산 지역에 친환경적인 조림, 복구로 오염의 확산을 막을 수 있다. 즉, 하수 슬러지, 축산폐기물의 정화 : 하수 슬러지, 축산폐기물과 같이 악취가 나고 독성이 있는 폐기물을 수목으로 정화할 수 있다.

④ 산림치유자원의 가치

산림치유는 숲에서 찾아볼 수 있는 피톤치드와 같은 나무의 향기나 아름다운 경관, 소리나 햇빛, 음이온 등을 이용해서 인체의 면역력을 향상시키고 육체적인 건강은 물론 정신적인 건강도 증진하고

자 하는 일종의 자연치유법이다. 산림치유를 구성하는 인자들은 먼저 생리적인 조건과 정신적인 조건으로 구분해볼 수 있다. 생리적 조건은 핵심 인자와 필요 인자로 구분된다. 핵심 인자에는 수목이나 물, 음이온, 햇빛, 공기 등 산림환경이 있다. 피톤치드는 살균과 심신안정의 효과가 있다고 알려져 있으며 음이온은 면역력을 증가하고 긴장이나 두통을 완화하는 성질이 있다. 일반적으로 숲이 도시 실내보다 음이온이 최소 14배에서 70배 정도가 많다고 한다. 햇빛은 우울증을 개선하고 인체가 자체적으로 생성하지 못하는 비타민D를 합성한다고 알려져 있으며 산소는 두뇌 활동을 촉진하며 피부를 더 건강하고 좋게 만들고 항암 효과가 있다고 알려져 있다. 그다음 필요 인자는 오감 요소와 운동 요소 그리고 약제 요소로 구분된다. 오감 요소에는 색이나 향기, 소리, 촉감 등이 있다. 운동 요소에는 걷기나 등산, 요가, 명상, 체조 등이 있고 약제 요소는 식용이나 약용식물, 신약초 등이 있다. 일반적으로 지구상에 있는 약 50만 종의 고등식물 중에서 3만 6,000여 종이 의약품으로 이용된다고 하며, 우리나라에 있는 4,500여 종의 고등식물 중에서는 900여 종이 약용으로 활용된다고 한다. 정신적 조건은 심리적 인자와 사회, 문화적인 인자로 구분된다. 심리적인 인자에는 자아실현이나 안정, 탈피, 몰입 등이 있으며 사회, 문화적 인자에는 감상이나 리더십, 참여 등이 있다.

독일에서는 오래 전부터 국민들의 질병을 예방하거나 치료, 혹은 재활 등의 목적으로 산림치유가 널리 활용되어 왔다. 독일의 산림치유는 정부 중심으로 추진되는 성향을 보인다. 독일에서 산림치유는 의료행위로 인정되어서 의료보험 항목에도 포함되어 있다. 독일에서는 약 300여 개의 치유기지가 있다고 하며 치유기지로 인증받기 위해서는 대기 환경 기준 충족, 일정한 규모 이상의 트레킹 코스, 숙박시설, 치유 의사 상주, 자동차 통행 제한 등의 요건을 충족해야 한다. 독일의 산림치유 산업에서 가장 유명한 곳은 독일 남부에 있는 작은 시골 마을인 바트 뵈리스호펜이다. 이 지역은 도시 전체가 치료와 요양을 위해 만들어진 역사가 깊은 산림치유 기지이다. 처음에 크나이프 요법이 이 지역에서 처음 선보이면서 발전하기 시작했다. 크나이프 요법은 물을 사용하는 치료법으로 물의 온도와 압력, 물살의 세기 등을 이용하는 물 요법을 중심으로 운동요법이나 식물 요법, 식사 요법, 주화 요법 등도 별도로 활용한다. 일반적으로 관절염이나 류머티즘을 앓고 있는 환자들에게 통증을 주지 않으면서 치료 효과도 더 높다고 알려져 있다.

이 외에도 이 지역에서는 최초의 산림치유 형태인 기후요법이나 지형요법 등도 적용됐다. 기후요법은 산림지대를 느린 속도로 걸으면서 요양하는 것이며, 지형요법은 10도 안팎의 완만한 경사가 반복되는 숲길을 걸으면서 휴식과 안정을 취하는 형식이다. 여기에서 한 단계 더 나아간 것은 자연 건강 조양법으로, 산림치유에 자연회복 의학적인 개념을 도입한 것이다. 사용료는 하루에 1인이 약 우리나라 돈으로 25만 원 정도라고 하며, 바트 뵈리스호펜의 연 수입은 한화로 약 40억 원 정도라고 한다. 또 크나이프 요법 시설도 다수 위치해 있으며 숙박시설도 갖추어져 있다. 또 전체 길이가 약 200km에 달하는 노르딕 워킹코스도 마련되어 있으며 산림전문가와 의학전문가들이 공동으로 설계해서 의학적으로 효과가 있는 구간도 일부 존재한다. 노르딕 워킹코스는 난이도가 상이한 여러 개의 코스로 되어있어서 각 개인의 난이도에 맞는 코스를 선택하면 된다. 독일 정부에서는 40세 이상의 국민들을 대상으로 정부에서 4년에 한 번 치유시설에서 3주 동안 시간을 보낼 수 있도록 하는 복지정책도 펼치는 것으로 알려져 있다. 실제로 2000년부터 독일 직장인들은 4년에 1회씩 3주일간 의무적으로 휴식을 취하는 것이 법제화되어 있다.

일본의 산림치유는 독일과 비교하면 지자체와 민간을 중심으로 체계화되어 있다. 일본에서는 임야청이 1982년 삼림욕 구상을 발표한 것을 시초로 삼림욕이 건강 증진에 도움이 된다는 인식이 점차 사회로 확산하기 시작했다. 일본의 산림면적은 전체 국토의 약 70% 정도라고 알려져 있다. 일본에서는 산림치유라고 칭하지 않고 산림 테라피라고 표현한다. 산림 테라피라는 용어는 2004년부터 사용되었다. 신청에서부터 최종적으로 인증을 받기까지는 일반적으로 16개월 정도가 소요된다고 한다. 지자체마다 고유의 자연이나 인적자원, 문화 콘텐츠 등을 연계해서 헬스투어리즘으로도 발전시키고자 하고 있다. 일본에서는 산림 테라피 소사이어티라는 비영리 활동법인에서 산림욕 효과를 높일 수 있는 산책이나 운동 등을 안내하며 건강 증진을 위한 프로그램을 제공하기도 한다.

일본 산림치유에서 가장 비중이 큰 곳은 아게마쯔이다. 아게마쯔는 일본의 나가노현에 있는 곳으로 1600년대 중반부터 나무를 베는 것이 금지된 보안림이다. 일본에 있는 산림 테라피 기지 중에서 9개가 모여 있는 곳이다. 2006년 지자체인 아게마쯔초가 주도해서 테라피 기지 인증을 받았으며, 연간 방문객은 15만 명 이상이라고 알려져 있다. 아게마쯔 기지는 심신안정과 면역을 증진하는 효과가 더 높다고 알려진 편백나무 숲으로 육성될 계획이라고 한다. 주요 고객들은 중장년층과 단체 관광객이라고 한다. 일본의 산림 테라피 기지는 지역사회와 밀착된 관계를 형성하고 있다. 지자체에서는 치유의 숲 사업에 시민단체와 주민 등을 적극적으로 참여시키고 있다. 또 산림요법연구회에서는 산림 메디컬 트레이너를 양성하고 숙박업소를 인증하는 등 산림치유 사업의 실질적인 운영도 하고 있다. 메디컬 트레이너는 관광업계에 종사하는 지역 주민들이라고 한다.

우리나라에서도 산림치유는 지속적으로 발전하고 있다. 우리나라에서는 2007년에 치유의 숲 조성사업이 시작되면서 산림치유 사업이 본격적으로 닻을 올렸다. 이후 지난 2011년에 산림문화 휴양에 관한 법률이 개정되었고 이에 따라서 산림치유에 대한 법적인 정의가 만들어졌다. 또한 산림치유에 대한 근거조항이 신설되었다. 현재 경북 지역을 중심으로 국립 백두대간 산림치유단지가 조성되고 있으며, 사업의 일환으로 연구센터나 수련센터, 건강 증진센터, 수치유 센터, 치유숲길 등이 조성되고 있다. 우리나라의 산림치유 산업은 일반적으로 산림청이 추진하고 있다. 우리나라에서는 국립산림유치원이 있다. 국립산림유치원은 경북에 있다. 주요시설로는 산림치유문화 센터, 치유정원, 치유숲길, 장단기 숙박시설, 수 치유 센터, 건강 증진센터 등이 있다. 국립산림유치원에서는 다양한 산림치유 프로그램도 운영하고 있다. 이 센터에서 운영하는 산림치유 프로그램은 크게 단기 산림치유 프로그램과 장기 산림치유 프로그램으로 구분된다.

단기 산림치유 프로그램으로는 숲 치유, 건강 치유 등의 프로그램이 있다. 숲 치유 프로그램에는 숲속에서 다양한 걷기 활동을 통해 교감신경을 안정시키고 신진대사를 촉진하는 프로그램이나 숲의 산림인자를 활용한 신체 활동과 해먹 명상을 통해서 편안한 휴식을 도모하는 프로그램, 자신의 호흡을 느끼고 면역력을 증진하는 숲 감성 나눔 프로그램, 숲 산책을 하면서 숲의 경관을 즐기는 숲길 산책 프로그램, 아침 식사 이전 스트레칭 프로그램, 호흡이나 걷기 명상 등을 통해서 마음의 균형을 다스리는 명상 프로그램, 균형운동 프로그램 등이 있다. 장기 산림치유 프로그램으로는 숲속 힐링스테이 프로그램이 대표적이다. 1주일 동안 산림에서 지내면서 숲 산책이나 트레킹, 맨발 걷기, 치유 장비를 통해서 혈액순환을 촉진하고 피로 해소를 돕는 프로그램, 명상 프로그램 등 다채로운 프로그램을 즐기는 것이 주요 핵심이다.

우리나라에서는 노동시간이 워낙 긴 탓에 평균 여가시간이 다른 국가와 비교하면 길지 않음에도 불구하고 산림을 방문하는 방문객의 비율은 지속적으로 높아지고 있다. 또 안전이나 웰빙, 힐링 등을 키워드로 한 시장의 규모가 빠른 속도로 확대되고 있기 때문에 향후 산림치유 분야는 더욱 그 규모가 확대될 것이라고 예상되고 있다. 국유 치유의 숲에서는 정기적, 비정기적으로 프로그램을 개발하고 있으며 대상자 집단의 특성을 고려해서 맞춤형 프로그램으로서 세분된 프로그램을 제공하고 있다. 산림치유 프로그램을 운영하는 기관은 통상 의료기관이나 종교기관, 요양기관이 주를 이루고 있다. 의료기관에서는 평균 10개 정도의 프로그램을 보유하고 있다고 하며, 의료연계기관으로 건강 체크 기기를 모두 보유하고 있다고 한다.

(3) 해양(수산)치유자원과 산업경제

해양산업은 해양에서 자원을 얻거나 탐사 활동·공간이용 등을 통하여 이익을 추구하는 모든 기업 활동을 말한다. 90년대 후반부터 2000년대 초반부터 석유·석탄 등의 중요 자원의 고갈의 위기의식, 환경오염과 생태계 파괴, 동식물의 멸종 등에 의해 해양 자원에 대한 새로운 인식을 가지게 되었고, 해양산업의 경제적 가치가크게 부각되기 시작하였다. 이 산업에는 해양수산물 생명자원 개발, 해운 물류 산업, 해양 구조물 산업, 해양에너지 개발, 해양광업 개발 등의 다양한 산업이 있다. 해양은 특수한 환경조건을 가지므로해양 자원을 개발하기 위해서는 해양물리·화학·생물·지질학 등의 기초해양과학을 비롯하여 기계·전자·토목·조선공학·잠수의학 등 응용과학의 융합이 필요하다. 한국의 해양산업은 수출주도산업의 하나이며 앞으로 해양토목, 석유개발 장비 생산 분야에서큰 발전이 예상된다. 하지만 해양산업은 전반적으로 초기 단계에있으며, 첨단기술의 발전과 함께 지속적으로 발전하고 있다.

그렇다면 해양치유산업의 일부분인 해양바이오산업에 대해 알아보고자 한다. 해양바이오산업이란 해양생물이나 그들의 구성성분, system, process, 기능 등을 연구하여 궁극적으로 인간복지를 위한상품과 서비스를 제공하는 산업을 말한다. 해양바이오산업의 발전은 해양환경의 문제점 해결, 해양생물자원생산의 증대를 통한 인류3대 문제점인 식량문제 해결, 질병 치료방법의 모색, 에너지 문제의 해결 등을 통한 삶의 질을 높일 수 있다.

해양바이오의 잠재력은 무궁무진하다. 해양은 지구 표면의 71%를 차지하고 해양환경에 서식하는 생물 종의 80%(30만 종)가 해양

에 서식하고 있어 풍부한 자원량을 가지고 있다. 또한 해양생물은

육상생물과는 다른 환경(폭넓은 온도와 pH의 범위, 다양한 용존 가스, 무기영양물질 등)에서 생존하므로 해양생물이 생산하는 특이한 기능성 대사산물이 다양하게 존재한다. 이러한 해양생물이 보유한 대사산물은 그 양이 매우 적어 그들의 생리활성 및 구조를 밝히기가 매우 어려웠지만 이들 물질을 인체에 투여하면 강력한 생리활성을 나타내는 물질들이 상당히 많이 존재한다. 기존의 바이오산업은 육상생물 소재에 국한되어 있어 해양의 다양한 소재들을 활용하면 기존 바이오와는 차별을 둘 수 있다. 또한 해양바이오 기술은 해양천연물이나 해양생물에서 유래된 건강 기능성 식품소재, 의약재 혹은 고분자 물질, 화학소재 등의 생산을 위한 원천 기술 확보가 용이하여 독점적 물질 특허권 확보가 가능하다는 이점을 가진다. 따라서 신물질 발견확률과 제품화 비율이 높으며, 신제품의 개발 기간 단축이 가능하다. 해양바이오 산업은 21세기 첨단산업으로써 가능성이 아주 무궁무진한 산업이다.

세계적인 경제 침체에도 불구하고 생활 수준의 향상과 의료기술의 발전에 의해 건강유지 및 예방의학적 관심이 높아졌다. 이에 따라 바이오산업이 부흥하였다. 대부분의 바이오산업은 유상의 동·식물체, 곰팡이와 박테리아 등의 미생물을 대상으로 이루어져 왔다. 그로 인해 육상생물에 대한 신소재·신물질 개발은 한계에 도달하

였다. 따라서 많은 국가들은 바이오 소재 개발의 대상을 해양생물 자원으로 눈을 돌리기 시작했다. 해양바이오산업은 아직 개발 초기 단계로 이 분야의 선점을 위해 국가 간에 경쟁이 치열하다. 하지만 해양의 지리적 특성상 국가와 학제 간에 상호보완적인 접근 방법이 매우 중요하다. 해양생물은 단순한 식량자원 이용을 넘어서 유용 유전자원의 원천으로 많은 선진국 주도하에 해양바이오를 활성화하여 21세기 첨단산업의 일환으로 육성하고 있다. 우리나라에서도 해양바이오산업을 국가 주도하에 21세기 첨단산업으로 육성하기 위해 해양수산부에서 「마린 바이오 21 산업」이 2004년부터 연구개발에 들어갔었다. 현재도 세계의 해양바이오산업 시장은 점점 증가하고 있는 추세이다.

이에 발맞춰 해양치유산업 발전의 일환인 적용사례로서 크나이프 치료법을 활용한 치유산업 활성화를 모색할 필요가 있다.

예컨대 크나이프 신부는 치료법[5]을 체계화하는 과정에서 아이들의 건강에 대해 특별히 많은 시간을 배려하였다. 어른들을 위한 치료방법 외에 아이들 건강을 위한 다양한 치료법을 체계화한 이유는 어려서부터 건강을 증진하는 생활을 자신 몸에 체화하도록 하기 위해서다. 그 결과 현재 독일에는 유치원을 비롯한 유아 교육기관과 학교에서 활용할 수 있는 크나이프 치료법이 확산해 가고 있다.

현재, 독일 내에서 600여 개가 넘는 유아 교육기관이 약 2년이 걸리는 '크나이프 유아 교육기관' 인증과정을 거쳐 정식인가를 받고 기관 내에서 크나이프 치유법을 적용하고 있다. 여타 다른 프로그램과는 달리 상대적으로 조건이 까다로운 크나이프 시설 인가 승

---

5) 사단법인 한국크나이프협회 커뮤니티 자료실에서 인용

인을 위해서는, 사전에 치유법을 적용한 일정 시간과 함께 기관 내 모든 교사 중 절반 이상이 크나이프 기본교육을 이수해야 하고, 수(水)치료를 위해 물을 사용할 수 있는 기본시설, 활동을 꾸준하게 기록하는 등 기관 기존 활동 외에 추가적인 시간과 관심 등이 필요함에도 불구하고 아이들이 면역력을 증가시킬 수 있는 거의 유일한 프로그램으로 인정되어 인증기관 수가 꾸준히 증가하고 있다.

인증제도의 국내 도입을 위해 10여 년 전부터 독일 Bad Woeri shofen 크나이프협회와 꾸준히 논의하여 국내에 '(사)한국크나이프협회'를 창설하고 2017년부터 국내 인증이 가능하게 되었다. 그를 위해 그 동안 언론을 통해 국내에 크나이프 치유법을 알리고 몇몇 기관에 적용하여 국내 적용 가능성 등을 확인하였다. 그런가 하면, 2014년 국내 유아 교육기관 책임자분들과 공원시설 설계전문가, 청소년 건강프로그램 운영자 등 여러 관계 영역 담당자들이 바트 뵈리스호펜을 방문하여 크나이프 치료법에 대한 내용을 확인하고, 바트 뵈리스호펜 시(市)가 제공하고 있는 야외 공원시설 등을 방문하여 직접 체험하는 기회를 가졌다. 2015년에는 프랑크푸르트 시립 크나이프 유아 교육기관을 방문하여 0세 유아부터 12세 초등생 아이들이 함께 활동하고 있어서 발생하는 면역력이 상대적으로 약한 어린 아이들의 건강을 지켜 내고 있는 현황을 확인하기도 하였다. 2016년 크나이프 치유 전문가 양성을 개설하여 20여 관계 기관 담당자들이 독일 현지에서 국내 확산을 위해 특별히 개설된 전문교육 과정을 이수하여 그 가능성이 현실화되었다.

국내 유아 교육기관에 적용한 결과에 따르면, 면역력이 약한 어린아이들의 전염 가능한 질병으로 인한 결석률이 저하되어 학부모님들의 만족도를 높이고 있다. 또한 어르신들이 거주하시는 양로시설에 적용하여 어르신들의 남은 삶의 질을 제고하기 위한 방법으로 활용되고 있다. 이렇듯 크나이프 치유 프로그램은 수술이나 약물을 활용한 의료행위를 통한 치료법이 아니라, 어른이 되어 이 모든 사실을 다 알면서도 다양한 이유로 지키지 못하고 건강을 잃어버리는 현대인들이 우매함을 치유할 수 있도록, 삶 속에서 육체적·정신적 건강에 직결된 다섯 가지 사항을 일상생활에서 구현하여 진정한 건강 증진 효과를 발휘할 수 있도록 체계화했다는 자체가 특히 우리 동양인들에게는 또 다른 의미를 부여한다.

한편 바트 뵈리스호펜에는 치료와 요양을 위해 하루에 3,000~4,000명, 연 90만 명 이상이 방문하고 하루 이상 숙박하는 사람도 11만 명을 넘는다고 한다. 원래 목축업으로 생계를 이어가던 시골 마을이었는데 신부이자 의사인 세바스찬 크나이프(F.S. Kneipp, 1821~1897)가 자연치료 요법을 선보이면서 독일 최고의 치유도시로 발전했다. '크나이프 요법'이라 불리는 이 치료법은 자연 속에서 냉수욕과 냉수마찰 등을 이용해 심신의 병을 치료하는 것이다. 독일에는 300개 정도의 치유 및 요양 기지가 있으며 치유와 요양 분야 종사자만 70만 명에 달할 정도로 치유산업이 활성화되어 있다.

이 도시의 치유시설 대부분은 정부 소유지만 주민들도 주주로 참여하고 있어 치유산업의 이익은 주민들 수입과 직결되고 있다. 바트 뵈리스호펜은 방문객과 치유업무와 관련이 있는 지역 주민들로부터 휴양세를 거둬 치유시설 확충 및 관리를 하고 있는데 이 수입이 연 250만 유로(39억 원) 정도라고 한다. 바트 뵈리스호펜은 도시 전체가 하나의 공원처럼 잘 조성되어 이곳에 머무는 것만으로도 심신이 편안해진다. 도시 외곽 숲에는 전체 길이가 200km에 달하는 노르딕 워킹코스가 있는데 의사가 난이도를 고려해 코스를 구분해놓아 누구나 이용할 수 있다. 의학적으로도 인증받은 6개 구간은 30㎞ 정도이다. 도심 내 숲길인 크나이프 숲길도 인기 코스다. 도심을 걷는 8.4km 길이의 숲길에서 걷거나 자전거, 또는 휠체어를 타는 사람들을 볼 수 있다. 여름에도 비 오는 날에는 추워 가을 점퍼를 꺼내 입을 정도로 선선한 독일 기후와는 다르지만, 우리나라에도 공기 좋고 물 좋은 시골 마을을 꽃과 숲과 한방치유를 결합한 국제적인 치유마을로 만들 수 있으면 좋겠다.

4. 치유산업경제론의 체계와 연구방법

(1) 치유산업경제론의 성격

치유산업경제론은 응용경제학6)이며, 경제학을 응용(이론적 무기로)하고 농림수산 식품생산과 유통 및 서비스문제를 해명하여 대책

---

6) 경제학의 한 분야로, 다양한 경제 현상을 연구·분석하고 법칙을 세워 그 결과를 실제 경제생활과 경제정책에 응용하는 것을 목적으로 한다. 현실적 적용을 목적으로 경제 현상을 예측·분석한다는 점에서 순수한 학문적 목적을 가지고 경제 현상을 연구·분석하는 이론경제학이나 추상경제학과 대비되는 개념이다. 어느 학문 분야이든 이론화 작업은 추상을 통해 이루어진다. 그러나 경제학 분야는 다른 학문 분야보다 실생활과 밀접한 관련을 맺고 있으므로 이론화 과정에서 배후에 숨은 규칙성을 발견하고 장래에 대한 예측 가능성을 찾는 작업이 중요하다. 그래서 새로운 경제이론이 개발되면 이를 현실 생활에 적용해 보고 현실 생활에 맞으면 곧바로 경제정책에 반영해야 한다. 이를 목적으로 하는 분야가 바로 응용경제학이다. 현대에는 추상적인 명제를 바탕으로 하는 이론경제학보다 응용경제학이 더욱 빠르게 발전하고 있으며, 일반적으로 경제학이라 하면 응용경제학을 의미하게 되었다. 또 이론경제학이 추상적 명제를 바탕으로 하는 데 반하여 응용경제학에서는 수량적 지표가 중요한 부분을 차지한다. 따라서 응용경제학은 경제 현상에 대한 데이터를 수치로 계량하는 계량경제학과 밀접한 관련이 있다. 그러나 계량경제학이 수량적 전개에만 치중하는 데 반해 응용경제학은 계량경제학의 기초이론을 현실에 적용하여 타당성을 연구·검토하는 차이가 있다.

을 제시하는 학문이다. 앞에서 언급한 것처럼 최근에는 문제해명 대상에 농림수산업과 관계가 깊은 환경문제와 서비스문제까지도 연구 규명의 대상이 확대되고 있다.

치유산업경제론이 응용경제학인 이상, 이것을 배우는 사람에게는 우선 경제학 학습이 필요하다. 그런데 현대 경제학7)에서는 ①노동 가치설에 입각하여 자본주의경제를 구조적·비판적으로 분석하는 마르크스경제학과 ②효용가치설에 입각하여 자본주의경제의 동태를 분석하는 근대경제학의 양대 조류가 있다. 그러나 사회주의가 자본주의보다 더 우월하다는 카를 마르크스(Marx)의 관점은 틀린 것으로 드러났다. 그러나 자본주의의 위기를 보여주는 일련의 현상들을 보면 그의 주장은 부분적으로 옳았다. 마르크스는 세계화와 함께 금융 중개기관들이 미친 듯이 활개 치고 소득과 부(富)가 노동에서 자본으로 재분배되면서 결국 자본주의의 자기 파괴성이 드러날 것이라고 예측했다. 소비자의 최종 수요가 부족한 탓에 기업들은 일자리를 줄이고, 일자리 감소는 노동자의 소득을 줄이고 불평등을 심화시키며, 결국 최종 수요가 더 줄어들게 된다. 악순환이 반복되는 것이다. 그러나 한국에서는 최근 이러한 시각에서 생명자원경제학을 연구하는 학자는 좀처럼 보이지 않는다. ②는 미시경제학, 거시경제학, 계량경제학,8) 신고전파경제학,9) 공공경제학,10) 환

---

7) 주로 *J.M.* 케인스 이후의 경제학을 가리킨다.

8) 수량적 경제법칙을 검출하기 위해서 이론경제학·수학·통계학의 성과를 종합, 적용하는 경제학이라 할 수 있다. 그것은 수량적 법칙을 검출하고 또한 그 현실 타당성을 통계적 실험에 의해 검증한다는 점에서, 선험적 가설로부터 연역적 추론만에 의해 질적 법칙을 도출하는 것에 그치는 이론경제학과 다르다. 그것은 또한 먼저 가설을 세우고 다음에 그 현실적 타당성을 검증한다는 절차를 취하는 점에서, 어떠한 추상이론도 부정하고 통계자료의 수집·정리만으로부터 의미 있는 결론을 도출하려고 하는 통계적 경제학과도 다르다.

9) 신고전파 경제학(新古典經濟學)은 경제 학파의 하나로, 시장이 어떻게 작동하는지를 설명하는 학문이다. 원래는 영국 고전파의 전통을 중시한 알프레드 마셜의 경제학을 일컫는 말로 여겨지

경경제학 등 시각과 대상을 달리하는 제 학설이 있다. 최근에는 이러한 경제학적 학문에서 경제학의 파생학문인 경영학, 마케팅 분야가 치유산업경제 분야에 활용되는 경우가 많아지고 있다.

이렇게 설명하면 경제학을 학습하는 것은 엄청난 것으로 여겨진다. 그렇지만 경제학을 연구하는 경제학부와는 달리 치유산업경제론에서 필요로 하는 경제학은 현상분석의 무기이기 때문에 앞에서 언급한 경제학의 일반적인 조류, 학설의 하나 또는 두 개를 배우면 충분하다. 그러한 선택에는 각각의 경제학의 목적이나 방법에 대해 어느 정도 이해한 상태에서 주체적으로 판단하여야 할 것이다.

치유산업경제론에 있어서 경제학 이외의 기초학과목으로는 농학, 통계학, 사회학, 심리학, 역사학, 보건학, 교육학 등이 있다. 이러한 과목들은 일반교양과정에서 학습할 수 있지만 치유산업경제론에서는 이런 과목들의 응용과학을 배운다.

더욱이 치유산업경제론에서는 농학의 기초학과목의 학습이 매우 중요하지만 커리큘럼에 정식적으로 개설되어 있는 곳은 흔치 않다. 경제학 이외의 사회과학의 공부로서는 농업 및 농산물로서의 식량, 나아가서는 농림수산업과 환경과의 관계 등에 대해 자연과학적 지식이 없으면 현상을 올바르게 파악할 수 없다. 농림수산업은 생물활동을 이용하는 산업이기 때문에 생물의 생리나 자연환경 등의 제

지만, 일반적으로는 한계혁명 이후의 효용 이론과 시장균형 분석을 받아들인 경제학을 가리킨다. 현재 신고전파 경제학은 미시경제학의 주류 학파가 되었으며, 케인스 경제학과 함께 주류 경제학을 이루고 있다. 거시경제학에서 일컫는 거시 신고전경제(new classical economics)는 이전의 신고전파(neoclassical economics)와 구별된다.

10) 공공부문의 경제활동, 특히 공공재의 적정규모나 비용분담의 원칙을 연구대상으로 하는 학문이다. 이제까지의 재정학을 후생경제학적으로 재구축한 것이다. 일반적으로 재화의 공급은 시장 기구에 의해 결정되지만 국방, 사법, 경찰, 외교 등의 공공재는 대체로 수익자부담 원칙이 적용되지 않으며 시장 기구도 존재하지 않는다. 공공투자나 사회보장 규모의 증대 등 공공재의 범위가 확대됨에 따라 정치기구를 통해 결정되는 공공재의 적정규모 문제가 주목된다.

약을 받는다. 예를 들어 농업의 경우, 농작물의 파종부터 수확, 가축번식부터 성축까지 그 동식물마다 일정한 기간이 필요하게 되어 수요가 있다고 곧바로 생산물 공급이 가능한 것이 아니다. 또한 작물의 생육과정에서는 계절이나 기후의 영향을 받아 수확 이전부터 생산물 수확량에 대한 정확한 예측은 매우 어렵다.

경제학 그 이외의 사회과학 이론을 응용함에 있어서는 이상과 같은 농림수산업의 특수한 성격을 항상 염두에 두어야만 한다. 세상에는 농림수산업을 공업이나 상업과 같은 것으로 생각하는 사람들이 적지 않다. 이것은 앞에서 언급한 것처럼 농림수산업의 특수한 성격을 고려하지 않는 잘못된 사고이다.

이처럼 치유산업경제론에서는 문과계와 이과계의 학문을 함께 공부하지 않으면 안 되는 시간상으로는 매우 어렵지만 오히려 연구할수록 보람을 느낄 수 있는 매력적인 학문이다.

(2) 치유산업경제론의 영역

기초과목을 습득한 후에 드디어 치유산업경제론 각 분야의 공부에 돌입한다. 이 분야는 대학마다 다소간의 의견 차이가 있어서 아직은 미개척 분야다. 다만 전주 기전대학의 경우, 치유농업학과가 설치 운영되고 있고, 대구 한의대[11]가 치유산업경제론 과목 설강을

---

11) 세계 건강웰니스 시장 1,800조 원 시대를 맞이해 대구한의대학교(총장 변창훈)는 국내 최초로 치유산업학과를 신설했다. 대구한의대학교 치유산업학과는 지금까지 추진해온 산림치유지도사, 치유농업사 양성 등 치유 관련 전문자격과정과 연계해 국내 대학 최초로 독일의 크나이프 치료법, 네팔의 싱잉볼 치유기법, 우리 토종 몸살림 치유기법, 아로마테라피 등 국내외 치유기법과 치유농장 조성방 등 치유산업의 전문인력을 양성한다. 또 국내외 치유산업과 관련한 연구기관이나 정부 기관 등과 연계해 치유농업, 산림치유, 해양치유 등의 각 분야에서 연구와 정책개발을 추진함과 동시에 전통 한의학과 현대적 치유기 등을 융합한 독창적 치유기술과 비즈니스 모델 개발을 통해 대구한의대학교만의 치유브랜드(DHU K-힐링)도 육성한다. 치유산업학과의 신설을 계기로 국내외는 물론 지역민과 지역발전에 목표를 두고 대학의 역할을 다할

포함한 치유산업과를 개설 준비 중에 있다. 앞으로 대구 한의대 치유산업과의 경우는 일반 농림수산업을 포함한 영역인 치유산업 모든 분야까지 확대된 영역을 커버할 계획을 세우고 있다. 즉, 애그리비즈니스,[12] 치유마케팅, 협동조합경제, 치유산업경영분석, 치유산업자원개발 등의 분야에 대한 학과목이 포함될 것이다.

차유산업경제론 분야의 대부분은 연구대상에 의해 구분되기 때문에 각각의 내용을 명확하게 설명하지 않아도 대개는 어떤 분야인지 이해될 수 있다. 특히 치유산업학과의 경우 고전적인 치유자원경제 분야에서 마케팅과 경영마인드에 집중하는 실용주의 노선을 중시하고 있다.

계획이다. 대구한의대학교 변창훈 총장은 "한의학에 바탕을 둔 대구한의대학교가 치유산업학과 신설을 계기로 명실공히 치유와 웰빙의 시대를 선도하는 세계적인 치유산업 명품대학으로 발전해나가고자 한다"라고 말했다. 대구한의대학교는 한의학과를 비롯하여 약선학과, 반려동물보건학과, 보건학부, 산림비즈니스학과 등 대학의 거의 모든 학과가 치유와 밀접하게 관련되어있으며, 지역 주민이 건강하고 행복한 삶과 생활을 영위하는 데 기여를 해왔다. 출처 : 중앙일보, 2022.05.31 16:06.

12) 농업과 그 관련산업인 농업용의 생산수단 공급부문, 농산물의 가공·유통 부문까지 총괄한 개념이다. 지난날의 농업은 농기구·비료, 기타의 각종 농업용 자재 등의 생산수단 자체도 대체로 자급자족하였으며, 농업생산도 농경(農耕)을 중심으로 한정된 범위 내에서 이루어졌다. 그러나 경제의 고도발전과 더불어 농업용 자재·기기의 공급은 전적으로 독립된 공업이 담당하게 되었고, 생산 면에서의 저장·가공 부문은 공업화되었으며, 유통부문도 독립된 상업에서 담당하게 되어 농업은 순수한 생산전문업으로 단순화되었다. 한편 이와 같은 관계는 농업의 개념을 넓은 의미에서 연관되는 상공업과의 자원이동에서 생산·유통에 이르기까지 밀접한 상호의존관계를 가진 산업으로 비약하게 만들었다. 제2차 세계대전 후 미국에서는 농업을 넓은 의미에서 그 관련산업까지 포함하는 포괄적인 산업으로 인식하게 되었다. 그리하여 애그리비즈니스를 구성하는 산업군은, ① 농업생산 자재 부문, ② 농업부문, ③ 농산물 가공·유통부문으로 구분되어 있으며, 이는 많은 농가와 기업체로 이루어져 있다. 이들 각 부문의 상호관계를 거시적인 입장에서 분석하여 하나의 통합체로서의 조화적 발전을 기하려는 것이 애그리비즈니스 정책이다. 애그리비즈니스라는 용어는 1957년에 I.H.데이비스와 R.A.골드매그의 저서 ≪애그리비즈니스의 개념: A Concept of Agribusiness≫이 출판되면서부터 널리 사용되었다.

(3) 치유산업경제론의 연구방법

어떠한 학문이라고 할지라도 그렇지만 연구수행에 있어서는 우선 문제를 발견하고 정확하게 평가해야만 한다. 치유산업경제론이 연구대상으로 하는 문제는 추상적으로 말하면 농림수산식품의 생산과 유통, 식품산업, 서비스 산업, 자연환경 등에 있어서의 경제·경영·마케팅문제이지만 구체적으로는 글로벌한 정치·경제문제부터 개별 농수산업인·농수산식품기업의 경영문제까지 실로 매우 다양한 영역에 걸쳐 있다.

문제의 범위도 현상에 머물지 않고 역사나 이론문제에까지 이른다. 여하튼 연구대상으로 하는 문제는 사회적으로 의미가 있어야만 하고 지나치게 소소해 일반적이지 않는 문제는 치유산업경제론의 연구대상으로 적합하지 않다.

문제를 발견했다고 해서 곧바로 연구대상이 되는 것은 아니다. 연구를 수행하는 사람의 문제에 대한 관심이나 그 연구의 중요도, 더욱이 연구수행의 전망이나 물적 조건(연구 스태프, 연구비 등) 등에 의해 구체적인 연구과제가 설정되기 때문이다.

연구과제를 설정했다면 제일 먼저 수행하여야 하는 것은 기존연구 혹은 관련 업적의 문헌적인 정리이다. 이러한 작업을 수행함으로 채택한 문제가 어느 정도까지 연구되어 있는가, 현재 어느 부문이 미해결되어 있는가를 알 수 있게 된다. 또한 어떠한 시각과 방법으로 연구를 행할 것인가에 대한 예측도 가능하게 된다.

그리고 드디어 연구 착수라고 하는 단계에 접어들지만 문제의 성격에 따라 연구방법은 다양하다. 현상분석에서는 우선 연구과제에 관련된 통계·자료 분석을 행하는 경우가 많다. 세계적으로나 한국에서나 공적 기관에서 작성한 농림수산식품통계, 경제통계가 있지만 특히, 우리나라에서는 농림수산식품부가 매년 혹은 정기적으로 작성한 농림수산식품통계의 대상·항목은 매우 다양한 분야까지 포함하고 있어도 통계의 신뢰성에는 약간의 의문이 제기되는 측면도 있긴 하다. 그러나 각종 통계에서 필요한 항목을 끄집어내어 이것을 정리·분석함으로써 문제의 기본방향을 파악할 수 있을 것이다.

통계분석에 의해 문제의 기본방향을 파악할 수 있다면 일반적으로 다음에 수행해야 할 단계는 실태조사이다. 이것은 자연과학의 실험에 해당하며 분석을 위한 데이터를 입수하고 문제의 본질을 정확하게 이해하기 위한 것이 목적이다. 조사대상은 문제에 따라 다르지만 농림수산식품의 생산현장을 중시하는 연구라면 농산어촌의 개별농가, 관련 법인, 농림수산협동조합, 관련 지방행정관청 등이 대상으로 되며, 유통 면의 연구라면 이외에도 유통업자, 도매시장, 농수산식품기업, 대형유통업체, 소비자 등이 대상이 된다. 조사방법은 인터뷰, 앙케트, 기관으로부터의 자료 수집 등 다양한 형태가 존재한다. 전국적인 자료나 정부의 농수산정책의 흐름을 파악하기 위해서는 농림수산식품부와 그 이외의 공적 기관에서 히어링과 자료수집을 해야 한다. 연구문제에 따라 국내뿐만 아니라 해외조사도 수행하지만 이는 연구의 물적 조건에 따라 결정된다. 다만, 치유산업경제론에 관련하여 말한다면 치유산업의 중요성이 지금보다 훨씬 부각될 21세기에는 반드시 크게 부각될 학문이라고 예측할 수 있다. 문제가 심각해지면 질수록 그 분야의 필요성과 중요성은 더욱 커진다는 것은 역사에서 많이 보아왔다.

제2절
치유산업경제의 최적 배분이론

1. 파레토 효율과 사회 후생의 극대

치유산업경제론은 유한한 치유산업자원과 자연환경을 인간의 경제적 후생을 극대화하기 위하여 어떻게 배분해야 하는가를 다루는 학문으로서, 경제학에서는 효율성의 달성을 바람직한 치유산업자원 배분의 기준으로 삼고 있다. 여기서 치유산업자원이 효율적으로 배분되었다고 하는 의미를 파레토최적[13])이라고 한다.

파레토최적 상태를 달성하기 위한 충족조건을 보기 위해 생산요소(R; 자연자원, L; 노동)를 사용하여 재화를 생산하는 단순 경제[14])를 가정하여 얘기하고 있다.

---

13) 자원 배분이 가장 효율적으로 이루어진 상태를 파레토최적이라 한다. 이탈리아의 경제학자 파레토에 의해서 최초로 언급되었다. 파레토최적이 이루어지려면 생산의 효율과 교환의 효율에 대해서 다음의 조건을 갖춰야 한다. ①생산의 효율에 있어서는 어떤 한 재화의 생산량을 증가시키기 위해서는 다른 재화의 생산량을 감소시키지 않으면 안된다. ②교환의 효율에 있어서는 한 소비자의 효용을 증가 시키려면 다른 소비자의 효용을 감소시키지 않으면 안된다.

14) 정부 부문과 해외 부문이 존재하지 않는 경제를 의미한다. 단순 경제에서 총수요는 소비지출과 투자지출의 합계와 일치한다.

(1) 생산에서의 효율성

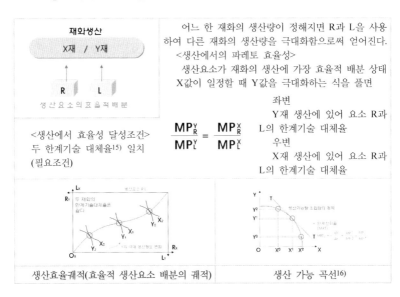

어느 한 재화의 생산량이 정해지면 R과 L을 사용하여 다른 재화의 생산량을 극대화함으로써 얻어진다.
<생산에서의 파레토 효율성>
생산요소가 재화의 생산에 가장 효율적 배분 상태
X값이 일정할 때 Y값을 극대화하는 식을 풀면

좌변
Y재 생산에 있어 요소 R과 L의 한계기술 대체율
우변
X재 생산에 있어 요소 R과 L의 한계기술 대체율

$$\frac{MP_R^Y}{MP_L^Y} = \frac{MP_R^X}{MP_L^X}$$

재화생산
X재 / Y재
R L
생산요소의 효율적 배분

<생산에서 효율성 달성조건>
두 한계기술 대체율[15] 일치
(필요조건)

생산효율궤적(효율적 생산요소 배분의 궤적)   생산 가능 곡선[16]

---

15) 동일한 생산 수준을 유지하면서 한 생산요소의 투입량을 증가시켰을 때, 감소시켜야 하는 다른 생산요소의 양을 말한다.

16) 그래프로 나타낸 것이 생산 가능 곡선이다. 또한 생산단위(개별기업, 국가)는 생산단위가 총생산요소를 고용하여 농산물과 공산품만 생산한다고 가정할 때 특정한 시점에서 공산물, 농산물을 각각 40단위와 30단위씩을 생산한다고 하자. 그러나 이 나라가 생산 가능한 생산물의 조합은 무수히 많다. 지금 40단위, 30단위 외에도 농업부문의 노동력과 기타의 생산요소를 공업부문으로 돌린다면 50단위, 25단위 또는 55단위, 23단위 등 수없이 많은 형태의 생산물 조합을 취할 수가 있다. 이처럼 생산요소의 총량이 일정하다 해도 생산물 조합은 여러 가지로 나타날 수 있다.

(2) 소비에서의 효율성

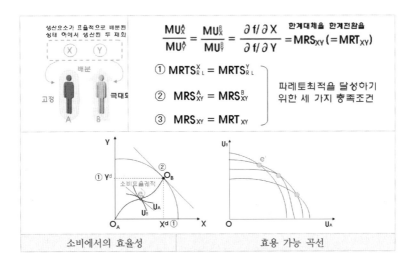

소비에서의 효율성	효용 가능 곡선

생산 가능 곡선상 어느 상에서도 효용 가능 곡선을 얻을 수 있고 이를 둘러싸는 포락선을 총고효용가능경계라 한다. 이 상의 모든 점에서는 생산요소의 효율적 배분, 소비자 간 효율적 배분, 생산조합의 달성 등 모두 만족되고 파레토최적을 달성하기 위한 필요조건이 충족된다.

(3) 사회 후생의 극대

사회 후생 극대[17]를 달성하기 위해서는 총고효용가능경계상의 한 점을 선택해야 하고, 사회 후생극수란 후생이 어떻게 배분되는가에 따른 사회적 선호체계를 말한다. W=w(U_A,U_B) 선호에 대한 합의가 이루어진다 해도 충분조건이 만족되어야만 사회 후생의 극대치를 얻을 수 있다. 애로우(Arrow, K. J.)는 불가능성 정리[18]를 통해 민주체제 하에서는 자발적 의사를 통한 사회 후생함수[19]는 존재할 수 없다고 하였다. 다음에는 2인으로 구성된 사회에서 사회의 후생극수가 존재한다고 가정할 때이다.

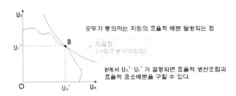

17) 사회 후생극대화란 한 경제 내의 자원이 파레토효율적으로 배분된 상태 중에서 공평성 측면에서 가장 바람직한 분배상태를 의미한다. 구체적으로 효용가능경계와 사회적 무차별곡선이 접하는 점이 된다. 이는 가장 바람직한 사회상태이며 정부의 정책은 궁극적으로 사회 후생극대화를 추구한다고 할 수 있다.

18) 1950년대 초 경제학자 애로우(Arrow, K. J.)는 타당한 사회적 선호관계가 구비해야 할 몇 가지 특성을 모아서 다음의 네 가지 조건으로 요약하였다. [조건 1] ('집단합리성의 조건') 사회적 선호관계는 완전하고 이행적이어야 한다. [조건 2]('파레토 원칙') 임의의 두 사회적 상태 s1과 s2에 대하여 국민 각자가 모두 s1을 s2보다 선호한다면 사회적으로도 s1이 s2보다 선호되어야 한다. [조건 3] ('제3 상태로부터의 독립의 특성') 국민 각자의 개별적 선호관계가 변화한 후에도 기존의 두 상태에 대해서는 선호관계가 변하지 않는다면 그 두 상태에 대한 사회적 선호관계도 변하지 않는다. 공리주의적 선호는 이 조건을 만족하지 못한다. [조건 4] ('비독재성') 사회적 선호는 독재여서는 안 된다. 애로우는 이 네 조건을 검토한 결과 이들이 서로 논리적 모순 관계에 있음을 보임으로써 이 네 조건을 동시에 만족하는 사회적 선호관계란 결코 존재할 수 없음을 발견하였다. 이것을 애로우의 불가능성 정리라 한다. 애로우의 불가능성 정리는 1950년대 초의 경제학계에 대단한 충격을 주었다. 이것은 후생경제학에서 사회적 후생함수와 가치판단의 의미에 대하여, 그리고 더욱 폭넓게는 개인의 가치판단과 사회적 선택의 관련성, 민주주의의 이론적 가능성 등에 대하여 여러 가지 문제를 제기하였다.

19) 사회의 경제적 후생의 증감을 판단하기 위해 기준이 되는 것으로 사회의 경제적 후생과 이에 영향을 미치는 제 요인과의 사이에 존재하는 함수관계를 말한다. 예컨대 국민소득의 변동이 사회 후생에 어떻게 반영되는가 국민소득 분배의 평등, 불평등이 사회 후생의 증감과 어떤 관계를 갖는가 하는 문제 등의 판정 기준을 부여한다.

2. 파레토 최적과 가격기구

완전경쟁경제에서 소비자와 생산자의 행동분석을 통하여 가격기구가 파레토최적 조건을 달성시키는 매개역할을 담당하는 것을 알 수 있다.

(1) 소비자의 효용 극대화

한계대체율과 가격비율을 일치(효용 극대화)하게 되고 시장가격은 어느 소비자에게나 동일하므로 매개역할을 통해 조건이 성립된다.
완전경쟁하에서 자동적 달성(효율적 배분의 필요조건)

$$MRS^A_{XY} = \frac{P_X}{P_Y} = MRS^B_{XY}$$

(2) 생산자의 비용 극소화

극소비용으로 생산하기 위하여 두 생산요소의 한계기술 대체율이 가격비율과 일치하도록 하여 조건이 성립된다.
요소시장이 완전경쟁적일 때 자동달성(생산요소 배분 조건)

$$MRTS^X_{RL} = \frac{P_X}{P_Y} = MRTS^Y_{RL}$$

(3) 생산자의 이윤 극대화

이윤을 극대화하기 위하여 재화의 가격이 한계비용과 일치하는 수준에 이를 때까지 생산량을 증가시키며 다음 조건이 성립한다. 이는 가격비율과 한계전환율이 같아야 함을 의미하고 비용면에서 다음 조건 달성을 만족한다.

$$\frac{P_X}{P_Y} = \frac{MC_X}{MC_Y} = MRT_{XY}$$

$$MRS^A_{XY} = MRS^B_{XY} = MRT_{XY}$$

완전경쟁경제에서는 경쟁균형을 통해 파레토최적이 자동달성된다. 이를 후생경제학 제1 기본정리라고 한다. 완전경쟁지향이유는 시장가격기구의 매개 기능을 통해 자원의 효율적 배분이 이루어지기 때문이다. 소비자한계사익=생산자한계비용(균형가격 결정)-가격기구정보전달 효율배분

(4) 정능적 효율성과 순사익의 극대

지금까지 분석은 정능적 효율성의 달성을 위한 일반 균형분석이었고, 자원의 사용으로부터 얻어지는 순사익(총사익과 총비용의 차이)을 극대화한다는 의미는 자원의 효율적 배분을 의미한다.

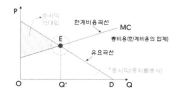

3. 시장의 실패

(1) 신고전학파와 재산권학파

신고전학파 경제학에서는 효용 극대화와 이윤 극대라는 두 가지 행동 격설을 전제로 경제 현상을 분석하고 변화를 예측한다. 그러나 제도적 문제를 회피하거나 최적화 문제만을 다루어 해결에는 부적합한 약점을 지니고 있다. 이를 극복하기 위해 제도학파가 등장하고 제도와 경제 간 상호관련성에서 비롯되었다. 여기서는 신고전학파에서 사회경제적 후생관계를 탐구하는 재산권 접근법에 대하여 논의하고 있다. 재산권 접근법은 시장 외적, 비경제적 문제를 시장분석의 논리를 적용할 수 있게 되며 효용 극대라는 분석법을 통해 대안의 유인구조를 예측한다. 재산권학파는 개인적 선택을 사회적 선의 지표로 보고 있는 특징을 가지고 있다.

신고전학파의 분석과 관련된 시장실패에 대해 논의하고자 한다. 시장실패는 시장의 가격기구가 자원의 효율적인 배분을 가져오지 못하는 경우에 발생하며 평균비용하락산업, 독점, 외부효과, 그리고 공공재가 대표적 경우이다.

(2) 평균비용하락산업

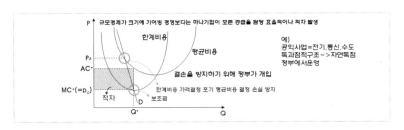

(3) 독점

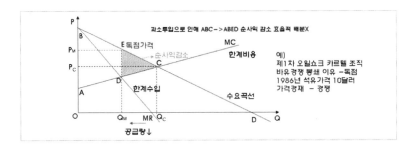

(4) 외부효과

① 외부효과의 정의와 구분

경쟁적 시장구조에서 어떤 행동이 원래의 의도와는 관계없이 정 또는 부의 영향을 제3자에게 미치는 경우를 외부효과가 존재한다고 한다.

외부효과의 정(+)의 영향은 외부경제 예) 신발명이나 기술혁신이 교육이나 지적 수준을 높이는 경우이다.

외부효과의 부(-)의 영향은 외부불경제 즉, 공해의 발생(농사에 사용된 농약 공해) 등이다.

외부효과는 ①금전적 외부효과와 ②기술적 외부효과로 구분되는데 금전적 외부효과는 간접적인 영향을 끼치는 경우이고 금전적 외부불경제는 시장실패의 요인이 되지 못한다. 그리고 기술적 외부효과는 경제시스템 내부에 적절한 피드백을 제공하지 못하여 시장실패의 요인이 되는 경우를 일컫는다.

② 파레토 관련 외부효과와 파레토 개선

사회 전체로 보면 때론 일정량의 외부효과를 감수하는 편이 효율적일 수 있다. 금전적 외부효과는 시장 기구를 통한 자원의 효율적 배분이 가능하나, 비효율적 자원배분 외부효과(파레토 관련 외부효과)는 가해자의 행동을 조정함으로써 즉, 외부비용을 고려하도록 조치를 강구함으로써 외부효과의 내부화를 통해 파레토 개선을 기대할 수 있다.

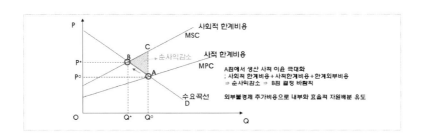

(5) 공공재

① 공공재의 특징

공공재[20]란, 소비의 동시성, $MRS^A + MRS^B = MRT$(충족조건), 공급이 이루어지면 추가비용 없기에 한계비용 (0)이 되며 추가사용자 가격도 (0)이 되어야 한다. 비경합성과 비배제성을 특징으로 한다.

사적재[21]란, 시장 기구를 통해 공급되는, 경합성과 배제성을 동시에 가진 재화 즉 민간재를 말한다. 개별수요의 합이 시장 수요다. $MRS^A = MRS^B = MRT$(충족조건)

---

20) 공공재란 사유재(private goods)에 대립되는 것으로서 사유재와는 달리 그것에 대한 소비자들의 선호가 드러나지 않기 때문에 시장 메커니즘에 의한 공급은 불가능하고 투표를 통한 의사결정의 정치적 과정(political process)을 통해서만 공급될 수 있는 성질을 갖는 재화와 서비스를 말한다. 예를 들면 경찰, 국방, 소방, 공원, 도로, 교육 등은 공공재의 대표적인 것들이다. 시장이 사유재를 공급해 주는 효율적인 기구가 되는 궁극적인 이유에는 두 가지가 있는데, 하나는 사유재에는 배제원칙(exclusion principle)이 적용된다는 것이며 다른 하나는 사유재의 소비행위는 경쟁적(rival)이기 때문에 배제원칙이 효율적으로 적용될 수 있다는 것이다. 배제원칙이란 재화 또는 서비스에 대한 대가를 지불한 사람만이 그 재화 또는 서비스를 소비할 수 있으며 대가를 지불하지 않은 사람은 소비에서 배제된다는 원칙이다. 그리고 소비행위가 경쟁적이라 함은 제3자의 소비행위에의 참여가 재화의 소비로부터 얻는 편익을 감소시킨다는 것을 뜻한다. 그런데 공공재에 있어서는 이러한 두 가지 조건이 충족되지 않는다. 즉 공공재는 비배제성(non-excludability)을 특징으로 하며 공공재의 소비는 비경쟁적(non-rival)이다. 만약 어떤 재화에 대해 배제원칙이 적용되지 않거나 그 소비가 비경쟁적인 경우에, 시장은 그 재화를 공급하는 데 실패하게 된다. 따라서 경쟁 시장은 공공재를 충분히 공급해 주는 데 실패하는 것이다.

21) 공공재(公共財)에 대비되는 보통의 재(財), 즉 비(非)배제성과 비경쟁성의 성질이 없는 재(財)나 서비스를 사적재라고 한다. 여기에서 배제성(排除性)이란 대가를 지불하지 않은 소비를 배제할 수 있는 것을 가리키고 또한 경쟁성이란 어떤 사람이 소비해 버리면 다른 사람이 그 재를 소비할 수 없게 되는 성질을 가리킨다. 일반적으로 공공재라고 생각되는 재도 엄격한 정의를 적용하면 사적재인 경우가 많다. 예를 들면 고속도로와 전철 등은 요금을 지불하지 않으면 이용할 수 없기 때문에 배제성을 갖는다. 공공도로나 공원에는 그러한 의미에서의 배제성은 없지만 이용자가 많아져 혼잡해지면 각 이용자가 다른 이용자와 경쟁하는 것이 아니라 동시에 도로나 공원을 사용할 수 없게 되어 재의 등량(等量) 소비가 성립하지 않아 비경쟁성의 성질을 잃을 가능성이 있다.

② 공공재를 포함하는 경우의 파레토최적

공공재가 존재할 경우 효율적 재화 배분을 위한 조건으로 모든 소비자에게 있어 공공재와 사적재의 한계대체율의 합이 한계전환율 과 같아야 한다는 것이다(=사무엘슨의 조건).

③ 시장 기구에 의한 공공재 적정공급의 설정

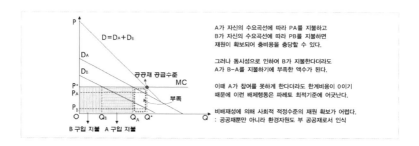

4. 재산권과 공유재산자원

(1) 재산권과 거래비용

경쟁경제에서는 거래를 촉진하는 제도적 조건이 갖추어져야 하고, 완전한 재산권은 자원의 소유자에게 자원을 효율적으로 사용하여 순사익을 극대화하도록 유도하는 강력한 유인을 제공한다. 재산권은 자원의 사용에 관한 소유자의 권리와 제약을 규정하는 사회적 제도로서 배타적, 구체적, 이전 용이성, 무 제약성 조건이 충족되어야 한다.

사유재산제도하의 소유권[22) 중 가장 제약이 약한 소유권은 배타적 소유권으로 모든 사익과 비용이 소유자에게 귀속되며, 모든 거래의 전제조건이 된다. 그러나 개인이 독자적으로 행사하면 이해의 충돌이 발생할 수 있게 되기에 재산권이 구체적으로 완전히 명시되어야 한다. 이외에도 완전한 재산권을 행사하기 위해서는 재산권 이전이 자유로워야 한다. 이 세 가지가 충족되어도 재산권 행사에 어려움이 있다면 완전한 재산권 행사를 위해 침해행위에 적발이 용이하고 적절한 벌칙 규정이 마련되어야 한다.

시장실패의 요인 독점, 비용하락산업, 공공재 경우는 재산권과 직접적 상관은 없으나, 외부효과[23)의 존재는 재산권의 불확정에 기인하여 이해관계 상충에서 비롯된다. 여기서 거래비용[24)을 고려만

---

22) 물권 가운데 가장 기본적이고 대표적인 것으로서 목적물을 전면적·일반적으로 지배하는 권리이다. 소유자는 소유물을 법률의 범위 내에서 자유로이 사용·수익·처분할 수 있다(민법 제211조). 소유권은 재산권의 기초이며, 자본주의사회의 법률상의 기본형태로서 오늘날 사유재산제도(私有財産制度)의 기초를 이루고 있다. 소유권의 내용인 물건의 지배는 전면성과 절대성을 가진다. 이 점에서 일정한 목적의 범위 안에서만 물건을 지배할 수 있는 지상권·전세권·질권·저당권 등의 제한물권(制限物權)과 다르다. 또한 소유권(所有權)은 설령 제한물권을 설정하더라도 일시적으로 물건의 사용에 있어서는 공백이 되지만 이것이 소멸하면 원래의 원만한 상태로 회복되는 강력성을 가지며, 존속기간(存續期間)의 예정을 허용하지 않고 소멸시효(消滅時效)에도 걸리지 않는 배타적 지배권인 전형적인 물권이므로 그 상태가 침해된 경우에는 강력한 물권적 청구권(物權的 請求權)이 생기는 물권적 지배권(物權的 支配權)이다.

23) 어떤 경제활동과 관련해 당사자가 아닌 다른 사람에게 의도하지 않은 혜택(편익)이나 손해(비용)를 발생시키는 것을 말하며 외부성(externality)이라고도 한다. 외부효과는 외부불경제(external diseconomy)와 외부경제(external economy)로 구분된다. 외부불경제는 어떤 행동의 당사자가 아닌 사람에게 비용을 발생시키는 것으로, 음의 외부성(negative externality)이라고도 한다. 외부경제(external economy)는 어떤 행동의 당사자가 아닌 사람에게 편익을 유발하는 것으로, 양의 외부성(positive externality)이라고도 한다. 외부불경제의 예로는 대기 오염, 소음공해 등을 들 수 있고, 외부경제의 예로는 과수원 주인과 양봉업자의 관계를 들 수 있다. 과수원 근처에서 양봉을 하면, 과수원에 꽃이 필 때 벌들이 꽃에 모여들어 양봉업자는 꿀을 많이 채취할 수 있고, 과수원 주인은 꽃에 수정이 많이 되어 더 많은 과일을 얻을 수 있다. 미국 경제학자 로널드 코즈(Ronald Coase)는 재산권을 분명하게 해 주면 외부효과 문제를 정부가 개입하지 않아도 시장 기구가 스스로 해결할 수 있다는 '코스의 정리(Coase theorem)' 이론을 주장하였다.

24) 각종 거래에 수반되는 비용을 말한다. 거래 전에 필요한 협상, 정보의 수집과 처리는 물론 계약이 준수되는가를 감시하는 데에 드는 비용 등이 이에 해당한다. 또한 처음 계약이 불완전해서 재계약할 때 드는 비용도 포함된다. 시장이 발전할수록 경제활동에서 차지하는 비율이 증

한다면 완전한 재산권이 부여되면 자원의 효율적 배분이 달성된다. 거래비용이 무시할 정도로 작아야 한다. 거래비용은 제반 정보를 획득하는 데 소요되는 정보비용, 계약비용, 관리비용으로 구성된다. 거래비용이 클 경우 시장 기구를 이용하기보다는 비시장 기구를 이용하는 것이 더 효율적이기도 하다. 이는 거래비용을 고려한 후에야 시장 기구의 효율성을 논할 수 있다는 결론이 나온다.

　재산권접근법에 따른 총괄효용가능경계[25])는 사전적으로 전제된 소득분배나 부의 크기뿐만 아니라 재산권을 포함하는 제도에 의해 규정되는 가변적인 개념으로 본다. 여기서 제도는 경제주체와 공공기관의 생산 및 교환에 관한 결정에 영향을 끼치는 상위 결정기구이자 인간관계의 룰을 규정함으로 의사결정에 영향을 미치는 유인구조를 제공한다. 사회변화에 따른 정책의 변화가 제도의 변화를 가져오는 상위 결정구조로 본다. 재산권은 제도의 한 구성요인으로 파레토 효율성을 달성하기 위한 자원 배분에 영향을 미치지만 실제 사회에서는 완전한 재산권이 규정되어 있지 않은 많은 자원이 존재하게 된다. 이를 전제로 하는 신고전학파[26]) 경제학에서는 공유재산

가하는데, 이를 줄이는 것이 기업의 중요한 목표가 된다. 1937년 영국의 경제학자 로널드 코스(Ronald H. Coase)가 <기업의 본질(The Nature of the Firm)>에서, 기업은 제품과 서비스를 생산하고, 팔고, 유통하는 데에 반복적으로 들어가는 비용을 절감하기 위해 조직된다고 발표하며 처음으로 사용하였다. 즉, 개인들이 시장에서 1:1로 거래를 할 때 수반되는 비용보다 기업을 조직하고 유지하는 데에 부가되는 비용이 오히려 싸기 때문에 기업이 조직된다고 하였다. 코스는 이를 토대로 하여 코스의 법칙(Coase's Law)을 세웠는데, 1991년 노벨상을 수상한 뒤 세계적인 주목을 받았다. 한편, 증권을 매매할 때 발생하는 비용을 의미하기도 한다. 이때는 거래수수료와 할증료 · 할인료 · 제반 수수료 · 직접세 등이 포함되며, 특히 증권거래를 빈번하게 하는 투자자에게 중요한 의미를 갖는다.

25) 효용가능경계(utility possibility frontier-혹은 효용경계곡선) : 결국 생산가능곡선의 각 점에서 소비의 효율성을 동시에 충족하는 점이 존재. 이는 효용가능곡선의 특정한 점. 이를 효용평면에 나타내면 효용경계곡선을 도출. 한편 이와 별도로 먼저 생산가능곡선의 다양한 점에서 각자의 효용가능곡선(계약곡선)이 도출된 후, 이들 다양한 효용가능곡선을 포괄하는 포락선이 효용가능경계. 이는 결국 효율적인 자원 배분을 표상하는 모형임.

26) 9세기 중엽 마셜(Marshall, A.)을 창시자로 하여 피구(Pigou, A. C.), 로버트슨(Robertson, D.

H.), 로빈슨(Robinson, J.) 등 영국의 케임브리지대학 중심의 경제학자들에 의해서 전통적인 고전학파의 이론을 계승·발전시키는 동시에 당시의 시대적 요구에 부응하기 위하여 한계효용이론을 도입하여 절충적인 이론체계를 수립한 학파로, 케임브리지학파라고도 한다. 신고전학파의 이론은 당시 영국 자본주의제도의 모순인 소득분배의 불평등, 만성적인 실업, 독점 등의 문제를 해결하기 위한 실천적인 경제학 건설에 목적이 있었으나, 1930년대의 대공황 중에 나타난 구조적인 실업이나 장기적인 침체 현상, 경제변동과 같은 거시적 동태이론을 연구하지 않았기 때문에 고전학파와 신고전학파의 이론을 비판하고 경제이론과 경제정책의 새로운 방향을 제시한 케인스혁명(Keynesian revolution)이 케인스(keynes, J. M.)에 의해서 일어나게 되었다. 19세기 후반, 빅토리아여왕 시대의 영국은 자본주의의 세계적 발전을 완성함과 동시에 밖으로 미·독·불과의 경쟁에 부딪히게 되고 안으로는 점차 표면화되는 노자(勞資)대립에 직면하게 되었다. 이미 고전학파는 밀(Mill, J. S.)에 의해서 그 역사적 역할을 끝내고 리카도(Ricardo, D.)적인 사회주의 비판이 생겨났으며 한편으로 영국 경제학의 전통하에 근대적 한계원리를 포섭하여 자본주의사회를 분석하고 그 조화적 발전을 확실히 하려는 학파가 발생했는데, 이것이 신고전학파이다. 1871년 영국의 제본스(Jevons, W. S.)는 멩거(Menger, C.)나 왈라스(Walras, L.)와 나란히 한계효용원리를 전개하여 영국 경제학에 있어서 고전학파의 노동가치설에 대하여 주관적인 효용원리에 기초한 경제이론이 형성되는 길을 터놓았다. 이때 리카도와 밀의 영국 전래의 고전학파 사상을 토대로 하고 1870년대에 출현한 주관적 사상을 받아들여 두 개의 가치론을 절충·종합하여 독자적인 체계를 창출한 사람이 마셜이다. 그에 의하면 재화의 정상가격을 결정하는 것은 수요측면에서의 한계효용과 공급 측면에서의 생산비이며, 가격형성과정에 시간적 요소를 도입, 장기정상가격의 결정에는 생산비가, 단기에는 한계효용이 주요인이라고 했다. 그는 이 분석을 통하여 탄력성 및 대표적 기업 등의 개념을 창출했다. 한편 경제변동의 일반적 상호의존관계를 밝히는 데 있어서는 곧바로 일반균형의 성립을 전제하지 않고 시장의 내적 구조에 직접 부분균형의 성립을 추구하여 그 체계화를 시도하는 방법을 택하였다. 이 이론은 로잔느학파의 일반균형이론에 대응하여 부분균형이론이라고 불리는 것으로, 시간 요소를 도입하여 신고전학파에 있어서 경험적인 현실 접근의 방법론적인 특징을 이룬 것이다. 마셜은 이 균형이론을 근거로 분배론에서 정상이윤, 정상임금의 결정을 한계생산력 균등의 법칙으로 설명했다. 그러나 총국민분배분, 즉 국민소득의 최대치가 반드시 사회적 후생의 극대와 양립되지 않는다는 본질적 모순이 이미 당시 영국 사회에서 나타나고 있었다. 마셜은 경제 논리의 고양에 의해 결국 이 모순이 극복되어 사회적 후생의 극대와 조화적 발전이 이루어진다고 생각했다. 그러나 이 모순은 제1차 대전 이후에 영국에서 더욱 확실하여졌다. 피구는 이 문제에 직면하여 「후생경제학*The Economics of Welfare*」을 저술하여 해결책을 제시하려 하였다. 그는 세 가지 주요명제를 들고 있다. 즉 다른 사정이 동일하다면 첫째, 국민분배분의 평균량이 크면 클수록 둘째, 분배가 균등화되어 빈자에게 돌아가는 국민분배분이 크면 클수록 셋째, 국민분배분의 변동이 작으면 작을수록 경제적 후생은 커진다고 하여 첫째 명제의 원리, 즉 한계생산력 균등과, 둘째 및 셋째 명제의 원리 즉 한계효용균등의 법칙 실현의 내적 관련성을 연구하였다. 그리고 첫째 명제를 주로 하여 자본주의의 체계를 긍정하여 둘째, 셋째 명제의 실현이 첫째 명제를 손상시키지 않도록 모순을 극복하여 체계화하려 하였다. 그는 이 문제를 1930년대의 대공황 속에서 고용 및 실업의 문제에 초점을 맞추어 발전시켰다. 케인스의 분석은 구조적 실업의 발생에 대하여 피구를 포함한 고전학파 및 신고전학파의 이론을 비판하여 불완전고용상태 하의 균형을 해결하는 새로운 이론체계를 탄생시켰다. 그리고 그것은 국가적 통제나 공공사업에 의한 실업의 해결책을 요청하기에 이른 것이다. 케인스에 의하여 일단 비판을 받고 수정된 신고전학파 이론은 그 전제조건이 경제사회의 진전과 더불어 현실과 매우 달라지게 되었다. 특히 기업에 관한 이론은 다음과 같이 크게 변하게 되었다. 첫째, 국민 경제를 구성하는 단위경제주체는 분권적인 시장 기구를 통해서 소유하고 있는 희소자원을 자유로이 사용 및 처분할 때 그 양에 있어서나 그 과정에 있어서 외부비경제가 발생하지 않는다는 묵시적인 조건이다. 그러나 개인이나 개별 기업이 자유 처분할 수 있는 희소자원의 양이 너무 많거나 혹은 처분과정에서 제3자나 사회 전체에 미치는 영향이 외부비경제적인 것으로 나타날 때에는 분권적인 경제주체에 의한 선택의 자유는 그대로 허용될 수 없으며 이에

의 존재가 효율적인 자원 배분을 저해하는 요인이라고 비난한다. 공유재산이 초래하는 비효율적 자원 배분의 두 가지 방안이 제시되어있는데 첫째, 공유재산자원을 사유재산으로 전환, 둘째, 조세나 보조금 사적비용 사회적 비용 간 차를 줄이거나 두 가지가 불가능할 경우 공유재산자원에 정부가 직접 개입하는 것이다.

(2) 공유재산자원의 정의와 특성

공유재산자원은 배타적인 소유권이 특정 개인에게 주어지지 않는 자원을 가리킨다. 그렇기 때문에 사람은 누구나 자유로이 접근하여 사용할 수 있고 사용자 간에는 역의 상호관계라는 외부불경제[27]에 나타나는 두 특성이 있다. (=무소유 자원)

자연자원에 대한 공동 이용은 금기를 통하거나 자원을 관리함으로써 자원의 고갈을 억제하였다. 배타적 자원소유권 부재로 생기는 문제들은 완전한 재산권 부여를 통하여 개인의 사적 이익을 극대화

대한 한계에는 어떠한 형태로든지 사회적 합의가 이루어져야 한다. 둘째, 고전학파 및 신고전학파 이론상 엄격한 의미에서 생산의 주체는 기업가이지 '기업'이 아니었다. 생산자는 생산기간이 전혀 없는 가운데 각종 생산요소를 결합하여 생산공정에 투입하면, 곧 제품이 생산되며 수요·공급의 균형이 이루어진다. 그러나 자본주의경제가 발전됨에 따라서 생산자본의 축적은 생산요소의 고정화, 생산의 우회화 및 기간의 장기화를 가져왔다. 이러한 과정에서 기업을 구성하는 물적 자원으로의 고정자산의 고정성은 높아지며, 이에 따라 인적자원의 고정성도 커져 자연히 기업을 구성하는 생산요소에 대한 법적 소유자의 처분의 자유성도 제한을 받게 되어 소유와 경영의 분리현상이 발생하게 되었다. 따라서 현대경제의 생산 주체는 추상적인 개인으로 되돌리거나 분해할 수 없으며, 오직 유기적인 조직체로서의 주식회사, 합자회사, 합명회사 등의 '기업'이라는 점이 강조되었다. 그러나 여전히 자유 자본주의경제의 본질은 존속되는 것이다. 왜냐하면 그것은 첫째로 주식을 통한 유기적인 생산조직체로서의 기업소유를 포함하는 사유재산제도를 의미하며 둘째, 선택과 행동의 지표로서의 이윤추구가 그것이며, 끝으로 유기적 조직체로서의 기업을 포함한 경제주체의 자유성을 의미하기 때문이다.

27) 생산자나 소비자의 경제활동이 시장거래에 의하지 않고 직접 또한 부수적으로 제3자의 경제활동이나 생활에 영향을 미치는 것을 외부경제 효과라고 하는데, 그 영향이 이익이면 외부경제, 손해면 외부불경제라고 한다. 최근에 외부불경제로 대기 오염·소음 등의 공해가 문제시되고 있다. 외부경제효과가 있으면 시장 기구가 완전히 작용해도 자원의 최적 배분이 실현되지 못한다.

할 수 있도록 동기를 유발하여야 한다. 그러나 배타적인 소유권이 제약된 공유자원이 많이 존재하는 이유는 두 가지로 나누어 생각할 수 있다.

첫째, 특정의 자원은 개인의 소유가 될 수 없다는 개념(ex: 호수, 강)

둘째, 자원 그 자체의 특성으로 인하여 배타적 소유권의 확보가 불가능한 경우(ex: 희소자원)

무소유로 존재하는 공유재산자원과는 달리 여러 사람에 의해 소유되는 자원의 경우 적절한 제약을 통하여 바람직한 자원사용을 유도하기가 비교적 용이하다.

(3) 공유재산자원의 채취

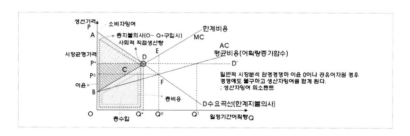

어획량을 Q*이상 증가시키지 않기로 합의하는 배타적 사유재산권이 존재하는 자원의 사용에서 기대할 수 있는 현상이 있으나, 자원사용이 개방되어 초과이윤이 존재하는 한 새로운 기업의 참여가 계속되어 생산량의 증가와 가격의 하락 현상이 나타날 것이다.

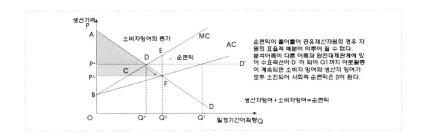

배타적 재산권을 보유하는 자원의 소유자는 스톡 수준을 적절히 관리하여 자원의 사용으로 얻는 순수익을 극대화하나, 공유재산자원의 경우에는 보존의 유인이 없어진다. 따라서 공유재산자원은 비가격 기구를 통하여 적절히 제한 사용하지 않는 한 과잉채취라는 바람직하지 못한 결과를 가져온다.

제3절
치유산업과 협동조합경제

1. 치유산업과 협동조합의 관계

치유산업의 선두 주자인 치유농업의 경우, 치유농업 프로그램 개발 및 실행 등 전문적인 업무를 수행하기 위하여 치유농업사라는 전문 국가 자격제도도 운영하고 있으며, 국가와 지방자치단체는 치유농업 연구개발 및 육성에 필요한 기반을 조성하기 위하여 관련 시행을 수립, 시행 중이다. 정부 유관 부처는 치유농업 관련 기술을 사업화하거나 창업을 하고자 하는 자에게, 치유농업 관련 기술 등 연구개발 성과를 제공하거나 치유농업서비스 제공을 위한 장비와 시설의 설치 및 운영에 필요한 자금을 지원할 수 있고, 창업에 필요한 전문기술, 법률 등에 관한 컨설팅 등을 지원할 수 있다. 그런 의미에서 치유산업의 경제를 실현할 수 있는 시스템은 바로 협동조합 경제방식이다.

본래 치유산업의 논의는 치유산업시스템의 근본이 무엇인가로부터 출발해야 한다고 생각한다. 치유산업의 근본이 바로 치유산업 정체성이다. 이는 협동조합시스템의 근본이 협동조합 정체성이라는 원리와 그 맥을 같이한다.

정체성을 거론하게 된 것은 협동조합에는 이념이라고 할 수 있는 가치와 운영지침인 원칙이 있는데 이러한 가치와 원칙은 어디서 왔고 왜 그러한 가치와 원칙이 필요했을까 하는 의문에서 시작되었다. 마찬가지로 치유산업경제도 그 이념이라고 할 수 있는 치유농업의 가치와 운영지침(치유농업법)이 있어야만 계속 사업체로서 유지될 것이다. 협동조합의 정체성과 가치 원칙의 관계를 두 가지로 접근할 수 있듯이 치유산업경제도 마찬가지라고 생각된다.

하나는 그림 1-1에서 보시는 바와 같이 정체성을 유지하면서 환경에 적응하여 계속 사업체로 존립 발전하는 것이 치유산업이라고 할 때 여기에 필요한 이념이 가치이고 운영지침이 원칙이라는 견해이다. 다시 말해 근본이 되는 정체성이 있고 그 정체성을 유지하면서 치유산업이 존립 발전하기 위해서는 가치와 원칙이 필요하다는 것이다.

그림 1-1. 치유산업의 정체성, 가치, 원칙의 관계

다른 하나는 그림 1-2에서 보시는 바와 같이 정체성을 핵심적 정체성과 확장된 정체성으로 나누어 보는 것인데, 여기서 가치와 원칙은 확장된 정체성을 이루게 되고, 더 근본이 되는 핵심적 정체성

은 규명해야 할 과제로 남게 된다.

그림 1-2. 치유산업의 정체성, 가치, 원칙의 관계

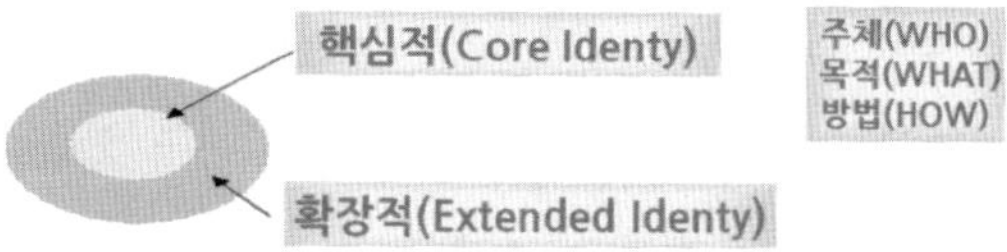

이 두 가지 접근 방법은 모두가 가치와 원칙을 정체성의 하나로
보아 국제협동조합연맹(ICA: International Co-operative Alliance)
의 정체성 선언과 궤를 같이한다.

따라서 치유산업이 경제에 대한 견실한 시각을 갖추고 사업조직
으로서 성공하기 위해서는 치유산업경제 전략에 맞게 그들의 사업
목표와 전략을 수정할 수 있어야 한다. 그런 의미에서 치유산업경
제의 공급자로서 치유산업 경영자는 협동조합경제 시스템을 알 필
요가 있다.

2. 치유산업과 협동조합경제이론

우리는 이론을 통하여 치유산업의 협동조합적 행동과 성과에 관
련된 논쟁에 대하여 학문적으로 접근할 수 있다. 여기서 행동이란
치유산업이 협동조합과 마찬가지로 사업 환경에 따라 사용하는 사
업방법, 전략, 정책들을 말하며, 성과란 협동조합적 행동에 의해 도
달하는 결과를 말한다.

치유산업도 협동조합과 마찬가지로 치유산업의 성과에 대한 주장과 치유산업의 행동 및 사업 환경에 대한 정확한 가정들은 일관성이 있어야 한다. 사실보다는 신화에 근거하여 사업전략을 결정하는 치유산업은 결국 사업체로서 실패하게 될 것이다. 예를 들어, 협동조합의 경우, 1970년대 지방의 곡물 협동조합들은 국제 곡물 시장에서 시장점유율을 높이려고 하였다. 그러나 그들은 사업 환경이 점유율 확장에 우호적일 것이라고 잘못 판단하였다. 다국적 곡물회사에 비해 빈약한 경쟁적 지위를 가지고 있었던 지방의 곡물 농협들은 1980년대에 모두 실패하고 곡물 시장에서 물러나야 했다.

이론을 통해 우리는 협동조합의 원칙과 협동조합의 활동에 대한 논쟁들을 현실적이고 효과적인 방법으로 설명할 수 있다. 조합원, 이사회, 경영자들은 협동조합의 원칙을 실제 사업에 어떻게 적용할 것인가에 관심을 두고 있다. 이러한 연관성을 명확하게 규명하는 데 이론이 필요하다.

따라서 치유산업도 협동조합 이론에 대한 일관된 이해 없이는 의사결정이 제대로 이루어질 수 없다. 컴퓨터로 인해 투자자소유기업(IOF)의 수리적 의사결정 모형이 획기적으로 발전해왔다. 그러나 치유산업에서는 이와 유사한 모형을 적용하기에 앞서 협동조합의 특수한 행동이론을 발전시키고, 협동조합이 추구하는 목표를 명확히 해야 한다.

Cobia는 협동조합의 출자지분 반환에 대한 분석에서, 협동조합의 이론, 원칙, 모델링이 어떻게 결합하여 경영자의 의사결정에 대한 정보를 제공하고 있는지 보여주고 있다. 1979년 미국 일반회계사무국(GAO)은 지분반환을 실시하고 지분에 대한 배당금도 반드시 지급할 것을 권고하였다. Cobia는 지분반환 특별프로그램을 고안함으로써 이 프로그램의 운용을 위해 협동조합에 요구되는 재무적 수준을 제시하고, GAO의 권고안에 대한 실행 가능성을 평가할 수 있었다.

이론은 가정을 전제로 하여 논리적으로 결론을 끌어낸다. 따라서 가정의 진실성이 중요하며, 이 논문에서는 가장 중요한 가정들을 검토하였다. 다양한 모형의 가정들을 살펴봄으로써 각 분석의 약점과 강점을 판단하게 될 것이다.

3. 구매협동조합의 경제모형

치유산업경제란 용어는 넓은 의미에서 수요자에게 재화와 서비스를 판매하는 공급자를 말한다. 이런 형태는 협동조합 경제모형과 다를 바 없다.

여기서는 치유산업경제 모형을 이해하기 위해 협동조합의 기초적인 경제모형을 사용하여, 협동조합의 경영과 조직에 관한 다음 4가지 문제를 부분적으로 설명하려고 한다. ①협동조합의 사업 목적은 IOF의 사업 목적과 다른가? ②협동조합의 다양한 목표들은 서로 보완적인가 아니면 상충하는가? ③협동조합은 목표를 어떻게 달성할 수 있는가? ④산업구조가 협동조합이 목표를 달성하는 데 영향을 미치는가? 이 글에서는 구매협동조합을 대상으로 이러한 질문들에 대해 검토해보기로 한다.

(1) IOF의 기본 모형

IOF는 '판매량의 극대화'와 같은 대안적 목표를 가질 수도 있지만, 일반적으로 순수입(net income)을 극대화하여 투자자들을 위해 기업 가치를 높이는 것을 목적으로 한다. 여기서 순수입은 총수입(TR, total revenue)에서 총비용(TC, total cost)을 차감한 것이다.

예를 들어, 구매품을 농업인에게 톤 단위로 판매하는 IOF 기업을 살펴보자(그림 1-3). 기업은 투자자들에게 투자금액(소유 주식의 수)에 비례하여 순수입을 배분한다. 투자자는 기업이 주식을 발행할 때 주식을 사거나 혹은 다른 투자자들로부터 구입함으로써 주주가 될 수 있다.

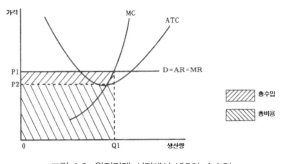

그림 1-3. 완전경쟁 시장에서 IOF의 순수입

구매품을 판매하는 기업에서, 한계비용(MC)은 구매품 1톤을 더 생산함으로써 총비용(TC)에 추가되는 비용을 말하며, 한계수입(MR)은 구매품 1톤을 더 판매함으로써 총수입(TR)에 추가되는 수입을 말한다. 경제학자들은 IOF가 순수입을 극대화하기 위해서는 한계수입과 한계비용이 같아지는 점에서 생산량을 결정한다는 법칙을 끌어 내었다. 경쟁적 시장에서 한계수입은 일정한 반면, 한계비용은 점점 증가한다. IOF 기업은 한계수입이 한계비용보다 큰 범위 내에서는 생산량을 증가시켜서 총 순수입을 증가시킬 수 있다. 즉, 추가로 구매품 1톤을 더 판매하여 발생하는 수입이 구매품 1톤을 더 생산하는 데 드는 비용보다 더 클 경우에 총수입이 늘어나게 되는 것이다. 만약 한계수입이 한계비용보다 작을 경우, 판매를 줄임으로써 얻게 되는 비용 절감이 수입 감소보다 더 크기 때문에 기업은 구매품생산을 줄임으로써 총 순수입을 늘릴 수 있다.

IOF가 가격과 생산량을 결정하는 이 법칙은 산업의 시장구조에 달려있다. 시장구조는 그 산업 내에서 경쟁하는 기업의 수와 상대적인 규모를 말한다. 완전경쟁 시장은 다른 구매품과 같은 동질의 제품을 생산하는 생산자들과 이를 소비하는 소비자들이 많은 시장이다.

완전경쟁 시장에서 경쟁하는 IOF는 시장가격에 영향을 미칠 정도의 시장 지위를 갖지 못하기 때문에 시장가격을 수용해야 한다. 만약 생산을 줄이게 되면, 다른 생산자들이 생산을 늘리게 되어 가격을 인상할 수 없게 된다. 또한 IOF가 가격을 인상하게 되면, 구매자들은 다른 경쟁기업에서 제품을 구매할 것이다. 이러한 두 가지 이유로 인해 경쟁기업들은 시장가격으로 제품을 판매하게 된다. 따라서 IOF는 모든 생산품을 P1의 가격으로 판매하게 된다(그림 1-3). 수요곡선이 평행하기 때문에 평균수입(AR)은 "한계수입(MR) × P1"과 일치한다. IOF는 순수입을 극대화하기 위해서 한계비용과 한계수입을 일치시킨다. IOF의 판매량은 Q1이 되고, 가격은 P1이 된다.

기업의 총 순수입은 평균수입(P1×Q1)과 총비용(P2×Q1)의 차이가 된다. 즉, 순수입(net income)은 Q1×(P1-P2)가 된다.

그러나 현실에서 완전경쟁 시장은 찾아보기 어렵다. 따라서 IOF는 더 많은 양의 구매품을 판매하기 위해서는 가격 인하 등의 시장활동을 전개해야 한다. 지역시장에서 3~5개의 구매품 생산기업이 경쟁하는 경우를 예로 들어 보자. 이러한 기업들은 경쟁자들과 차별화하기 위해 상당한 노력을 기울일 것이다. 즉, 그들은 자신의 제품을 다르게 보이도록 하거나 구매자들이 쉽게 다른 기업들의 제품으로 대체하지 못하게 할 것이다. 제품 차별화는 서비스의 질, 제품배송 절차, 소비자금융, 서비스, 상표 등에 변화를 줌으로써 달성할 수 있다. 어떤 기업이 제품을 차별화 하면 제품의 가격을 인상하여도 기존 고객을 잃지 않거나 오히려 신규 고객을 확보할 수도 있다.

이런 형태의 시장구조를 독점적 경쟁이라고 한다. 이런 상황에서 IOF는 경쟁자들이 있음에도 불구하고 자신의 생산량이나 가격을 변경하여 시장가격을 변화시킬 수 있다. 이런 형태의 시장구조에서도 IOF는 순수입의 극대화를 위해 한계수입과 한계비용이 동일한 지점에서 생산하는 법칙을 따를 것이다. 순수입을 극대화하는 판매수준은 Q1의 물량을 P1의 가격으로 판매하는 점이다(그림 1-4).

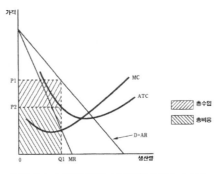

그림 1-4. 독점적 경쟁 시장에서 IOF의 순수입
극대화

개별 기업에 있어 수요곡선의 기울기는 다른 기업과의 경쟁상황
또는 대체재의 이용 가능성에 따라 달라진다. 경쟁이 심화되면 수
요곡선의 기울기가 완만해진다. 이 장과 다음 장의 그림들은 다소
가파른 기울기의 수요곡선을 포함하고 있다. 이는 독점기업이 존재
하는 시장영역을 표현함과 동시에 협동조합이 순수입을 극대화하는
것과는 다른 목표를 추구할 때 야기되는 가격의 차이를 강조하기
위해서이다. 목표의 차이에 의한 가격의 차이는 수요곡선이 완만한
경우에는 두드러지게 나타나지 않는다. 기울기의 조정은 가격보다
는 수요량의 조정을 통해 이루어질 것이다. 실제 상황에서 기업의
경영자들은 그들이 활동하는 산업의 경쟁적 구조와 기업이 직면하
고 있는 수요곡선의 특성들을 규명하는 데 노력해야 한다.

(2) 구매협동조합 모형

구매품을 생산하여 판매하는 어떤 사업조직이 IOF에서 구매협동
조합으로 변경하였다고 가정해 보자. 이 구매협동조합은 IOF와 동

일한 비용구조를 갖고 있다고 생각될 수 있다. 이것은 구매협동조합이 기술적인 측면에서 IOF와 동등하게 효율적이며, 두 기업 모두 동일한 평균비용 및 한계비용 곡선을 갖고 있다는 것을 의미한다.

① 협동조합의 가능한 목표

구매협동조합은 다음과 같은 목표들을 가질 수 있다. ①평균수입(AR)과 평균 총비용(ATC)을 일치시키거나, ②조합원들의 구매가격을 최소화하거나 ③전체 조합원의 총수입을 극대화하는 것이 그것이다. 이 장에서는 ①과 ②의 목표를 설명한다. ③의 목표에 관심이 있는 사람들은 Sexton(1983)의 글을 읽기를 바란다. 이 목표들 중 순수입 극대화와 같은 개념이 있는가? 한 가지를 제외하고 이 목표들은 순수입 극대화와는 다르다. 아래에서는 이 문제에 대해 자세히 설명하고자 한다.

협동조합에서는 앞에서 설명한 바와 같이 투자보다는 이용과 관련하여 수입이 발생하며, 수입을 이용고배당(patronage refund)으로 배분하는 특별한 형태의 기업이다. 이를 설명하기 위해 협동조합의 총 순수입이 이용고배당의 형태로 조합원에게 현금으로 배분된다고 가정해 볼 수 있다. 비료 1톤당 이용고배당은 비료 1톤당 가격에서 1톤당 평균비용을 뺀 것과 같으며, 조합원에게 현금으로 지급하는 총 이용고배당은 총 순수입과 같을 것이다.

일반적인 경제분석에 따르면, 평균 총비용 곡선은 평균적인 자본이자를 포함한 모든 비용을 포함한다. 따라서 평균 총비용과 평균수입이 같을 때에 협동조합은 출자금이나 부채에 대한 이자 지급에 충당할 재원을 보유할 수 있을 것이다.

② 협동조합의 목표는 누가 정하는가?

비록 조합원들이 협동조합을 소유하고 있지만, 그들은 이사회를 선출하여 협동조합의 경영과 활동에 대한 감독의 책임을 부여하고 있다. 이사회와 경영진은 협동조합의 목표를 설정한다. 다음의 분석에서는 이사회와 경영진이 목표를 세우고 그 목표를 달성하기 위해 특별한 가격정책을 활용한다고 가정해 보자. 이는 협동조합이 소유자(조합원)와 분리된 형태의 기업이라는 것을 의미한다. 모든 조합원들도 그들 자신의 목표를 추구한다. 조합원들은 시장가격 혹은 이용고배당이 고려된 가격을 기준으로 구매 의사를 결정할 것이다.

협동조합은 특수한 목적을 달성하기 위해 가격 및 이용고배당 정책을 실시하고, 조합원들은 협동조합이 실행하는 전략에 반응한다. 협동조합의 특수한 목적이 달성될 수 있는지 없는지는 조합원이 어떠한 반응을 보이느냐에 달려있다.

③ 협동조합의 목표 분석

협동조합이 IOF와 같이 행동하여, Q1을 P1의 가격으로 조합원들에게 판매한다고 가정해 보자(그림 1-5). 조합원들에 대한 이용고배당은 P1-P4이다. 조합원에 대한 실제 판매가격은 P4 혹은 P1에서 이용고배당을 차감한 부분이 된다(표1의 1번 목표). 이 목표는 협동조합의 원칙, 조합원 집단의 목표 또는 개별 조합원의 목표와 일치하는가? 이런 목표들을 달성하는 데 더 효과적인 가격전략은 없는가?

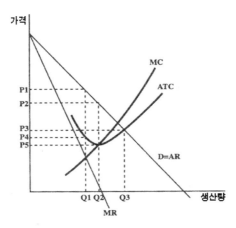

그림 1-5. 다양한 목표를 가진 구매협동조합 분석

표 1-1. 협동조합의 목표, 의사결정 규칙, 산출량, 가격, 이용고배당, 순 가격의 예

목표	의사결정 규칙	산출량	지불가격	이용고 배당	실제 지불가격
순수입 극대화 (IOF와 동일)	MC=MR	Q1	P1	P1-P4	P4
조합원의 실제 지불가 격의 최소화	MC=ATC	Q2	P2	P2-P5	P5
수지 균형 (원가주의)	ATC=AR=P	Q3	P4	P3-P3	P3

주) 다음의 다른 2가지 목표도 설정될 수 있다. ① 판매의 극대화 (MR=0)

④ 조합원 잉여의 극대화 (MC=P=AR=D)

협동조합의 원가주의 원칙은 수입이 이용과 관련된다는 것을 의미한다. 만약 어떤 협동조합이 독점적 경쟁산업에서 존재한다면, 협동조합의 경영자는 이 원칙을 평균 총비용과 평균수입이 일치한다는 것으로 이해할 것이다. 이런 상황에서 협동조합은 조합원에게 Q3만큼의 물량을 공급할 것이고, 정상 수입을 넘어선 어떠한 순수

입도 기대하지 않을 것이다(그림 1-5). 따라서 순수입 극대화를 추구하는 IOF에 비해 산출량은 많아지며, 판매가격(P3)은 낮아진다(표 1-1의 3번 목표).

만약 협동조합의 목표가 조합원이 실제로 지불하는 가격을 최소화하는 것이라면, ATC가 최저이거나 MC=ATC일 때 최소가격이 정해진다. Q2 이상에서는 한계비용이 ATC보다 큰데, 이는 조합원에 대한 판매를 줄임으로써 ATC가 줄어든다는 것을 의미한다. Q2 이하에서는 판매량을 늘림으로써 ATC가 줄어들 수 있다. 조합원에 대한 실제 판매가격은 P2-P5와 같다. 조합원은 Q2에서만 가장 낮은 순가격[28]으로 구매할 수 있다(표 1-1의 2번 목표).

⑤ 불안정한 균형

협동조합의 조합원이 갖게 되는 중요한 의문은 판매가격에 관심을 가져야 할지 아니면 실제 기대가격에 관심을 두어야 할지이다. 경영진이나 이사회가 앞에서 구분한 협동조합의 3가지 목표를 달성하기 위한 가격정책을 결정하는데 이 문제는 매우 중요한 의미를 지닌다.

실제 기대가격보다 판매가격으로 구매 의사를 결정하는 조합원은 이용고배당을 받기를 원하지 않으며, 이용고배당의 현재 가치가 더 낮거나 심지어 부정적이라고 믿는다. 예를 들어, 어떤 협동조합이 낮은 이용고배당을 결정하거나, 이용고배당의 현재 가치가 제로에 가깝다면, 조합원은 아마도 구매 결정에 있어 이용고배당을 무

---

28) 순가격(net price)은 제품 구매를 위해 조합원이 실제로 지불하는 가격을 말하며, 각종 판매비용과 나중에 조합원이 받게 될 이용고배당을 가감한 가격이다.

시해버릴 것이다. 대신 그들은 판매가격을 받아들이고, 이 가격에서 그들의 수요량을 결정하게 될 것이다. 만약 어떤 협동조합이 P2의 가격을 부과한다면, 조합원들은 Q2만큼을 구매할 것이다(그림 1-5). 따라서 조합원들은 현금으로 P2-P5에 해당하는 이용고배당을 받게 될 것이며, 협동조합은 순 가격을 최소화하려는 목표를 달성하게 될 것이다.

그러나 만약 조합원들이 기대되는 순 가격(이용고배당을 통해 조정된 기대가격)을 받아들인다면 불안정성이 발생하게 된다. 이사회와 경영진이 어떤 물량을 최소 순가격으로 판매하려고 시도한다고 가정해 보자. 이 경우 수요곡선에서 나타나는 바와 같이 순가격이 조합원들이 기꺼이 지불하려고 하는 가격보다 낮기 때문에 협동조합의 공급량과 가격은 불안정한 균형상태를 맞게 된다. 이 경우 조합원들은 판매가격보다 저렴하다는 이유로 최소 순가격에 도달하기 위한 물량보다 더 많은 양의 비료를 사려 할 것이다. 그러나 협동조합이 ATC와 AR을 일치시킬 목표를 달성하려 한다면, 이 불안정성은 사라질 것이다.

⑥ 평균 총비용(ATC)의 최소화

조합원이 최소 ATC의 극소점에서 제품을 구매하는 데 반하여 협동조합이 판매량 극대화를 추구한다면 조합원들은 어떻게 행동할 것인가?

첫째, 조합원들은 폐쇄형 협동조합을 조직함으로써 경제적 인센티브를 얻을 수 있다. 이렇게 설립된 새로운 협동조합은 일부 조합원을 배제함으로써 수요곡선을 왼쪽으로 혹은 D1에서 D2로 이동시킬 수 있다(그림 1-6). 협동조합은 수요곡선이 ATC의 최저점을 통과할 때 안정성을 얻게 될 것이며, 2번과 3번의 목표를 실현함과 동시에 판매량 목표도 달성할 수 있다. 조합원은 협동조합으로부터 최소 순가격으로 제품을 구매하기 때문에 다른 협동조합으로 이동할 유인이 없어진다.

두 번째 대안은 사업의 비용구조를 바꾸는 것이다. 협동조합은 물리적 시설을 확장할 수 있고 비용구조를 변화시킬 수도 있다. (그림 1-7)에서 보는 바와 같이 협동조합이 한계 및 평균비용 곡선을 MC1과 ATC1에서 MC2와 ATC2로 변화시킨다고 가정해 보자. 협동조합은 시설들을 확장함으로써 ATC의 최소점을 오른쪽으로 옮기고 조합원들을 위해 더 낮은 순가격 P2로 더 많은 물량 Q2를 공급할 수 있게 된다. 성공적인 협동조합은 그들의 생산 능력과 물량을 확대하려는 경향이 있기 때문에, 아마도 두 번째의 대안을 자주 선택하게 될 것이다.

⑦ 구매협동조합은 다른가?

IOF에서 경영진의 의사결정은 비교적 단순하며 일관되게 이루어지고 있다. IOF의 주요 목표는 일반적으로 순수입의 극대화이다. 따라서 IOF는 추가적인 수입이 추가적인 비용과 동일(MC=MR)한 점에서 생산량을 결정한다. 반면, 협동조합의 생산량 결정은 훨씬 더 복잡하다.

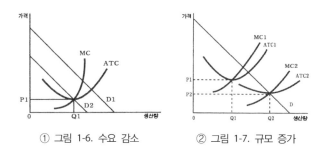

그림 1-6, 7. 구매협동조합이 안정적인 장기 균형을 달성하는 2가지 방법

① 그림 1-6. 수요 감소　　② 그림 1-7. 규모 증가

　협동조합은 순수입의 극대화를 포함하여 많은 목표들을 갖고 있다. 그러나 협동조합에서는 이러한 목표들로 인하여 많은 문제들이 야기되고 있다. 경영진이 정상적인 투자수익이 아닌 다른 어떤 목표들을 달성하려 할 경우 불안정성의 문제가 생기는데, 그 이유는 다른 목표들을 이해하지 못하거나 이에 동의하지 않는 조합원들이 협동조합이 가격이나 생산량을 변경하도록 압력을 행사할 것이기 때문이다. 구매협동조합은 순수입의 극대화를 이루는 수준을 넘어서서, 더 낮은 가격으로 생산량을 결정하도록 하는 인센티브를 갖고 있기 때문에 사회적 편익을 제공한다. 장기 균형의 완전경쟁 시장에서 즉, MR=P=ATC=MC의 경우에서 생산량과 가격이 균형을 이루게 되며, 이때 순수입의 극대화와 협동조합의 목표가 일치하게 된다.

　경쟁적인 산업에서 장기적으로 협동조합과 IOF는 본질적으로 동일한 재정적 성과를 달성하도록 기대된다. 이들 두 형태의 기업은 투자된 자본을 지속해서 유지할 수 있도록 충분한 수익률을 확보해야 한다. 장기 균형에서 협동조합과 IOF는 MR=P=ATC=MC가 되도록 활동한다. 따라서 기존의 경쟁산업에서 협동조합과 IOF의 사업을 서로 비교하는 것은 옳은 방법으로 보인다.

그러나, 순수입의 극대화와 다른 협동조합의 목표들로 인해 IOF와 협동조합이 각각 다른 가격과 생산량을 달성하게 될 경우 문제가 더욱 복잡해진다(그림 1-5). 예를 들어, 수요곡선이 우하향하고 평균 총비용 곡선이 우상향하는 산업에서 활동하는 구매협동조합은 IOF보다 더 낮은 가격과 더 많은 물량으로 제품을 판매할 수 있을 것이다. 이것은 구매협동조합의 자본수익률이 IOF보다 더 낮다는 것을 의미한다.

협동조합의 경영자들은 IOF의 경영자들과 성공적으로 경쟁하기 위해 재무적 성과의 중요성을 강조하기도 한다. 그러나 조합원들은 일반적으로 재무적 성과의 개선보다는 더 낮은 가격으로 제품을 구매하기를 더 선호한다. 조합원과 경영자 간의 가격에 대한 충돌은 구매자와 판매자 사이의 정상적인 긴장 관계로 비칠 수도 있으나, 구매협동조합에서는 좀 더 심각한 문제가 된다. 또한 협동조합에서는 구매자가 이사회에 진출하기 때문에 충돌과 긴장은 상행위에서뿐만 아니라 이사회 내부에서 발생하기도 한다.

이용고배당이 낮은 가격을 대체할 수 있다고 주장하는 사람도 있으나, 이는 전적으로 맞는 말이 아니다. 조합원들은 협동조합이 계획한 순수입은 단지 추정치일 뿐이며, 자신들이 지불하는 가격이 실재라고 생각한다. 협동조합이 원가주의에 입각하여 사업하고, 조합원들이 낮은 가격으로 구매할 수 있어야 한다는 조합원들의 생각은 결국 협동조합이 높은 수준의 출자배당을 실시하도록 압박하고, 결과적으로 협동조합이 자본을 유지할 수 없게 한다. 그 결과 협동조합은 자본반환(equity redemption)과 같은 다른 목표들을 달성할 수 없는 상황에 직면할 수도 있다.

⑧ 유휴시설

앞의 분석은 협동조합이 시설 규모에 비하여 사업 물량이 너무 커서 최소 ATC를 달성할 수 없다는 가정에 기초하고 있다. 그러나 Sexton과 같은 경제학자들은 협동조합이 수요가 충분하지 못해 ATC 곡선의 최저점에 도달할 수 없는 정반대의 문제에 자주 직면한다고 주장해왔다.

어떤 기업이 유휴시설을 갖게 된다면, 한계비용이 모든 판매 수준에서 평균비용보다 낮게 되기 때문에 기업은 어떤 수요곡선에서도 평균 총비용의 최저점에 도달할 수 없다. 이 경우 협동조합은 평균비용을 생산량과 가격 결정에 이용할 수 있다.

IOF는 한계비용과 한계수입이 동일해지는 수준에서 생산함으로써 순수입을 극대화하려고 한다. 따라서 IOF는 P1의 가격으로 Q1을 판매하며, 이 가격은 협동조합의 가격보다 높다. 이는 기업의 시장지배력이 소비자의 부를 감소시키는 사례이다. 그러나 협동조합은 이러한 가격전략을 선택하지 않는다. 그 대신 협동조합은 평균비용과 평균수입이 일치하는 점에서 P2의 가격으로 Q2만큼 생산한다. 이 경우 가격은 IOF보다 낮으며, 공급 물량은 더 많아지게 된다.

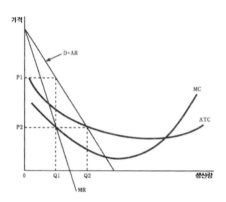

그림 1-8. 비용기능 비율이 감소하는 가운데
활동하는 폐쇄형 구매협동조합

유휴시설 문제에 직면한 협동조합은 이 문제를 해결하기 위해 선택 가능한 전략적 해결 방안들을 모색해야 한다. 다른 협동조합들과 동일한 시장에서 경쟁하는 협동조합은 규모의 경제를 달성하고 유휴시설을 줄이기 위해 합병을 선택할 수 있다. 예를 들어, 3개의 협동조합이 각각 1대의 트럭을 보유하고 유류 수송사업을 하는데 현재 30% 정도의 가동률을 유지하고 있다고 가정해 보자. 협동조합은 합병을 통해 노동비용을 줄일 수 있을 뿐만 아니라 적어도 1대의 트럭과 유휴 저장시설을 처분할 수 있다. 이로써 협동조합은 수요량을 늘리고 유휴시설을 줄임으로써 규모의 경제를 달성할 수 있다. 만약 협동조합이 전략적으로 약한 지위에 있다면, 그 산업에서 빠져나와 경쟁자인 IOF에 그 유휴시설을 매각하는 것이 최상의 선택이 될 것이다. 이와 반대로 협동조합이 강한 전략적 지위에 있다면 경쟁자인 IOF로부터 유휴시설을 사들이는 것이 최상의 결정이 될 것이다.

⑨ 비조합원 관련 사업

판매량이 증가할수록 가격에서 차지하는 비용의 비율이 점점 감소하는 사업을 영위하는 구매협동조합은 총판매량을 증대함으로써 평균비용을 줄일 수 있다. 따라서 이 협동조합은 비조합원에 대한 판매를 증가시키려 한다(그림 1-9). 평균비용 가격전략을 취하는 협동조합은 비조합원에 대한 판매를 확대함으로써 조합원들에 대한 판매가격을 P1에서 P2로 낮출 수 있다. 만약 협동조합의 목표가 조합원에게 최저 순가격으로 판매하는 것이라면, 비조합원 사업은 평균 총비용이 최저점에 달할 때까지 확대될 것이다.

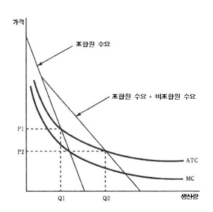

그림 1-9. 비용이 감소하고 비조합원의 수요가
있는 지역에서 활동하는 구매협동조합

그러나 이는 협동조합이 비조합원 사업에서 비롯된 순수입을 조합원에게 이전하지 않을 것이란 가정을 바탕으로 하고 있는데, 그 이유는 이전이 비록 조합원과 비조합원 사이에서 용인된다 하더라도 협동조합 내부의 동기부여 시스템(incentive system)을 바꾸어 놓을 것이기 때문이다. 비조합원과의 사업 비중이 커질수록 비조합원 사업을 수익센터로 이용하려는 조합원의 경향이 커질 것이며, 협동조합은 점점 더 순수입 극대화를 추구하는 기업처럼 행동할 것이다. 이를 피하기 위해서 미국의 많은 주(state)들은 법률을 제정하여 비조합원과의 사업량을 제한하고 있다. 캐퍼볼스태드법에서 조합원과의 사업량을 절반 이상으로 유지하도록 규정한 것을 미루어 볼 때, 비조합원과의 사업량 규제는 특히 판매협동조합에 더 해당한다고 이해할 수 있다.

협동조합이 비조합원과의 사업을 확장하려 할 경우, 협동조합의 실제적인 가격 목표는 아마도 조합원이 지불하는 순가격을 현재 상태로 유지하거나 지금보다 낮추는 것이 될 것이다. 비조합원 관련 사업 때문에 협동조합이 가격전략을 선택할 때 점점 더 IOF처럼 행동하게 된다. 그리하여 더 낮은 가격으로 더 많은 양을 구매하던 소비자의 부는 감소하게 된다. 그러나 산업이 경쟁적이어서 협동조합이 비조합원에게 과다하게 가격을 요구하는 행동이 제한될 경우에는 위의 내용과 다르다. 따라서 협동조합의 조합원 정책이 협동조합의 행동 및 성과에 대해 어떤 의미를 지니는지 면밀히 평가되어야 한다. 조합원의 최대 이익을 위한 협동조합의 정책은 사업체로서의 조합에 대한 사회적 요구와 항상 일치하지는 않는다.

또한 협동조합은 종종 순수입 극대화보다 더 많은 목표를 설정하고 있다. 결과적으로 협동조합은 독특한 비용과 수요 상황을 해결하기 위해 IOF와는 다른 의사결정 규칙을 이용하게 된다. 이 글에서는 ①순수입 극대화, ②순가격의 최소화, ③수지 균형 등 구매협동조합의 3가지 목표들을 규명하였다. 각각의 목표를 달성하기 위해 선택할 수 있는 가격전략은 상이하며, 선택과정에는 매우 다른 의사결정 규칙이 필요하다. 단지 장기경쟁균형 상태에서만 IOF와 협동조합의 가격과 생산량이 동일해진다. 따라서 구매협동조합이 부딪히는 경영문제가 IOF의 문제와 다르기 때문에 구매협동조합과 IOF는 서로 다른 행동과 성과를 보이게 된다는 이론이 성립한다.

협동조합에 대해 자주 제기되는 문제 중의 하나인 유휴시설 문제는 협동조합의 사업 물량이 불충분하여 총비용 곡선의 최저점에 도달하기 어렵다는 것이다. 이 문제를 해결할 수 있는 방법은 다른 협동조합과의 합병, 산업에서의 이탈, IOF의 흡수, 비조합원과의 사업 확대 등이다. 만약 구매협동조합이 조합원에게만 이용고배당을 실시한다면, 협동조합은 점점 더 비조합원 사업에 의존하게 되고 결국 IOF의 행동을 점점 더 닮아 가게 될 것이다.

4. 판매협동조합의 경제모형

치유산업경제의 판매협동조합 모형은 구매협동조합 모형과는 사뭇 다르다. 예컨대 판매협동조합은 조합원과의 관계에서 구매협동조합과 다르다. 조합원은 구매협동조합으로부터 농장에 필요한 제품을 구매하며, 판매협동조합에 그들이 생산한 농산물을 판매한다. 조합원의 생산물은 판매협동조합 입장에서 보면 투입물이 된다. 그리고 판매협동조합의 조합원은 협동조합에 생산물을 판매할 때 높은 가격을 받기를 원한다. 따라서 조합원과의 관계를 설명하기 위해 사용되는 이론은 구매협동조합과 판매협동조합에서 서로 다르다.

이 글에서는 판매협동조합이 어떻게 IOF와 구별되는지 설명하는데, 특히 시장구조, 협동조합의 사업방식과 목표로 인해 성과가 어떻게 달라지는지에 주목한다. 또한 판매협동조합의 조합원, 경영자, 이사회와 관련한 경영문제가 구매협동조합의 문제와 어떻게 다른지 설명한다.

끝으로 게임이론을 도입하여 판매협동조합의 의사결정 규칙을 설명한다. 게임이론은 둘 혹은 다수의 그룹이 상호 충돌하는 상황을 분석하기 위해 사용될 수 있다. 경제학자들은 특정 시장구조와 협동조합의 목표 속에서 협동조합의 행동과 성과를 분석하기보다는 협동조합 의사결정에 영향을 미치는 내부적 요소들에 더 주목할 필요가 있다.

이 글에서는 몇 가지 기본적인 모형을 사용하여 협동조합의 경영 및 조직에 관한 다음의 질문에 대답하고자 한다. ①판매협동조합의 사업 목표는 IOF와 다른가? ②규명된 협동조합의 목표들은 상호보완적인가 아니면 상충하는가? ③판매협동조합이 어떻게 협동조합의 목표를 달성할 수 있는가? ④산업구조가 판매협동조합의 목표 달성에 영향을 주는가?

(1) 판매협동조합이란

사탕무를 가공하는 판매협동조합을 예로 들어 보자. 이 협동조합은 출하물량에 대해 톤당 가격을 책정하여 현금으로 대금을 지불하며 이용고배당을 실시한다. 이 협동조합은 가공제품을 조합원도 아니고 사탕무 재배자도 아닌 제3의 구매자에게 판매한다. 따라서 구매협동조합과 달리 최종 가공품에 대한 수요와 이용고배당 사이에는 직접적인 연관이 없다.

조합원과 판매협동조합 사이에는 조합원의 생산물이란 매개물이 있는데, 이는 협동조합이 가공제품을 만들기 위해 투입하는 원료가 된다. 조합원에게 지불하기 위한 재원인 순수입(NR)은 협동조합의 총수입에서 제품의 가공 및 판매와 관련된 제 비용을 차감하여 얻어진다. 그러나 총비용에는 사탕무 생산자에 대한 지불액이 포함되어 있지 않다. 평균 순수입(ANR)은 총 순수입을 판매된 사탕무의 양으로 나눈 것과 같다.

ANR은 평균수입(AR)에서 조정된 평균비용(AAC)을 차감해서 산출된다. AAC는 평균 총비용(ATC)에서 사탕무에 지급된 평균가격을 차감한 것과 같다. 최종 생산물의 수요곡선이 우하향하든 수평이든 문제가 되지 않으며, 수요곡선(D)은 가공된 사탕무의 특정 물량에 대한 AR를 나타낸다.

ANR 곡선의 형태는 AAC와 AR의 관계에 의존한다(그림 1-10). 수요곡선에서 나타나는 바와 같이 AAC가 AR보다 클 경우, ANR은 음(-)이 된다(그림 1-11). 가공된 사탕무의 양이 Qa보다 작거나 Qb보다 클 경우, ANR은 음(-)이 된다. 이는 협동조합이 가공처리비용을 차감한 후 조합원이 출하한 사탕무에 대해 지급할 수입이 없다는 것을 의미한다.

양(+)의 ANR은 사탕무 생산자들이 출하대금을 받을 수 있다는 의미이다. 협동조합의 조합원은 가격 혹은 이용고배당의 형태로 대가를 지급받을 수 있다. ANR은 AR과 AAC의 차가 가장 클 경우 최대가 된다. 생산자들이 실제로 받는 순가격은 가공업자가 IOF인지 아니면 협동조합인지 그리고 협동조합의 목표가 무엇인지에 따라 달라진다.

그림1- 10, 11. 투입물 구매 시 IOF의 순수입 극대화 전략 분석

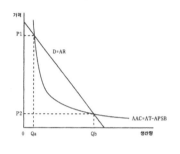

① 그림 1-10. 가공제품의 수요

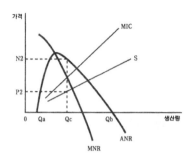

② 그림 1-11. 투입물의 수요

(2) IOF의 순수입 극대화 목표

IOF의 목표가 사탕무 가공품의 판매를 통해 최대의 순수입을 달성하는 것이라고 가정해 보자. 순수입 극대화를 위해 IOF는 설탕 및 부산물을 판매하여 얻는 한계 순수입을 사탕무 구매 시 발생한 한계비용과 같게 맞출 것이다.

ANR 곡선은 IOF 및 판매협동조합의 사탕무에 대한 수요곡선을 나타낸다. 모든 순수입이 생산자들에 대한 지급을 위해 사용된다고 가정할 경우, ANR 곡선 위의 각 점들은 생산자들이 사탕무를 출하하고 받는 평균가격을 의미한다. ANR 곡선으로부터 도출되는 한계 순수입(MNR)은 사탕무 1톤을 추가로 가공함으로써 발생하는 추가적인 순수입이다. ANR이 증가하기 위해서는 MNR이 ANR보다 커야 한다(그림 1-11). 최대 ANR은 MNR이 ANR과 같을 때 달성된다. ANR이 감소하면 MNR이 ANR보다 작다. 공급곡선은

사탕무 생산자들로부터 특정 물량을 얻기 위해 지급해야 하는 평균 가격을 의미한다. 만약 가공기업이 투입물의 가격에 영향을 미칠 정도의 시장점유율을 확보하지 못하면, 공급곡선은 평행선이 된다. 이는 투입물을 구매하기 위한 평균비용이 항상 일정하며 한계투입 비용(MIC)과 같다는 것을 의미한다. 이런 상황은 가공기업이 투입물 구매시장에서 구매자 독점권을 갖지 못할 때 발생한다.

가공기업이 구매 독점적 지위를 가지고 있거나 그 생산물의 유일한 판로에 해당할 경우를 가정해 볼 수 있다. 총 공급곡선(S)은 사탕무 생산자 공급곡선의 수평적 총합과 같다. 따라서 공급곡선(S)은 사탕무를 추가 생산하기 위한 한계비용을 의미한다. 개별 생산자들의 공급곡선이 우상향하기 때문에 총 공급곡선 또한 우상향한다(그림 1-11). IOF는 사탕무 1톤을 추가로 구매하기 위해 더 높은 가격을 지불해야 한다. 사탕무 1톤을 추가로 구매하기 위한 한계투입비용(MIC)은 IOF가 지불하는 가격보다 크다.

IOF는 MIC=MNR의 지점에서 Qc의 물량을 구매함으로써 순수입을 극대화할 것이다. Qc의 물량을 구매하기 위해 IOF가 생산자들에게 지불하는 가격은 공급곡선에 나타난다. 생산자들은 P2의 가격에서 Qc의 물량을 IOF에 공급하려 할 것이다. IOF의 톤당 순수입은 ANR과 S 혹은 N2-P2의 차이와 동일할 것이다. 총 순수입은 이 차이에 가공된 사탕무의 양을 곱해서 산출된다.

(3) 판매협동조합의 함의

① 협동조합의 목표

협동조합의 목표를 이해하기 위해서는 협동조합의 조직 목표와 전략 실행에 대한 조합원의 반응에 관한 몇 가지 가정이 필요하다. 협동조합은 수지 균형을 맞출 수 있으며, IOF처럼 순수입을 극대화할 수도 있고, 조합원이 수취하는 순가격을 극대화할 수도 있다. 협동조합의 조합원은 생산량을 결정할 때 이용고배당을 무시하거나 이용고배당을 포함한 순가격을 중요시할 수도 있다.

판매협동조합이 IOF만큼 비용이 효율적이고 공간적인 측면에서 구매 독점적이라고 가정해 보자. 그리고 협동조합이 순수입을 이용고배당으로 조합원에게 전부 분배한다고 가정해 보자. 판매협동조합은 구매협동조합과는 달리 이용고배당을 조합원이 출하한 생산물의 가격에 추가시키기 때문에 이용고배당이 투입비용을 줄인다기보다는 생산자의 톤당 수입을 증가시킨다고 할 수 있다. 예를 들어, 어떤 협동조합이 순수입 극대화의 목표를 달성하려고 한다면, 이 협동조합은 ANR에서 지불가격을 빼거나 혹은 N2-P2만큼의 이용고배당을 실시할 것이다. 그리고 조합원은 생산물에 대해 지급된 가격에 이용고배당을 추가한 순가격으로 받게 될 것이다.

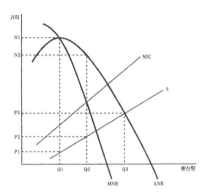

그림 1-12. 판매협동조합의 다양한 목표 분석

협동조합은 생산자의 총 공급곡선(S)이 ANR를 분할하는 지점에서 수지균형 목표를 달성할 수 있다(그림 1-4, 표 1-1). 이 생산 수준에서 생산자가 수취한 순가격은 생산자에게 지급된 가격과 동일하며, 생산자가 Q3의 생산량을 변경할 경제적 유인이 없게 된다.

Q3를 넘어서는 생산 수준에서는 추가로 생산함으로써 발생하는 한계비용이 P3의 가격을 초과한다. Q3의 생산 수준에서는 순가격이 추가로 생산함으로써 발생하는 한계비용을 초과하기 때문에 개별 생산자들이 생산을 늘릴 유인을 갖게 된다. 그러나 생산자들이 생산 수준을 늘리게 되면 그들이 생산한 사탕무의 순가격은 하락하게 될 것이다.

표 1-2. 협동조합의 목표, 의사결정 규칙, 산출량, 가격, 이용고배당, 순가격

목표	의사결정 규칙	산출량	수취가격	이용고배당	순수취 가격
조합원 실제 수취가 격의 극대화	MNR=ANR	Q1	P1	N1-P1	N1
순수입의 극대화 (IOF와 동일)	MNR=MIC	Q2	P2	N2-P2	N2
수지균형 (원가주의)	ANR=S	Q3	P4	N3-P3	N3

끝으로, 협동조합은 조합원이 실제로 수취하는 순가격의 극대화를 추구할 수 있다. 이는 ANR이 최대이거나 혹은 MNR=ANR인 경우에 달성된다. 이 경우 생산자들은 P1의 가격을 받으며, 이용고배당은 N1-P1이 된다. 비록 생산자들이 협동조합으로부터 최대 순가격을 받기를 원할 수도 있지만, 이 목표는 생산자의 순수입 극대화의 목표와 충돌한다. N1의 최대 순가격에서 사탕무 생산의 한계비용은 이 가격보다 상당히 낮은 수준이다. 따라서 생산자들은 사탕무 생산을 늘림으로써 순수입을 확대할 수 있다. 만약 생산자들이 최대의 가격으로 제한되지 않은 양을 판매할 수 있다면, 최대가격과 생산자의 순수입 극대화는 일치할 것이다. 생산자들은 그들의 한계생산비용이 수취하는 순가격과 일치하는 점까지 생산을 확대한다. 그러나 최대 순가격을 넘어선 생산증가는 더 낮은 평균 순수입을 의미하므로 이것은 불가능하다.

② 판매협동조합은 IOF와 다른가?

만약 생산자가 순가격보다는 판매가격에 근거를 두고 생산을 결정한다면 IOF와 같은 순수입 극대화의 목표가 달성될 수 있다. 협

동조합이 P2의 가격을 지급한다면, 생산자는 Q2만큼만 공급할 것이다. 따라서 생산량 결정은 N2가 아니라 P2에 근거하여 이루어지게 된다.

그러나 생산자가 순가격에 근거하여 생산량을 결정한다면, 생산수준은 더 이상 안정적이지 않게 된다. Q2에서 사탕무 1톤을 추가로 생산하는 한계생산비용은 P2이며, 이 경우 산출량에 대한 순가격은 N2가 된다. 생산자는 생산량을 늘림으로써 이익을 얻을 수 있기 때문에 생산을 늘릴 유인을 갖게 된다. 예를 들어, 1명의 생산자만이 생산을 늘리고 협동조합이 추가로 생산된 물량을 받아들이게 된다면, ANR 곡선은 조금 기울어질 따름이고 개별 생산자는 초과생산으로부터 이득을 볼 것이다. 그러나 만약 모든 조합원들이 생산을 증가시키게 된다면, 그들은 결과적으로 ANR=S 수준에서 생산량의 확대를 멈추어야 할 것이다.

여기에서 협동조합과 IOF의 주요 차이점이 발생한다. IOF는 기업의 가치를 높이고 생산 수준을 제한하는 데 반하여, 협동조합의 조합원은 집단으로 생산량을 제한하는 것이 더 유익하다 하더라도 개인적으로는 생산량을 늘릴 유인을 갖고 있다. 따라서 어떤 학자들은 판매협동조합의 조합원들이 IOF 수준 이상으로 생산량을 확대할 것이라는 점 때문에 협동조합이 유익하다고 주장하고 있다.

만약 판매협동조합이 소비자 가격을 높이고 생산자들에게 더 높은 순수입을 제공할 수 있을 정도로 시장지배력을 갖고 있다면, 생산자들은 더 높은 순가격을 받을 것이다. 이 경우 생산자들은 생산수준을 높이게 되어 소매 단계의 가격을 떨어뜨릴 것이다. 이용고배당이 조합원의 생산증가를 촉진하기 때문에 협동조합은 분명히

IOF와 같은 형태의 시장지배력을 갖출 수 없다. 반면, 어떤 판매협동조합이 생산자에 의한 생산 확대를 제한할 수 있고, 다른 기업들의 가공능력을 제한할 수 있다면, 생산 확대를 통한 소비자의 잉여는 실현될 수 없을 것이다. 그러나 협동조합은 생산자들에게 지불하는 순가격을 증가시킬 수는 있을 것이다.

②-1. 불안정성의 중요성

MNR=MIC 목표와 ANR=S 목표 사이의 차이점이 항상 심각한 문제가 되는 것은 아니다. 만약 ANR 곡선이 상대적으로 평평하거나 수평이어서 공급곡선 주위에 상당히 넓은 범위의 생산 수준이 존재하게 된다면 불안정성의 충격은 감소한다.

만약 ANR가 수평이라면, MNR=ANR이고(표 1-1)의 3가지 협동조합의 목표 가격은 일치하게 된다. 이런 상황은 특정 협동조합의 수요곡선이 수평이고 평균 총비용 곡선이 물량이 증가함에 따라 가파르게 상승하기보다 평평해지는 산업 속에서 존재한다. 미국 중서부지역의 곡물 협동조합이 이런 상황에 놓여 있다. 지역 곡물 협동조합은 경쟁적인 시장에서 판매하며, 개별 곡물 협동조합의 판매량은 최종 시장의 가격에 영향을 줄 정도로 크지 않다. 따라서 곡물 협동조합의 수요곡선은 수평이다. 또한 규모의 경제에 대한 연구는 곡물의 취급량이 증가함에 따라 평균 총비용이 수평에 접근함을 보여주었다. 한 기업이 취급 물량을 최대로 확대하면 평균비용은 단기적으로 아주 가파르게 상승할 것이다. 그러나 장기적인 평균비용은 그 기업이 시설의 취급 용량을 조절할 것이기 때문에 그렇게 가파르게 상승하지 않을 것이다.

협동조합과 조합원 간의 생산량 조절의 필요성은 가공된 제품의 수요곡선이 다소 가파른 산업에서 더 중요하게 된다. 가파른 수요곡선은 ANR 곡선의 경사를 가파르게 한다. 공급 물량의 작은 변화만으로도 가공제품의 가격이 크게 변할 수 있다. 생산자들에 돌아오는 총수입은 상대적으로 소규모의 생산증가에 의해서도 빠르게 줄어들 것이다. 따라서 생산자들은 스스로 생산조절을 강제할 필요가 있다.

②-2. 생산조절의 강제

산출량 조절을 강제할 수 있는 방법은 두 가지가 있다. 첫째, 정부가 재배면적 축소 프로그램, 유통쿼터제, 유통명령제, 등급제 등의 제도를 통해 생산량을 제한할 수 있다. 둘째, 협동조합이 생산제한, 벌칙 제도, 조합원 교육 등을 통해 생산 수준을 조절할 수 있다.

생산량을 조절하는 가장 직접적인 방법은 폐쇄형 협동조합이 각 조합원에게 쿼터를 부여하는 것이다. 폐쇄형 협동조합은 조합원들로 하여금 생산 물량을 협동조합에 강제 출하하도록 하며, 새로운 조합원의 가입을 제한할 수 있다. 쿼터 제도는 재배면적 혹은 생산량 규제의 형태로 실행될 수 있다. 협동조합이 쿼터를 부과할 경우에는 초과생산에 대한 벌칙도 함께 시행해야만 한다.

만약 협동조합이 벌금을 부과한다면, 벌금이 초과생산으로부터 얻어지는 이익보다 크거나 최소한 같아야 한다. 즉, 초과생산이 결코 이롭지 못함을 확인시킬 수 있을 정도로 벌칙이 실효성이 있어야 한다. 예를 들어, 생산자가 다른 출하 경로를 선택할 수 없다면, 협동조합이 초과한 생산에 대한 인수를 거부하거나 상당히 할인된

가격으로 인수하는 것이 가장 간단한 벌칙이 될 것이다.

만약 협동조합이 바람직한 생산 수준을 확보하기 위해 쿼터제를 실시한다면, 협동조합은 조합원이 보유할 수 있는 쿼터의 양을 제한할 것이다. 예를 들어, 사탕무 협동조합은 조합원의 재배면적을 통제한 후 조합원들이 제한된 양의 쿼터를 서로 사고팔게 할 수 있다.

그러나 쿼터제는 협동조합의 신규 조합원에게 어려운 상황을 제공할 수 있다. 쿼터의 거래가격은 경쟁적인 호가에 의해 결정되며, 작물 재배를 통해 생산자가 얻게 되는 수익을 반영한다. 어떤 협동조합의 사업이 성공적이어서 조합원이 시장가격보다 높은 가격을 받는다는 것은 그 협동조합 속에 긍정적인 경제가치가 내재하고 있다는 것을 의미한다. 이 가치는 생산자들이 쿼터의 가격을 매길 때 쿼터의 가격 속에 자본화하며, 쿼터의 최초 소유자는 가격 인상에 따른 이익을 얻게 된다. 그러나 신규 조합원에게 쿼터는 협동조합에 출하하기 위해 지불해야 하는 비용이 된다. 따라서 쿼터 비용은 신규 조합원에게는 진입장벽으로 작용한다. 그러나 만약 협동조합이 수용 능력을 더 이상 확대하지 않으면, 생산자들은 출하 확대를 위해 새로운 협동조합을 설립할 수도 있다.

이와는 달리, 협동조합이 조합원들에게 특정 가격 또는 순수입 목표 달성의 필요성을 교육할 수도 있다. 그러나 교육이 초과생산하고자 하는 조합원들의 경제적 유인들을 제거하지는 못한다. 따라서 협동조합은 조합원의 생산을 강제로 규제할 수 있는 수단을 보유하고 있어야 한다.

교육을 통한 방법이 문제가 되는 가장 큰 이유 중 하나는 협동조합이 불가피하게 무임승차자(free rider) 문제를 다루어야 한다는 점이다. 협동조합이 교육프로그램을 설치하여 일부 조합원들에게 생산제한의 중요성을 확인시킨다고 가정해 보자. 비록 모든 조합원이 더 높은 가격을 받겠지만, 그 가격은 모든 조합원이 참여했을 경우 받을 수 있는 가격만큼 높지는 않을 것이다. 게다가 가장 큰 이익을 받는 생산자들은 초과생산하여 다른 생산자들이 생산량을 줄임으로써 생긴 이익을 가로챈 조합원일 것이다. 이런 생산자들은 다른 조합원들의 희생으로 이익을 보기 때문에 소위 무임승차자라고 한다. 이는 협동조합의 교육이 불필요하다는 것을 의미하는 것이 아니라, 어떤 교육프로그램이 효과적이기 위해서는 규율과 통제가 필요하다는 것을 의미한다.

②-3. 산업 수준의 의미

투입물이 경쟁적인 산업에서 활동하는 협동조합과 IOF는 결국 동일한 수준의 산출량을 달성하고 생산자들의 생산물에 대해 동일한 가격을 지불할 것이며, 생산자들이 받는 가격에 대한 영향력이 미미할 것이다. 따라서 이들 기업들에 대한 공급곡선은 수평이며, 한계투입비용은 투입물의 가격과 같다.

두 가지 형태의 기업들은 결국 총 가변비용과 총 고정비용을 충당하게 되며, 그 산업에 새로이 진입하거나 탈퇴할 유인은 없어진다. 이 경우 장기균형은 ANR=MNR=P1=S=MIC에서 달성된다(그림 1-5) 이 산출량 수준에서 판매협동조합은 최대의 제품가격을 달성한다. 앞에서 설명된 협동조합의 모든 의사결정 규칙은 P1의 가격으로 Q1을 생산하는 최적의 지점으로 귀결된다. 따라서 장기적으로 협동조합은 앞에서 논의된 불안정성에 직면해 있지 않다.

예를 들어, 경쟁적인 산업에서 초과 순수입은 결국 사라질 것이다. 초과 순수입 수준은 정상적인 장기 순수입 수준 위에 위치하며 그 산업에 추가적인 생산량을 유인할 만큼 충분히 높다. 판매협동조합과 IOF가 그 산업에 진입하여 생산량을 확장하게 되면 제품의 가격이 하락하고 초과 순수입은 사라질 것이다.

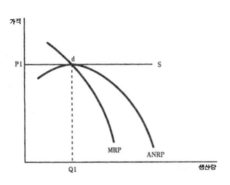

그림 1-13. 가공협동조합의 안정적인 장기 균형

따라서 조합원들이 협동조합에서 받을 수 있는 가격이 IOF에서 받을 수 있는 가격과 같아질 것이기 때문에 조합원들의 경제적 유인이 장기적으로 사라질 것이라고 전망할 수도 있다. 그러나 앞에서 논의된 바와 같이 협동조합의 가치는 단지 제품의 가격만으로는 설명할 수 없을 정도로 훨씬 더 광범위하다.

게다가 몇몇 분석가들은 농산물시장에서 장기 균형이 정말로 달성된 적이 있는지 의문을 제기하고 있다. 농업이 특히 의존적인 산업이기 때문에 농산물시장은 지역적으로 분화되어 있다. 비록 전국적인 단위의 가공기업들이 많이 있지만, 특정 지역의 생산자들은 그들의 유일한 판로인 단일 가공업자에게 의존하고 있다. 전국 단위에서는 경쟁적으로 보이는 시장도 지역에서는 상당히 집중화된 시장일 수 있다. 산업적 진입장벽도 장기경쟁균형을 불가능하게 할 수도 있다. 이런 시장에서 판매협동조합은 우상향하는 공급곡선과 직면하게 되며(그림 1-6, 7), 결국 생산자에게 최대의 가격을 보상해 줄 유인을 갖게 된다. 협동조합은 가공처리 능력을 변화시키기나 공급곡선을 변화시켜 이 목표를 달성할 수 있다. 만약 판매협동조합이 S3의 생산자 공급곡선에 직면하게 되면, 그 협동조합과 조합원은 생산자의 생산 능력을 증가시키거나 협동조합의 처리능력을 감소시킬 유인을 갖게 된다. 왜냐하면 생산자의 생산 능력 증가는 공급곡선을 오른쪽으로 이동시켜 S1 방향으로 이동시킬 것이기 때문이다.

결과적으로 협동조합의 조합원이 너무 많은 생산 능력을 보유하게 되면, S2에서 나타나는 바와 같이 협동조합이 취할 수 있는 대안은 두 가지이다. 즉 협동조합은 생산자의 생산 능력을 감소시키거나 협동조합의 처리능력을 증대시킬 수 있다. 생산자의 생산 능력 감소는 공급곡선을 왼쪽으로 움직여서 S1쪽으로 움직이게 한다.

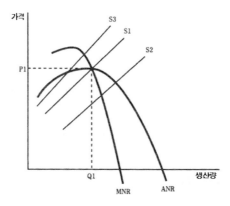

그림 1-14. 판매협동조합의 안정균형과 불안정균형

(4) 게임이론과 협동조합

다양한 협동조합의 경제적 모형에 대한 지금까지의 논의는 협동조합 내부의 선택과정에 대한 분석을 포함하지 않았다. 협동조합의 특정 목표설정은 내부의 의사결정 과정을 필히 거쳐야 하지만 앞에서는 간단히 가정되었었다. 이제는 집단적 선택의 문제를 논하는 것이 유용한데, 그 이유는 협동조합의 경영진, 이사회, 조합원들이 이 문제에 대해 점점 더 많은 관심을 기울이기 때문이다. 농업인의 영농규모가 분화됨에 따라 구매협동조합은 대량 구매자를 위한 가격할인정책 도입의 압력을 받고 있다. 농장도 다양한 가축과 작물을 키우던 1940년대의 전통적 형태에서 벗어나 곡물만 경작하거나 특정 가축을 전문으로 사육하는 형태로 변화하는 등 특정 제품의 생산센터로 특화되었다. 그리하여 다양한 품목을 취급하는 판매농협에서는 이질화된 조합원의 이해관계로 인하여 생산자 그룹 사이에서 갈등이 발생하기도 한다.

게임이론이란 둘 혹은 다수의 조합원 집단들이 부분적으로나마 충돌하는 상황에 대한 연구를 말한다. 예를 들어, 가공협동조합에서 현금 작물을 재배하는 농업인은 협동조합의 콩 처리 시설을 확장하기를 원하지만, 낙농업을 하는 조합원은 낙농 처리 시설을 확장하기를 원할 것이다. 협동조합이 두 사업 부문을 동시에 확장할 만큼 충분한 자본을 갖지 못한 경우라면, 두 조합원 집단은 부분적이지만 서로 충돌한다고 볼 수 있다. 게임이론은 협동조합이 어떻게 어느 한 부문만 확장하도록 결정하는지 또 그렇게 하도록 결정하는 요소가 무엇인지를 연구한다.

두 가지 주요한 게임의 범주는 확률게임과 전략게임이다. 확률게임은 동전 던지기처럼 어떤 기술도 필요 없다. 그러나 전략게임은 심사숙고한 선택과 특정 결과를 유발하게 될 연속된 행동이 필요하다. 협동조합에 적용하는 게임이론이란 바로 전략게임을 의미한다.

이 장에서는 Sexton과 Staatz가 발전시킨 게임이론에 대한 최근의 연구와 함의를 살펴보고자 한다.

① 협력적 게임

많은 협력적 선택은 "협력적 게임"으로 개념화될 수 있는 집단적 의사결정과 관계된다. 개인들의 집합체는 공동으로 행동함으로써 승리할 수 있다. 그러나 성공적인 협력 행동이 가능하기 위해서는 집단의 구성원들이 비용과 이익의 분배를 위한 의사결정 규칙을 결정하기 위해 서로 타협할 뿐만 아니라 의견을 나누고 교섭할 수 있어야 한다. 일단 분배정책이 결정되고 나면 개인들은 이 정책을 따르기 위해 최선을 다해야 한다.

예를 들어, 농업인이 가공공장을 설치하기 위해 공동으로 행동할 경우, 그들은 누가 돈을 투자하고 공장으로부터 누가 이득을 얻을지 결정해야 한다. 생산자들은 협동조합에 그들의 생산물을 출하해야 한다는 내용과 협동조합으로부터 언제 얼마를 받게 된다는 내용이 기재된 계약에 서명하도록 요구받을 수도 있다.

협동조합의 활동이 비록 조합원들의 집단적 행동으로 인식될 수도 있지만, 실제로는 조합원으로서가 아니라 이해관계가 다양한 개인 간의 협력형태로 이루어진다. 채권자, 경영자, 종업원, 다른 협동조합 등 이 모든 이해관계자들이 연합하여 협동조합의 실제적인 의사결정에 영향을 주게 된다.

이해관계자들이 변화하면 연합관계도 또한 변화한다. 농업구조가 빠르게 변하기 때문에 많은 협동조합들이 그들의 전통적인 연합관계를 유지할 수 있을지 우려하고 있다. 협동조합이 계속해서 모든 농업인들에게 효과적으로 서비스를 제공할 수 있을지 아니면 대규모 혹은 소규모 농업인과 같이 특정 범주의 농업인에게 집중해야 할지에 대한 의문이 제기되고 있다.

② **비용분담**

게임이론을 통해 협동조합이 비용분담과 같은 문제를 어떻게 다루어야만 하는지를 생각해 볼 수 있다. 비용분담은 협동조합이 물량에 기초한 가격할인정책을 도입하려고 하거나 조합원 집단 간의 충돌을 조정하고자 할 경우 특히 중요한 문제이다.

조합원에 대한 특정 서비스의 비용을 분배하고자 하는 서비스 협동조합을 예로 들어 보자. 농업인 조합원들은 비용 및 규모적인 특성에서 서로 이질적이며, 다음과 같은 상황이라고 가정해 보자.

(1) 생산자들이 협력하여 서비스를 생산하는 비용이 개별적으로 서비스를 생산하는 비용보다 작거나 같다. 몇몇 생산자들이 협동조합을 설립하도록 하는 어떤 경제적 유인이 있다.
(2) 농업인들은 다음 3가지를 선택할 수 있다. ⓐ협동조합의 서비스를 구매. ⓑ경쟁 농가로부터 서비스를 구매 ⓒ원래의 협동조합에 불만족하여 떠난 생산자들이 새로운 연합을 구성
(3) 어떤 조합원의 서비스에 대한 수요가 다른 조합원의 서비스 수요에 영향을 주지 않는다. 조합원은 조합원 집단을 위해서

가 아니라 스스로의 이해에 따라 협동조합의 사업을 이용한다.

(4) 서비스를 생산하는 비용 중 일부분은 그 서비스가 특정 조합원에게만 제공된다 하여도 분담될 수 없는 공통비용이다. 공통비용은 특별히 분담될 수 없기 때문에 이 비용이 조합원에게 분담되는 방법상에 융통성이 존재한다.

이상과 같은 가정을 기초로 이사회와 경영진은 조합원 사이에 비용을 어떻게 나눌 것인지 결정해야 한다. 가능성 있는 방법의 하나는 협동조합의 전체 조합원 혹은 일부 조합원 집단에 비용을 분담시키는 것이다. 물론 비용분담의 가능성이 전혀 없어서 결국 협동조합이 해산할 수도 있다.

이사회와 경영진이 분담계획을 세우는 데 영향을 주는 몇몇 요소들이 있다. 교섭이란 불확실성을 내포하고 있기 때문에 단일 조합원 혹은 조합원 집단은 위협과 회유를 통해 비용분담 계획에 영향을 주려고 시도한다. 조합원의 이런 태도가 유효한지 평가하는 데 있어 확인해야 할 사항은 다음과 같다. ①개별 조합원 혹은 조합원 집단이 협동조합에서 탈퇴한다면 다른 조합원의 비용에 얼마나 영향을 미치는가? ②개별 조합원 혹은 조합원 집단이 협동조합 밖에서 서비스를 얻는 데 드는 비용은 얼마인가?

가격할인 문제로 돌아와서, 지역 협동조합의 전체 사업량에서 중요한 부분을 차지하는 대규모 농가들이 있다고 가정해 보자. 이들이 협동조합을 이용하지 않게 되면 협동조합의 사업량이 크게 감소하게 된다. 드문 경우이긴 하지만 구매협동조합이 평균 총비용이 증가하는 지역에서 사업한다면, 이 협동조합은 실제로 최소평균 총비용에 접근하려고 노력할 것이다. 따라서 대규모 농가의 탈퇴 위협은 소규모 농가들에 커다란 우려가 되지 못한다. 그러나 위의 경우보다는 훨씬 더 일반적인 현상인 평균 총비용 곡선이 감소하는 지역에서 협동조합이 활동한다면 상당한 비율의 사업 감소가 더 높은 평균 총비용을 의미하기 때문에 소규모 농가들에 위협이 될 수 있다.

대규모 개별 농가 혹은 대규모 농가의 집단이 의미하는 또 하나의 특징은 규모의 경제 달성에 대한 가능성이다. 대규모 농가는 구매품 제조업체로부터 직접 구매품을 구매할 수 있으며, 대량구매에 따른 가격할인을 받을 수도 있다. 이 두 가지 특성 때문에 대규모 농가들과 거래하는 기업은 소규모 농가들과 거래할 때보다 비용을 절감할 수 있다. 대규모 농가들은 다른 조합원들의 비용에 미치는 영향력과 비용 절감을 위한 집단형성 능력이 있기 때문에 협동조합의 의사결정 과정에서 상대적으로 강한 교섭 지위를 지니게 된다.

대규모 농가와 소규모 농가 모두와 사업을 하는 것은 교섭과정에서의 불확실성을 증대시킨다. 어떤 협동조합의 조합원들이 상대적으로 동질적이라면, 이 협동조합은 특정 조합원 집단의 힘을 아주 정확하게 판단할 수 있다. 협동조합의 이사나 경영진은 조합원들이 협동조합을 탈퇴함으로써 지불하게 될 예상 비용을 비교적 정확히 파악할 것이다.

③ 협력의 불안정성

앞에서 서술한 바와 같이 협동조합은 최소 순가격의 달성에 실패할 수 있으며, 최소 ATC 이상에서 판매가격을 결정할 경우 협동조합이 정치적으로 불안정해질 수도 있다. 이러한 문제는 조합원 집단이 새로운 협동조합을 설립하여 비용을 낮출 수 있을 경우에 발생한다. 또한 이 문제는 다품목을 취급하는 협동조합에서 순수입을 발생시키는 부문과 그렇지 못한 부문이 있을 경우에도 발생한다. 만약 조합원들이 성공적인 사업 부문을 이용하고 그렇지 못한 부문을 이용하지 않는다면 내부적 갈등이 발생할 것이다. 그렇게 되면 어떤 조합원들은 수익성이 없는 사업 부문을 분리하거나 좀 더 수익성이 좋은 새로운 협동조합을 설립하는 방법을 택할 것이다. 그러나 이런 선택들은 종합농협의 금융이나 마케팅과 같은 사업 부문의 비용 절감을 통해 무마될 수도 있다.

④ 분담의 공정성

게임이론 모형은 비용분담의 가능성이 많이 있으며 이사회와 경영진의 비용분담 결정은 어느 정도 자의적이라는 인식에 기초하고 있다. 정당성, 이기주의, 협동조합의 원칙 등은 의사결정권자들이 적절한 비용분담을 결정하는 데 전적으로 영향을 미치는 개념들이다.

⑤ 게임의 변화

협동조합의 경영진, 이사회, 조합원들은 모두 협동조합을 지배하는 제도적 규칙들을 변화시킬 수 있다. 경영진들은 사업 절차와 정책을 변화시킬 수 있고, 이사회는 경영진에 대한 지배 정책을 바꿀 수 있으며, 조합원들은 협동조합 법인의 정관과 규칙을 변경할 수 있다.

또한, 주 및 연방 법률이 개정되어 특정 조합원 집단의 교섭력에 영향을 미칠 수도 있다. 예를 들어, 과거 많은 주에서는 조합원의 2/3 이상이 찬성하여야 합병이 가능하도록 하는 법률을 두고 있었다. 그러나 최근에 많은 주에서는 조합원 집단들을 합병에 찬성하도록 하기 어려웠기 때문에 조합원의 과반수 찬성으로 합병이 가능하도록 하는 법안을 통과시켰다. 이런 투표 시스템의 변경은 협동조합 내의 특정 집단의 교섭력에 상대적으로 큰 영향을 줄 수 있다.

협동조합은 조합원으로서의 이익 혹은 장단기적인 이익의 상대적 중요성에 대한 조합원들의 인식을 바꾸려 할 수도 있다. 다른 대안은 조합원들의 제품 선택권을 바꾸는 것이다. 예를 들어 토양 측정과 비료는 패키지로 판매될 수도 있고 각각 판매될 수도 있다.

(5) 역동적인 시장과 미래 이론

앞에서 설명한 협동조합 이론은 안정적인 사업 환경 속에서 활동하는 협동조합과 IOF를 비교하는 정태이론(statics)을 포함하고 있다. 기업이론과 게임이론은 기술의 발전을 배제한 안정적인 시장을 가정하고 있다. 협동조합 이론의 주요 미개척 분야 중 하나는 국제 시장 혹은 기술의 진보가 빨리 이루어지는 시장에서 경쟁하는 협동조합이 취해야 할 의사결정 규칙들을 분석하는 것이다. 보다 경쟁적인 시장 상황들은 조합원 간의 연대를 훨씬 더 불안정하게 하거나 더 단기간의 투자 회수 기간을 요구할 것이다. 따라서 협동조합이 이런 시장에서 효과적으로 경쟁하기 위한 사업전략을 개발할 수 있는지에 따라 협동조합의 미래가 달라질 것이다.

(6) 맺음말

치유산업도 수익모델이 되지 못하면, 계속 산업으로서 존재할 수 없다. 따라서 치유산업경제모델은 협동조합경제모델의 전철을 밟아가는 것이 지속산업으로서 성장하는 데 지름길이 될 수 있다. 협동조합의 경우, 조합원들이 그들의 생산물을 판매협동조합에 출하할 경우 협동조합은 이를 가공제품 생산을 위한 투입물로 사용한다. 따라서 협동조합의 조합원은 판매협동조합의 공급자가 된다. 조합원들은 더 높은 가격을 원하고 이용고배당이 그들이 수령하는 순가격을 높이기 때문에 IOF보다는 협동조합을 이용한다.

IOF는 이용고배당을 하지 않는다. 순수입은 사업이용량이 아니라 투자금액에 근거하여 투자자들에게 분배된다. IOF는 순수입을 극대화하기 위해서 가공제품의 판매에서 얻어지는 한계 순수입이 투입물을 구매함으로써 지출하는 한계투입비용과 같아질 때까지 생산자로부터 투입물을 구매할 것이다. 만약 IOF가 경쟁적인 투입물 시장에서 생산자들의 생산물을 얻기 위해 경쟁한다면, 투입물에 대해 지급하는 가격은 한계투입비용과 같게 된다. 만약 IOF의 투입물 구입이 투입물의 가격수준에 영향을 미친다면 한계투입비용은 투입물의 가격보다 클 것이다.

그러나 판매협동조합은 순수입의 극대화 이외에도 다른 두 가지 목표를 가질 수 있기 때문에 종종 다른 전략을 사용한다. 만약 조합원이 자신의 생산물에 대한 판매를 결정할 때 이용고배당을 무시한다면, 협동조합은 가격정책을 통해 이런 목표들을 달성할 수 있다. 그러나 조합원이 이용고배당을 긍정적으로 고려한다면 조합원의 생산량이 늘어나는 문제가 발생한다.

판매협동조합은 생산제한, 벌칙 제도, 교육 등을 통해 조합원의 생산량에 대한 조절을 시도할 수 있다. 생산조절 시도가 효과를 보기 위해서는 부과된 벌칙이 초과생산으로 인한 이득보다 커야 한다. 교육프로그램도 벌칙과 더불어 시행되어야 하며, 그렇지 않으면 어떤 생산조절 노력도 무임승차자에 의해 훼손될 것이다.

협동조합이 집단적 의사결정에 따라 운영되기 때문에 게임이론은 협동조합의 내부적 의사결정을 분석하기 위한 기초적 개념을 제공한다. 협동조합의 이사회나 경영진은 협동조합에 영향을 미치는 다양한 집단의 역량과 세력을 반영하여 비용과 수입의 분배 계획을 세울 것이다. 결론적으로 협동조합경제모델을 치유산업경제모델에 적용하는 것이 가장 바람직한 수익모델이라고 할 수가 있다.

제2장

치유산업자원의
경제적 운영 모형

제1절

경영계획 구상

　치유산업의 경제적 설계는「사업구상」「지역사회」를 생각한 뒤에,「사업성」을 확보하는 것을 생각할 필요가 있다. 예를 들어 사회적 농업 돌봄 농장(소셜 팜)은 거기에서 일하는 사람을 위해 존재한다.「고용한다와 고용된다.」라는 관계가 아닌 일하는 사람들이 힘을 합쳐 대책을 세우고 사업을 운영해 나가는 것이 아주 중요한 방식이라고 말할 수 있다. 같이 일하는 사람들이「자신들만의 작업방식」「자신들을 표현할 수 있는 일」「자신들만의 조직」을 생각해서 납득이 가는 일을 해 나가는 것에 본질이 있다고 할 수 있다. 따라서 경영을 생각한 경우「고용」에 대한 것과 고용된 사람에 의한「생산성」같은 것이 중요한 키워드가 된다. 치유산업의 경제성과 생산성을 향상시키기 위해서는 농기구나 설비를 일정 정도 투입할 필요가 있다. 그것을 위한「초기투자」를 고려할 필요가 있다는 것이다. 그 이후에는 먼저「개업자금」의 활용방식을 정리하고 그 상태에서 사업추진을 고려한「수지계획」과 그 방식에 대하여 어떻게 할 것인지를 정리한다.

□ 「자신들만의 작업방식」, 「자신들을 표현할 수 있는 일」, 「자신들만의 조직」을 어떻게 정리하고 있는가?

□ 초기투자를 어느 정도까지 생각하고 있는가?

제2절
개업자금 확보

■ 개업자금을 생각하자

개업자금에 필요한 요소를 크게 나누면 다음과 같이 구분할 수 있다.

▫ 농지(구입의 경우)
▫ 농기구·운반기구
▫ 인건비

농지는 반드시 구입할 필요는 없으므로, 여기서는 농기구·운반기구에 대해서 정리한다.

아래 표를 보자. 농업을 시작할 때 토지나 건물 외에 어느 정도 초기투자가 필요한가에 대해 나타낸 것이다. 물론, 사업 기획 애초부터 모든 기구를 모아둘 필요는 없고 키울 농작물에 따라서는 필요 없는 것도 있다. 그러나 재배나 수확을 원활하게 해 나가기 위해서는 일정 정도의 농업기구 등이 필요하다고 할 수 있다.

품목	가격(1대 당)	품목	가격(1대 당)
잔디 깎는 기계	56,660엔	자주식 운반차	470,200엔
동력경운기	520,500엔	경 4륜 트럭	813,600엔
자동운반차	455,400엔	승용형 트럭	1,433,000엔

품목에 따라서는 중고품을 구입하거나 리스(Lease, 임차)로 활용할 필요도 있다. 농기구를 구입할 때 포인트로는 다음과 같이 4개로 정리하는 것이 가능하다.

□ 공동사용이나 빌려서 사용하는 것도 검토했는가? (지역 농가와 협의)

□ 시간 단축·작업 효율화가 되는 기계인가?

□ 지역의 농가(특히 유휴농지 보유 농가)로부터 양도받는 것도 검토했는가?

□ 공적 융자의 활용도 검토했는가?

■ 개업자금을 확보하자

이러한 기기나 실제 사업을 시작하기에 앞서 필요한 자금을 계산해서 변통하는 것이 사업을 시작할 때 중요한 포인트이다. 이제까지는 복지사업을 시작하려고 하는 경우, 중앙정부나 지방자치단체의 지원에 기대는 경우가 일반적이었다고 생각한다. 확실히 그것도 중요한 자금원이기는 하지만, 요즘과 같은 저성장 시대에는 충분한 자금을 지원받기 쉽지 않게 된 것도 사실이다. 따라서 개업자금을 확보하기 위해서는 그 외의 자금원을 생각하는 것이 매우 중요한 요소다. 그 자금의 내용을 크게 나누면 3가지로 정리할 수 있다.

■ 기부

기부는 법인의 자금 모으기 수단으로 여러 방면에서 활용되었다고 할 수 있다. 독지가에 의한 기부이기도 하고, 기업에 의한 기부이기도 하다. 또 사회복지법인을 설립할 때에 필요한 자산의 제공 그 자체도 기부행위라고 할 수 있다. 기부에 관해서는 일정한 조건을 만족하면 세제상 우대가 있다.

■ 조성

주요 민간단체에 의한 기금조성을 말한다. 일본의 경우, 일본재단 등으로 대표되는 것과 같이 대기업 등이 설립한 재단 등에서 조성한 기금이다. 기업의 사회적 책임이 요구되는 시기에 적극적으로 원조하려는 재단도 늘고 있다.

■ 투자

① 주목을 끄는 방법으로, 「사업 자체에 투자를 받아보자」라는 방법이 있다. 구체적으로는 「소셜 파이낸스(Social Finance)」나 「소인수 사모채(私募債)」이다. 사모채는 투자 전문인 금융 기관이나 증권 회사, 연금, 기금 등의 기관 투자가, 발행 기업의 재무 내용 등을 알고 있는 거래 기업 등 특정 소수의 연고자를 인수 대상으로 하여 발행하는 채권이다.

② 「소셜 파이낸스」는 그 융자가 가져오는 수익으로써 경제적인 수익인 금리에 더해, 사회적 수익(Social Return), 사회적 배당(Social Dividend)이라는 개념이 도입되어 있는 것이 특징이다. 요

즘 일본에서도 노동금고에 의한 「NPO 사업 서포트론(Support Loan)」을 시작으로 기존금융기관 등에 널리 확산되고 있는 것을 볼 수 있다.

③ 「소인수 사모채」는 중소기업의 자금조달방법 중 하나다. 50명 미만의 인수자(임원, 연고자, 판매처 등)에 대해서, 임원회에서 결의한 사항을 토대로 실행하고 있다. 발행금액, 상환 기간이나 이율을 자유롭게 정할 수 있는 사채이다. 차입이나 증자(增資)와 비교해서, 자금의 채권자를 분산하고 있는 점이 특징이다.

이상으로, 세 종류의 자금조달방법에 대해서 서술했지만, 중요한 건 어느 방법도, 주변에 사업에 관련해서 납득이 가도록 설명하고 이해·공감을 얻지 않으면 실행할 수 없다는 것이다. 지금처럼 국가나 지방자치단체에서 자금조달을 할 경우, 정책 보조금을 받기 위한 기준이 있으며 해당 기준을 충족하는 것이 보조금 지원의 중요한 요소로 되어있었다. 그러나 이처럼 보조금을 받는 자금조달 방법에서도, 기준요건을 충족하는 것 이상으로 사업의 개요·이념·경영계획과 같은 것을 알기 쉽도록 설명해서 전달하는 것이 중요하다. 왜냐하면 사업 내용을 이해하지 않고 자금을 지원하려는 투자자는 전무할 것이기 때문이다. 또한 자금 조달방법은 이 외에도 차입해서 조달하는 방법도 있다.

▣ 민들레의 실천(개업자금)

민들레에서는 사회적 농업 돌봄 농장(소셜 팜)을 기획할 때, 2009년도에는 후생노동성의 정책 보조금을 활용했다. 이후는 민간단체 등에 의한 조성한 기금의 활용에 대해서도 검토하였다.

제3절

자금수지 설계

농업은 채산성을 유지하는 것이 어려운 사업이다. 자금 융통에 관해서도 여유 있는 상태가 되는 것은 간단하지 않다. 때문에, 혹시 기존에 하고 있던 사업이 있다면, 기존사업으로부터 자금 융통의 지원을 검토하게 될 것이다. 단, 아무리 사업이 일어서는 시기라고는 해도 기존사업으로부터 무한히 농업에 지원을 하게 되면, 최악의 경우 기존사업과 농업의 공멸(함께 무너짐) 가능성도 부정할 수 없다. 중요한 건 사전에 농업에 필요한 운전자금을 계산해서(기존사업에 관해서도 물론 필요함), 해당 계산을 기초로 자금원조의 상한을 정하는 것이다.

■ 인건비를 시뮬레이션 한다.

농업에 의한 사회적 농업 돌봄 농장(소셜 팜) 사업에서 지출된 고정비에서 무엇보다 비율이 큰 것이 인건비다. 인건비는 다음의 계산식으로 계산된다.

시간당 임금(시급) X 소정(정해진) 노동시간 X 사람(人) 수

농업수입을 생각하면 시급은 먼저 최저시급부터 시작하는 것이

타당하다고 할 수 있다. 사업이 안정된 단계에서 점점 시급을 올려 가는 것이 베스트다. 또한 사이타마현의 2009년도 시점의 최저 시급액은 735엔이다. 소정 노동시간에 대해서는 개인의 고용계약에 근거해서 결정한다. 고용주의 특성이나 희망에 따라 소정 노동시간을 결정한다. 고령자나 장애인을 고용하는 때의 포인트는 후술하겠다. 다음으로 각각의 조건으로 몇 명의 노동자를 고용하는가에 대해서이다. 고용은 경작면적과 투입되는 농기구에 의해 추측할 수밖에 없다. 시작부터 많은 사람을 고용하면 그것만으로도 지출을 증가시킨다. 더불어 경작면적이 늘어나면 일손이 부족해진다. 그 밸런스를 잘 잡는 것이 경영상에서 무엇보다 중요한 포인트다.

▢ 인원계획을 세웠는가?
▢ 인건비의 시뮬레이션을 해서, 대응하는 데 필요한 매출을 파악하고 있는가?

■ 인건비 이외의 지출을 시뮬레이션 한다.

인건비를 생각한 상태에서 그 외의 농업경비를 생각한다. 후술할 자연 재배를 고려한 경우 비료나 농업 약제 사용을 절감하는 것이 가능하지만 그만큼 노동력(인건비)에 전가(노동력으로 대체)되어있다는 것을 잊지 말아야 한다. 농약 사용을 줄이거나 유기농법을 한 경우도 마찬가지다. 또 노동력을 효율적으로 활용하기 위해서는 농기구 등을 구입할 필요도 생기게 되며, 비용대비 효과를 생각해서 검토할 필요가 있다. 그리고 초기투자에서 차입을 한 경우는 입금의 변제(차용금이나 대금 상환)에 대해서도 고려해야 한다.

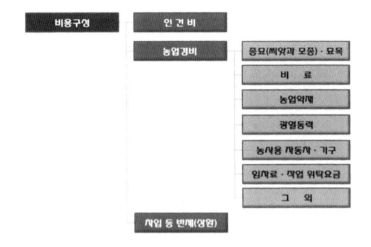

□ 각각의 경비에 대해서 사전에 리서치(조사)를 했는가?
□ 차입금 등의 변제는 충분히 가능한가?

■ 수입을 시뮬레이션 한다.

자금수지를 시뮬레이션을 할 때에 생각해야만 하는 것은 어느 정도 생산 가능한가이다. 일반적으로는 사업을 시작하기 전에 영농계획 안에서 생산량을 계획하고 생산품이 얼마에 팔릴까를 생각한다. 또 내부소비라면 유통에 관련된 경비가 거의 필요하지 않은 점과 규격 외 등의 품질에 의한 로스(Loss, 손실)가 어느 정도 허용 가능하기 때문에 효율 좋게 판매가 가능하다고 할 수 있다. 내부소비만으로는 한계가 있기 때문에 외부에서의 판매를 생각해야 한다. 어디서 팔 것인지를 어느 정도 상정해서 생산을 할 필요가 있다. 그 외에 내부소비나 외부판매 등은 성질이 다르지만, 농업 사업을 실시하는 데 대한 보조금, 사회적 약자를 고용하는 것으로 보조금 등의 수입을 생각할 수 있다.

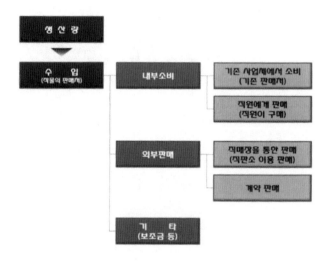

□ 판매가격에 대해서 사전에 리서치(조사)를 했는가?
□ 내부소비에서 어느 정도 담보 가능한지 검토했는가?

■ 월별 자금수지를 고려한다.

농업의 경우, 수확을 해야 비로소 판매가 가능하기 때문에 매월 수입이 안정되어 있지 않다. 그 반면에 인건비 등과 같은 고정비는 일정액이 매월 나가게 된다. 따라서 월별 자금수지를 계산하는 것이 중요하다. 연간 흑자여도 월에 따라서는 적자가 나오는 경우도 많기 때문이다. 그렇기 때문에 적자가 된 달은 자금을 어디서 조달할 것인가, 아니면 내부에 저축을 해 놓을 것인가 등을 생각해야 한다. 아래에 기재된 이미지 표를 보자. 이건 어느 조직의 월별 수입과 지출이다. 연간 수지는 0엔이며 수지가 균형 잡혀 있지만, 2월부터 4월까지는 자금 면에서 힘든 시기가 계속되고 있다. 농업을 할 경우, 이러한 경과를 밟을 가능성이 아주 높다는 것을 미리 고려해서 자금수지를 생각해야만 한다. 그리고 지출은 대부분이 인건비가 될 가능성이 높기 때문에 거의 고정비로 잡고 생각해도 지장은 없다고 할 수 있다. 또 수입이 계획대로 이루어지지 않는 것도 농업의 특징이라고 할 수 있다. 날씨 변화나 재해 등으로 인한 감소 리스크는 항상 따라다닌다.

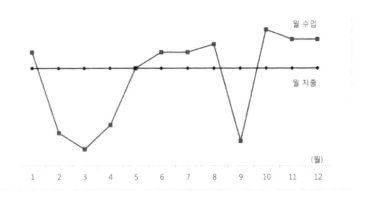

■ 중장기(5년간) 자금수지를 고려한다.

□ 월별 자금수지가 시뮬레이션 되어있는가?
□ 자금수지를 생각해서, 영농계획이 되어있는가?

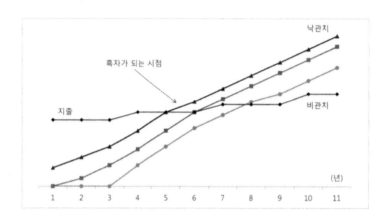

지금까지 서술했듯이 농업에 의한 사회적 농업 돌봄 농장(소셜 팜)을 생각한 경우에는 「고용」에 드는 비용을 「고정비」로 염두에 두어야 한다. 이런 관점에서 「수입원이 되는 판매처」와 「생산의 담당자인 종업원」의 밸런스(균형)를 생각하지 않는다면 사업을 계속 운영하는 것이 곤란해진다. 또 사업 초기에는 아무래도 수입이 충분하지 않고 고정비만 먼저 지출해야 할 가능성이 아주 높다는 것도 고려해야만 한다. 중장기 자금수지를 판단해서 어느 시점부터 자금 수지상 흑자로 전환하여야 하는가를 미리 계획해 둘 필요가 있다. 그 외에 사업을 진행하고 있는 때에라도 자금 수지상 적자가 계속되는 것 같다면 기존사업에 미치는 영향도 고려하여 사업의 철수나 중지를 포함한 사업방침 전환을 검토해둘 필요가 있다. (그림은 이해를 돕기 위해 그래프로 나타낸 것임.)

□ 연간의 수지 예측을 시뮬레이션 했는가? (언제 흑자로 전환하는가?)
□ 수입에 관해서 낙관치, 비관치를 고려하고 있는가?
□ 수지가 마이너스가 되는 연도의 자금조달방법을 검토하였는가?

■ 민들레의 사업 모델

여기서는 실제로 자금수지에 대한 개념이 정리되도록 민들레의
실천 사례를 기재했다. 민들레가 사회적 농업 돌봄 농장(소셜 팜)
사업을 추진하면서 수지를 검토했을 때, 처음에 착안한 것이 기존
사업인 간병(개호) 사업에서 자가 소비하는 방법이다. 간병(개호)
사업과 농업 사업의 관계성을 고려하여 수지 지표를 작성하였다.
애초에는 사회적 농업 돌봄 농장(소셜 팜) 사업에서 생기는 적자를
간병(개호) 사업의 수익으로 보충했었다. 이는 사회적 농업 돌봄 농
장(소셜 팜) 사업의 사업 리스크(판매처 확보의 곤란성)를 감소시키
는 효과가 있으며 동시에 간병(개호) 사업에 있어서도 급식재료비
를 절감(低減)할 수 있는 장점이 있다.

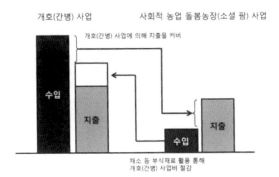

【현재의 사업 이미지】

향후 간병(개호) 사업에 대한 의존도를 낮춰가면서 사회적 농업 돌봄 농장(소셜 팜) 사업을 간병(개호) 사업과 함께 두 축을 형성하는 것을 목표로 잡고 있다. 손익(損益)의 관점에서도 사회적 농업 돌봄 농장(소셜 팜) 사업에서 자립 가능한 상황이 되어 간병(개호) 사업으로부터 지원을 받지 않고도 존립할 수 있는 상황이 이상적인 모델이다. 오히려 급식비 절감효과를 통해 간병(개호) 사업 쪽이 사회적 농업 돌봄 농장(소셜 팜) 사업의 도움을 받게 되는 형태가 되는 상태까지를 목표로 하고 있다.

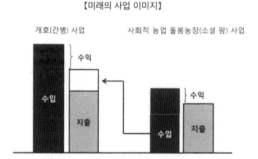

【미래의 사업 이미지】

■ 매출계획

작물의 판매처를 크게 나누면 조직 내부에서 소비·판매와 외부로 판매의 2종류로 나뉜다. 아래 기술한 것은 판매처를 정리한 것이다.

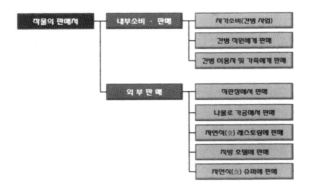

반복해서 말씀드리자면 민들레는 내부 판매를 축으로 해서 점차 외부 판매처 비율을 높여가는 것을 생각하고 있다. 농업은 채산성을 확보하는 것이 매우 어렵다고 말하지만, 민들레에서는 자사의 경영자원(= 간병 사업에서 급식재료 소비, 다수의 여성 직원)을 최대한 활용하여 농업 사업이 궤도에 오를 때까지 임시대책으로 내부소비·판매를 활용해 나가는 것을 생각한 것이다. 내부소비·판매를 애초 사업의 한 축(주요 판매방법)으로 생각한 이유는 아래와 같이 정리해볼 수 있다.

■ 간병(개호) 사업에 있어서 높은 급식비 비중

민들레가 직접 운영하는 간병 사업에서는 급식비가 매 시기마다 15,000천 엔 내외의 지출이 발생하고 있다. 이 중에서 채소 구입에 할당하고 있는 것이 약 3,300천 엔(약 22%)이다. 수확 타이밍이나 채소의 보존 가능 기간, 영농계획과 정합성 여부를 고려하면, 그 중에서 약 1,200천 엔(3,300엔의 약 36%, 전체지출 15,000엔의 8%)을 민들레의 채소로 조달할 수 있다고 추산(試算)하고 있다.

▣ 직원=노동력=소비자

간병(개호) 사업에서 일하는 약 60명의 여성 직원은, 민들레에 있어서는 귀중한 노동력이기도 하지만 일을 끝내고 집으로 돌아가면 주부로서 역할을 다해야 하는 분들도 많이 있다. 근처에 슈퍼마켓이 없고 일이 끝난 뒤에 장을 보려면 역 근처까지 이동해야만 하는 직원도 있어서, 민들레의 채소를 시설 내 직원들에게 판매하게 되었고 직원 입장에서도 이렇게 채소를 구입함으로써 생활의 편의성 향상으로 이어지는 효과가 있다.

▣ 실천적인 채소 수확 실적의 결여

민들레에서는 농업에 임하게 된 지 아직 1년도 채 안 된 상황이며, 안정적인 농작물 생산 실적이 없는 상태이다. 따라서 외부로 안정적인 공급이 가능한 능력을 축적할 때까지 자가소비는 중요 수단이다. 내부소비·판매, 외부판매 각각의 장점·단점을 모아 아래의 표와 같이 정리해보았다.

	장 점	단 점
간병 사업에서 활용	- 초기투자가 불필요 - 일정량의 채소 소비 가능 - 간병(개호) 사업에서 급식비 절감	- 일반 소비자에게 어필 부족
간병 직원에게 판매	- 초기투자가 불필요 - 직원 복리후생	- 판매량이 제한됨 - 일반 소비자에게 어필 부족
이용자 및 가족에게 판매	- 기존의 고객기반 활용 가능 - 입소문에 의한 선전효과	- 판매량이 제한됨 - 일반 소비자에게 어필 부족
외부에 판매	- 직접적인 현금수입이 됨 - 일반 소비자에게 어필	- 사업이 궤도에 오르기까지 시간 필요 - 설비투자의 필요성

지금까지 검토한 사실들을 토대로 하여, 처음엔 간병(개호) 사업에서 자가소비를 중심으로 하고 점점 외부 판매로 늘려가는 경우의 매상 추이 이미지를 모아본 것이 아래의 표다.

시기	매상예상 (천 엔)	매상내역(천 엔)				작물면적 (경지면적)
		자가소비	직원	이용자 등	외부	
2010월 3월	350	324	14	-	13	170a
↓						
2015년 3월	10,000	1,200	1,000	400	4,800	300a

■ 비용의 구조와 예상

민들레에서는 자연농법 및 유기농법을 채용하고 있으며, 농약이나 화학비료를 위해 다양한 종류의 지출을 필요로 하지 않는다. 또 토지는 임대차계약이 아닌 농작업의 (수)위탁 계약에 의해 조달하고 있다. 농업용 기구는 근처에 사는 업자로부터 임차하고 있다. 이러한 형태로 사업을 실시하는 것도 가능하며 비용의 대부분은 인건비가 차지하고 있다. 그렇기 때문에 소위 관행농법을 하고 있는 일반 농업사업자(농업법인, 농가 등)의 손익 내역과 비교해 보면 민들레의 손익구성과는 다른 구성을 보이고 있다. 아래 표는 일반의 농업사업자의 수익 내역과 민들레의 같은 내역(항목)별 구성 비중을 비교한 것이다.

	민들레(이미지)		노지재배농가(10ha 미만)	
	액수	비율	액수	비율
농업지출(천 엔)	3,390	100%	16,282	100%
【내역】				
인건비	3,000	89%	6,465	40%
씨앗과 모종 및 묘목	45	1%	939	6%
임차료 및 업무위탁요금	100	2%	901	6%
비료비	45	1%	731	4%
부채이자	0	0%	738	4%
그 외	200	7%	4,508	40%

이렇게 민들레에서는 인건비가 차지하는 비율이 아주 높게 책정되어 있으며 현 단계에서는 인건비를 조달할 만한 매출수준까지 도달할까 말까 한 정도이다. 효율적으로 사업을 운영하고 얼마나 인건비 비율을 낮춰 갈 것인가가 향후 민들레 농업 사업의 계속성에 크게 관련될 것으로 보인다.

제4절
판매처 확보 및 작물생산

이제까지 설명한 바와 같이 농업은 수입 면에서 안정성 확보가 어려운 사업이다. 그 반면에 먹거리의 안전 등에 대한 관심이 뜨거워지고 있는 사회 분위기로 볼 때 주목을 모으고 있는 사업이라고도 할 수 있다.

■ 판매처를 시작하기 전부터 고려한다.

제일 중요한 건 「출구」를 확보해 두는 것이다. 여기서 말하는 「출구」란 「누구에게 판매할 것인가」라는 것이다. 대부분 「무엇을 키우고 싶은가부터 생각하기 쉽지만 「무엇이 잘 팔릴까」라는 것부터 시작하는 것이 중요하다고 말할 수 있다. 그때 포인트가 되는 것이 기존 사업과의 시너지 효과이다. 기존 사업 중에서 식품을 다루는 업무가 있다면 거기에 출하해 자가소비를 하려는 것이 리스크 없이 판매 가능한 수단이 된다. 그런 의미에서 「간병(개호) 사업」이나 「레스토랑·카페 사업」과 같은 업무형태와는 연계하기 쉽다. 또한 그러한 업종과 제휴를 맺는 것도 유효한 수단이라고 할 수 있다. 제휴란 농작물 구매에 관한 계약을 맺는 등 업무연계를 모색하는 것을 가리킨다.

| □ 기존사업 중에서 키운 농작물을 활용 가능한 곳은 없는가? |
| □ 외부기관에서, 키운 농작물을 활용해 줄 곳은 없는가?
　외부기관이 활용하기 위한 조건은 무엇인가? |

■ 판매가격을 고려한다.

판매가격은 고객, 경쟁 타사, 자사, 그리고 유통업자와 관계에 의해 정해진다. 농업으로 바꾸어 말하자면, 고객 = 소비자나 판매처, 경쟁 타사 = 같은 종류의 농작물을 생산·출하하는 농업사업자, 유통업자 = 농협과 같은 곳으로 비유할 수 있다.

고객의 입장에서 생각해보면, 주요 구매 고객계층이 「이 가격이라면 산다.」라고 예상되는 가격 설정이 요구된다. 이 가격은 판매가격을 검토할 때 출발점이 된다. 주요 구매 고객계층으로 설정한 구입자가 「이 가격이라면 산다.」라고 느끼는 가격이 얼마인가를 검토한 상태에서 가격을 결정하는 데 중요한 것이 참조가격이다. 참조가격이란 구입자가 머릿속에서 「이 채소라면 이 정도 가격이 시세이려나?」라고 생각하는 가격대를 말한다. 채소의 「시세」에 대해서는 앞에서 언급했듯이 실제로 같은 종류의 채소를 파는 슈퍼나 소판매점을 방문하여 가격을 직접 조사하는 것이 중요하다. 그런 조사를 하다 보면 판매 면적이나 장소, 구매계층 등을 파악하는 것이 가능하다. 그 외에도 농림수산성 홈페이지에 전국의 평균적인 채소가격에 관한 통계자료를 확인할 수 있다. 이러한 조사는 판매처와 교섭을 할 때에도 중요한 참고 수치가 된다. 소비자의 니즈에 부응한 자신 있는 상품을 키우고 있다면 정당한 판매가격을 제시하는 것이 무엇보다 중요하다고 말할 수 있다. 「농작물은 사람 손이 많이 가는 만큼 높은 가격에 팔 수 있는가?」라고 생각한다면 꼭 그렇지는 않다. 국산표준품(일반농산물)과 유기재배품(유기재배농산물)을 비교하면 국산표준품에 비해서 유기재배품의 가격은 약 1.6배이다. 그러나 인건비를 중심으로 한 비용은 그 이상 지출된다. 또「수량」면에서도 국산표준품을 파는 매장이 100인 데 비해 유기재배품을 파는 매장은 2 정도의 수준이다. 즉, 국산표준품에 비해 유기재배품을 취급하는 시장은 50분의 1 수준이다. 바꿔 말하자면 유기재배품의 시장은 그 정도로 작고 커다란 슈퍼 등의 판매장 면적도 그 정도에 한정되어 있다는 점이다. 이러한 환경 속에서 소비자 요구에 맞는 농작물을 키워 나가야만 하는 것이다.

■ 판매경로를 생각한다.

판매경로란 상품 등이 생산자로부터 소비자에게 도착할 때까지의 경로를 말한다. 판매경로는 단계에 따라 제로 단계부터 복수단계로 나누어진다. 일반적으로 생산자와 소비자의 유통과정이 복잡할수록 생산자의 출하가격이 같아도 소비자에게 도달하는 가격은 높아진다. 사회적 농업 돌봄 농장(소셜 팜)의 입장에서 판매경로는 사업성을 중심으로 생각할 필요가 있다. 생산자와 소비자 사이에 들어가는 유통업자의 수가 많을수록 소비자에게 도달할 때의 판매가격이 상승한다. 그 상승분을 소비자가 과연 받아들일 것인가를 잘 판단해야만 한다. 판매가격이 소비자가 수용하지 못할 정도인 경우는 수용할 수 있는 수준까지 판매가격이 내려가게 된다. 이를 판매가격의 하락이라고 한다. 또 다단계로 유통업자를 거칠수록 출하가격에 대한 결정권이 약해진다. 판매경로를 생각할 때 그 지방에서 수확한 작물을 그 지방에서 소비한다는 소비방법인 「지산지소(地産地消)를 생각해보는 것도 검토 목록에 추가할 만하다. 또 지역의 농가 등과 공동출하 하거나 다른 유통업자에게 편승할 수 있도록 부탁하는 등의 아이디어도 생각해 볼 수 있다.

□ 판매경로는 판매가격에 알맞게 설정했는가? (코스트 즉, 비용 증가로 이어 지지는 않았는가?)
□ 판매경로에 관한 공부와 노력을 했는가?

■ 세일즈 프로모션을 생각한다.

세일즈 프로모션(판매품 홍보)을 계획할 때는 「매체 선택」과 「표현의 작성」을 검토할 필요가 있다. 「매체의 선택」이란 세일즈 프로모션을 할 때 어떤 미디어를 선택할 것인가를 생각하는 것이며, 「표현의 작성」이란 선택한 매체에서 어떤 메시지를 전달할 것인가 하는 것이다. 「매체의 선택」에는 4가지 영역이 있으며, 「PR 활동(Public Relation)」 「광고 활동(Advertising)」, 「SP 활동(Sales Promotion)」 「인적 판매 활동(Sales)」 등이다. 각각에 관해서 「표현의 작성」, 즉 메시지를 전달하는 활동을 검토하여 아래와 같이 정리하였다.

매체의 선택과 표현의 작성

매체의 선택	표현의 작성 예시
PR 활동	브리핑(보도자료 배부), 신상품발표회
광고 활동	TV, 라디오, 인터넷 광고 잡지, 전단지 등
SP 활동	시식회 실시, 샘플 상품 송부
인적 판매 활동	거래처에 영업 활동, 방문판매

■ 민들레의 실천(세일즈 프로모션)

민들레에서는 다음과 같이 프로모션 활동을 하고 있다.

PR 활동	규모가 상당히 큰 신문사 지방판(지방에 관한 기사를 싣는 신문), 지방신문에 민들레의 활동이 소개된다.
광고 활동	민들레 HP(소식지)에 활동을 게재 사회적 농업 돌봄 농장(소셜 팜)에 관에서도 기재 밭 간판 설치
SP 활동	특별히 없음
인적판매활동	직원에게 판매 기존 사업 이용자나 그 가족에게 판매하는 것도 계획 중임 소문으로 확산되는 것을 기대 중

제5절
사업운영 방향

　농업의 주체는 「개인」, 「농업법인」, 「기타」의 3유형으로 분류된다. 이중에서 농업법인이란 법인형태에 따라 농업을 운영하는 법인의 총칭이며 농업법인은 다시 「농사조합법인」, 「회사법인」, 「그 외 법인」의 3종류로 분류된다. 또 농지의 취득 여부에 따라서 농지의 권리를 획득하여 농업경영을 하는 법인인 「농업생산법인」과 농지의 권리를 취득하지 않고 농업경영을 하는 법인으로 분류된다. 여기에서 말한 사업형태 외에도 「인정농업자」와 같은 제도가 있다. 농업생산법인 이외의 법인(일반의 주식회사, 특정 비영리 활동법인 등)이라도 리스(임차) 방식으로 농지의 권리를 취득할 수 있는 것이다. 단, 참가 가능한 구역에는 제한이 있으며 경작을 포기한 땅이나 그럴 위험이 있는 토지에 대하여 시・읍・면이 농업경영의 기반 강화를 위한 기본계획에서 정한 구역에서만 농업에 종사하는 것이 가능하다. 또 농업경영개선계획에 대하여 인정을 받는다면 인정농업자가 되는 것도 가능하다. 이상과 같이 농업을 사업으로 추진하기에 앞서 농업을 계속적으로 전개하기 쉬운 법인형태와 그렇지 못한 형태가 있다는 점을 알아두면 좋다. 그리고 현재 본업과 시너지를 고려해서 사업형태를 검토할 필요가 있다.

■ 사업형태에 따른 플러스 측면(장점), 마이너스 측면(단점)

앞에서도 사업형태에 대한 고려가 필요하다고 하였지만, 사업을 추진해 나가면서 이후의 선택지로서도 사업형태를 고려할 필요가 있다. 사업형태에 따라서는 현실감이 있는 「개인」, 「일반농업법인」, 「농업생산법인」의 3유형에 대해서 플러스 측면(장점), 마이너스 측면(단점)을 작성해서 아래의 표에 제시해보았다. 사업형태에 대한 선택 기준은 최종적으로 농업에 참가하는 개인이나 법인의 비전이 중요한 요소가 된다고 생각할 수 있다.

	플러스 측면(장점)	마이너스 측면(단점)
개인	① 고품질 추구나 무농약, 유기재배 등 하고 싶은 농업을 하기 쉽다. 또한, 자가 소비하는 경우는 안전한 것을 먹을 수 있다. ② 시간 활용이 자유롭다.	① 일반농업법인에 비해 경영자원이 부족한 경우가 많다. ② 판매처의 확보나 가격결정권이 없는 경우가 많이 불리하다. ③ 노동시간을 예측할 수 없고, 장시간 노동이 되기가 쉽다.
일반농업법인	① 마케팅 등의 이른바 기획기능에 사람을 할애하는 것이 가능하다. 또한, 기계화 등에 의한 작업 경감을 노리고, 안정된 대량생산을 실시할 수 있다. ② 「생산」뿐만이 아닌, 「가공」, 「자사판매」와 같은 소비지로의 사업전개를 모색하기가 쉽다. 또 1개의 선택지로써 마을 가꾸기에 대해서 연결해 가기 쉽다. ③ 각종 세제면의 특례, 경영 서포트가 있다.	① 작업자 개인이 자기가 하고 싶은 농업을 실행하기 힘들고, 경영효율을 중시하는 경향이 강하다. ② 농업에 관한 지식뿐만 아니라, 사업운영을 위한 경영관리능력도 요구된다.
농업생산법인	① 농지의 구입, 임차가 쉽고, 경작 면적의 확대가 가능하다. ② 기계화 등에 의한 작업의 경감을 하고, 안정된 개량생산을 하는 것이 가능하다. ③ 각종 세제면의 특례, 경영 서포트가 있다.	① 작업자 개인이 자기가 하고 싶은 농업을 실행하기 힘들고, 경영효율을 중시하는 경향이 강하다. ② 농업에 관한 지식뿐만 아니라 사업운영을 위한 경영관리능력도 요구된다. ③ 개인을 대상으로 한 세제상의 특례를 받을 수 없게 된다. ④ 농업 중심의 수익이 요구되기 때문에, 그 외의 사업과 시너지 효과를 얻기가 힘들다.

제3장

치유산업경제
실천역량과 조건

제1절
치유농장주의 핵심역량

　제3장에서는 치유농장을 준비하고 있는 예비 치유농장주의 핵심역량을 조사 분석하기 위한 새로운 전략적 접근 차원이다. 그간 성공농업인으로서의 역량을 심층 분석하여 이들이 어떻게 노력하여 성공적인 성과를 거둘 수 있었는가에 관한 핵심역량을 도출하고, 구체적 교육 프로그램화 하여 향후 치유산업경제를 이끌어 갈 수 있는 실천역량을 갖추는 데 있다. 결과적으로 이런 교육적 시도에서 이루어졌다.

　구체적인 추진목적은 첫째, 농업환경 변화에 대응하고 치유농장주의 전문성 제고를 통한 치유산업경제의 경쟁력 강화를 위하여 수요자 중심의 치유산업경제 실천을 위한 핵심역량 교육과정을 개발한다. 둘째, 농업인 교육의 차별성을 기하고 치유산업 프로그램의 경제적 운영을 교육과정으로 정착시킨다. 셋째, 돈 버는 치유농업과 살맛 나는 치유산업경제 실천을 위한 관련 기관과 대학의 치유농업인 교육 위상을 재정립한다.

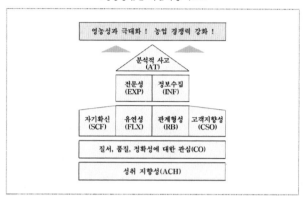

<성공농업인 핵심역량 구조>

영농성과 극대화 ! 농업 경쟁력 강화 !

분석적 사고
(AT)

| 전문성 (EXP) | 정보수집 (INF) |

| 자기확신 (SCF) | 유연성 (FLX) | 관계형성 (RB) | 고객지향성 (CSO) |

질서, 품질, 정확성에 대한 관심(CO)

성취 지향성(ACH)

　　추진목적을 달성하기 위하여 먼저 성공농업인 관련 사회적 접근현황을 고찰·분석 하였고, 치유산업경제를 이끌 예비 치유농장주의 역량규명을 위하여 기업교육 분야에서 널리 활용되는 CBC (Competency-Based Curriculum) 모형을 준용하였다. 이런 역량을 파악하는 데 효과적인 행동사건면접(BEI) 기법을 예비 치유농장주 총 조사자 150명 중 64명이 응답(성공농업인 81명 중 36명 응답, 평균농업인 69명 중 28명 응답)하였고, 이 중에서 행동사건면접(BEI)을 통해 8명을 제외한 56명(성공농업인 33명, 평균농업인 23명)만을 최종 적용하여 조사를 실시하였다. 또한 행동사건면접(BEI) 데이터에서 역량을 규명하기 위해서 『역량사전』을 사용하여 면접내용을 코딩하였다. 농업인 연구표본에 대한 역량빈도, 빈도경향, 최고수준 사례, 역량점수 차이 등을 20개 역량과 각 역량별 척도 수준에서 분석한 결과를 종합적으로 고려하여, 성공농업인과 평균농업인 사이에서 중요한 역량의 차이가 발생하는 9개 역량(성취 지향성, 기술적·직업적·관리적 전문성, 자기 확신, 질서, 품질, 정확성에 대한 관심, 정보수집, 유연성, 관계 형성, 분석적 사고, 고객 지향성)을 치유산업경제를 이끌 『성공농업인 핵심역량』으로 도출하였다.

1. 역량의 의의

역량(Competency)의 정의

□ 역량은 특정한 상황이나 업무에서 준거에 따른 효과적이고 우수한 수행의 원인이 되는 개인의 내적인 특성을 말함

○ 내적인 특성 : 다양한 상황에서 개인의 행동을 예측할 수 있도록 해주는 개인 성격의 심층적이고 지속적인 측면
○ 원인이 된다 : 역량이 행동이나 수행의 원인이며 행동과 수행을 예측할 수 있다는 의미
○ 준거에 따름 : 역량이 어떤 사람의 우수성이나 무능력을 구체적인 준거나 기준에 의해 예측한다는 것

-Lyle M. Spencer-

역량(Competency)의 유형

1. 동기(Motives) : 개인이 일관되게 마음에 품고 있거나 원하는 것으로 행동의 원인이 됨
2. 특질(Traits) : 신체적인 특성, 상황 또는 정보에 대한 일관적 반응성을 의미
3. 자기개념(Self-concept) : 태도, 가치관, 자기상(Self-image)을 의미
4. 지식(Knowledge) : 특정 분야에 대해 가지고 있는 정보
5. 기술(Skill) : 특정한 신체적 또는 는 정신적 과제를 수행할 수 있는 능력

기술
지식

자기개념
특질
동기

표면 | 개 발 가능성
내면 | 개 발 어려움

-Lyle M. Spencer-

2. 역량분석 절차

농업인 역량분석을 위하여 역량 연구의 고전적 단계별 모형을 이용하여 5단계로 실시하였다.

  o 제1단계 : 준거집단(성공농업인, 평균농업인) 선정
  o 제2단계 : 자료수집(행동사건면접(BEI) 기법)
  o 제3단계 : 역량분석(BEI 기록지 코딩/테마분석)
  o 제4단계 : 역량비교(준거집단 역량빈도 분석)
  o 제5단계 : 핵심역량(역량별 차이 분석) 도출

행동사건면접(BEI) 데이터에서 역량을 규명하기 위해서는 2가지 "테마분석" 방법이 있다.

  o 제1 방법 : 역량사전(Competency Dictionary)을 사용하여 면접내용을 코딩
  o 제2 방법 : 면접 내용에서 직접 새로운 역량개념을 수립하여 면접내용을 코딩

본 연구에서는 "제1 방법"에 의거 역량 연구의 전문가인 "Lyle M. Spencer"의 역량사전(6개 역량군 - 20개 역량명)을 활용하여 농업인 행동사건면접(BEI) 내용을 코딩하였다.

3. 준거집단 선정

(1) 성공농업인 선정

성공농업인 선정을 위하여 성공농업인과 관련된 사회적 접근현황에 대하여 사전분석을 실시하였다.

ㅇ 성공농업인 관련 선행 연구논문 고찰
ㅇ 성공농업인 관련 도서발간 현황 파악
ㅇ 성공농업인 관련 신문 보도·시상내용 스크랩 조사

사전분석 결과와 현재 치유농장을 준비하기 위해 2급 치유농업사 교육과정에 참여하고 있는 선도농업인을 기초로 핵심역량분석을 위한 성공농업인 81명을 준거집단 대상자 범위로 확정하였다.

성공농업인 선정 대상자에 대한 기초자료 조사 및 영농현황 이해 자료 수집으로 준거집단 검증을 실시하였다.

ㅇ 성공농업인 대상자 현황자료(성명, 작목, 소재지, 보도일, 수상일) 조사

ㅇ 문화일보, 농민신문, MBC 보도자료 및 새 농민상 본상 공적
조서 수집

준거집단 대상자 범위로 확정된 성공농업인 81명에 대하여 영농
작목과 교수 요원 출장 인터뷰 가용인력 범위 등을 종합적으로 고
려하여 성공농업인 준거집단 범위 36명을 최종 확정하였다.

표 3-1. 성공농업인 준거집단 범위

단위 : 명

과수	수도작	채소	가공	화훼	특작	축산	계
7	2	10	4	3	7	3	36

(2) 평균농업인 선정

다음과 같이 역량분석을 위해 평균농업인 69명 중 응답자 28명
을 준거집단 대상자 범위로 확정하였다.

첫째, Lyle M. Spencer의 핵심역량모델의 개발과 활용(역 : 민병
모 외)에서 밝힌 역량분석 준거집단 표본 수 구성 원칙인 "평균자
1.5명 : 우수자 2명"의 준거에 따랐다.

준거집단 평균농업인 선정을 위하여 선정원칙과 기준을 수립하
였다.

둘째, 작목별 전업농가를 대상으로 하되 "통계청 농업 기본통계
보고서"를 기본으로 하여 경지 규모별, 작목별 판매금액 평균 농가
선정원칙을 수립하였다.

셋째, 2021년 농협대학교 조합임원경영능력향상과정 교육생 추
천(10명) 및 농협교육원 작목별 영농기술 교육과정 3년 이내 수료

자 추천(18명) 등의 기준을 마련하였다.

넷째, 영농작목별 추천 인원은 성공농업인 36명 작목별 분포도를 고려하여 안분 실시하였다.

표 3-2. 성공농업인 작목별 분포도

단위 : 명

과수	수도작	채소	가공	화훼	특작	축산	계
3	4	7	2	2	3	7	28

4. 자료 수집

자료수집 방법은 다음과 같다.

역량의 분석과 모델형성을 위해 사용되는 자료수집 방법은 6가지 방법이 있음

- ㅇ 제1방법 : 행동사건면접(BEI : Behavioral Event Interview)
- ㅇ 제2방법 : 전문가 패널(Expert Panels)
- ㅇ 제3방법 : 설문조사(Surveys)
- ㅇ 제4방법 : 컴퓨터에 기초한 전문가 시스템(Expert System)
- ㅇ 제5방법 : 과업/직능 분석(Job Task/Function Analysis)
- ㅇ 제6방법 : 직접관찰(Direct Observation)

본 연구에서는 농업인 역량규명을 위하여 역량을 파악하는 데 효과적이고 다른 방법을 통해 포착할 수 없는 심층적인 정보를 경험적으로 얻을 수 있는 행동사건면접(BEI)기법을 활용하여 자료를 수

집하였다. 농업인을 대상으로 행동사건면접(BEI)을 효율적으로 실행하기 위한 인력구성은 원칙적으로 3인(면접자, 기록자, 체크자) 1조가 바람직하나, 교육원 가용인력 범위를 고려하여 2인(면접자, 기록자) 1조를 구성하여 실시하였다. 행동사건면접(BEI)을 위하여 전교직원을 투입·실시하였다.

표 3-3. 교직원 Interview 횟수

농업인	Interviewer (2인 1조)	Interviewee	Interview 횟수	추진기간
성공농업인	12조	36명(36명×2H)	3회	1개월
평균농업인	10조	28명(28명×2H)	2회 ~ 3회	15일
※ 全교직원 실행(총 24명 : 팀장 5명, 교수 13명, 5급 6명)				

5. 역량분석

(1) 역량사전 활용

농업인 행동사건면접(BEI) 데이터에서 역량을 규명하기 위해서 "Lyle M. Spencer"의 『역량사전』을 활용하여 행동사건면접(BEI) 내용에 대한 코딩/테마 분석을 실시하였다. Lyle M. Spencer의 역량사전은 6개 역량군(성취와 행동 역량군, 대인 서비스 역량군, 영향력 역량군, 관리 역량군, 인지 역량군, 개인 효과성 역량군)과 20개의 역량명으로 구성하였다.

표 3-4 농업인 행동사건면접(BEI) 질문내용

Interviewer	진행자	기록자	면접일	면접시간		장 소	
Interviewee	성 명			성별		나이	
	주 소			영농경력		비고	

금년에도 풍년 농사 꼭 이루시길 기원 드립니다.
이 인터뷰는 선생님께서 맡고 계신 예비 치유농장을 수행하는 데 필요한 요소를
확인하기 위한 것입니다. 이런 목적을 달성하기 위해 선생님과 같이 실제로
치유농장을 준비하고 계신 분들께 인터뷰를 실시하고 있습니다.
선생님께서는 본인이 실제로 어떻게 치유농장 준비 업무를 수행하여 왔는가에 대한
내용을 잘 설명해 줄 수 있는 분으로 선발되셨습니다.
선생님께서 치유농장 준비 업무 중에 겪은 가장 중요한 사건과 그때 선생님께서
행동하신 내용을 구체적으로 설명해 주시는 것이 큰 도움이 됩니다.
선생님의 응답 내용은 절대 비밀이 보장될 것이며 다른 선생님의 응답 내용과 합쳐져서
데이터를 구성하게 될 것입니다.

표 3-5. 역량사전(Competency Dictionary) 항목

역 량 군	역 량 명	비 고
I. 성취와 행동 역량군 (Achievement and Action)	1. 성취 지향성 역량(ACH)	
	2. 질서, 품질, 정확성에 대한 관심 역량(CO)	
	3. 주도성 역량(INT)	
	4. 정보 수집 역량(INF)	
II. 대인 서비스 역량군 (Helping and Human Services)	5. 대인 이해 역량(IU)	
	6. 고객 지향성 역량(CSO)	
III. 영향력 역량군 (The Impact and Influence Clusters)	7. 영향력 역량(IMP)	
	8. 조직인식 역량(OA)	
	9. 관계 형성 역량(RB)	
IV. 관리 역량군 (Managerial)	10. 타인 육성 역량(DEV)	
	11. 지시 역량(DIR)	
	12. 팀웍과 협력 역량(TW)	
	13. 팀 리더십 역량(TL)	

표 3-5. 계속

역 량 군	역 량 명	비 고
V. 인지 역량군 (Cognitive)	14. 분석적 사고 역량(AT) 15. 개념적 사고 역량(CT) 16. 기술적/직업적/관리적 전문성 역량(EXP)	
VI. 개인 효과성 역량군 (Personal Effectiveness)	17. 자기 조절 역량(SCT) 18. 자기 확신 역량(SCF) 19. 유연성 역량(FLX) 20. 조직 헌신 역량(OC)	

6개의 역량군은 다음 표와 같은 주요 행동특성을 가지고 있다.

표 3-6. 역량군 주요 행동특성

역 량 군	행 동 특 성	비 고
I. 성취와 행동 역량군 (Achievement and Action)	타인에 대한 영향력 보다는 과업성취를 목 표로 하는 행동에 중점을 둠	
II. 대인 서비스 역량군 (Helping and Human Services)	타인의 요구를 충족시키려는 의도, 즉 타인 의 관심과 요구에 공감하고 이를 충족시키 려는 의도와 관련이 있음	
III. 영향력 역량군 (The Impact and Influence Clusters)	타인에게 영향력을 행사하려는 내적 관심 을 반영하며 일반적으로 권력욕구로 알려 져 있음. 역량 의도나 행위가 보편적인 선 을 추구하거나 사회적 가치를 지닌 것이어 야 함	
IV. 관리 역량군 (Managerial)	타인을 육성, 지도하거나 팀원과 협동심을 고취하는 등 특정한 효과를 내려는 의도와 관련이 있음	

표 3-6. 계속

역 량 군	행 동 특 성	비 고
V. 인지 역량군 (Cognitive)	상황, 과제, 문제점, 기회, 지식을 이해하려고 노력하는 과정에서 발휘되는 것	
VI. 개인 효과성 역량군 (Personal Effectiveness)	타인 또는 업무관계에 있어서 개인의 성숙도를 반영하는 것으로 개인이 주위환경의 직접적인 압력이나 어려움에 대처할 때 발휘되는 것	

6개의 역량군에 속한 20개 역량은 다음 표와 같은 일반적 행동 양식으로 표현된다.

표 3-7. 역량별 일반적 행동양식

역 량 명	행 동 양 식	비 고
1. 성취 지향성 역량 (Achievement Orientation : ACH)	○ 규정된 기준을 달성하려고 노력한다 ○ 자신이나 타인을 위한 도전적 목표를 설정하고 이를 달성하기 위해 행동한다 ○ 비용-이득 분석을 한다 ○ 계산된 기업가적 모험을 한다	
2. 질서, 품질, 정확성에 대한 관심 역량 (Concern for Order, Quality and Accuracy : CO)	○ 업무나 정보를 모니터하고 확인한다 ○ 명확한 역할과 기능을 주장한다 ○ 정보 시스템을 수립하고 유지한다	
3. 주도성 역량 (Initiative : INT)	○ 장애에 직면해서도 포기하지 않음 ○ 기회를 인지하고 포착함 ○ 직무 요구보다 훨씬 많은 업무를 수행 ○ 다른 사람이 포착하지 못하는 독특한 기회나 문제를 예상하고 대비함	

표 3-7. 계속

역 량 명	행 동 양 식	비 고
4. 정보 수집 역량 (Information Seeking : INF)	○ 원하는 정보를 얻을 때까지 일련의 질문을 통해 끈질기게 "파고든다" ○ 잠재적인 기회나 미래에 유용할 수 있는 주변적인 정보를 "검색"한다 ○ 관련 업무와 사물의 현황 등을 직접 확인하기 위해 나선다	
5. 대인 이해 역량 (Interpersonal Understanding : IU)	○ 상대방의 기분과 감정을 파악한다 ○ 경청과 관찰을 통해 상대방의 반응을 예측하고 대비한다 ○ 상대방의 태도, 관심, 요구 및 관점을 파악한다 ○ 상대방의 지속적이고 근본적인 태도, 행동양식이나 문제의 원인을 파악한다	
6. 고객 지향성 역량 (Customer Service Orientation : CSO)	○ 고객이 요구한 것 이상의 근본적인 욕구에 대한 정보를 수집해서 이를 충족시킬 수 있는 제품 또는 서비스를 제공한다 ○ 개인적으로 책임지고 고객 서비스 문제를 해결한다. 문제를 신속하고 적극적으로 해결한다 ○ 믿음직한 조언자 역할을 한다. 고객의 욕구, 문제와 기회, 시행 가능성에 대한 독자적인 견해에 따라 행동한다 ○ 장기적 안목으로 고객의 문제를 처리한다	
7. 영향력 역량 (Impact and Influence : IMP)	○ 자신이 어떠한 행동을 했을 때 다른 사람에게 어떻게 보일지를 예상한다 ○ 논리, 데이터, 사실, 숫자를 활용한다 ○ 구체적 사례, 시각 자료, 시범 등을 활용한다 ○ 정치적 제휴를 하고, "막후" 지원을 조성한다	

표 3-7. 계속

역 량 명	행 동 양 식	비 고
8. 조직인식 역량 (Organizational Awareness : **OA**)	○ 조직의 비공식적인 구조를 파악한다(핵심 인물, 의사결정에 영향을 미치는 인물 등) ○ 암묵적인 조직의 규제 사항, 즉 특정 시기나 상황에서 무엇이 가능하고 무엇이 불가능 한지를 인식한다 ○ 조직에 영향을 미치는 근본적인 문제점, 기회 또는 정치 세력을 파악하고 언급한다	
9. 관계 형성 역량 (Relationship Building : **RB**)	○ 의도적으로 "친밀한 관계"를 형성하려고 최대한 노력한다 ○ 친밀한 관계를 쉽게 형성한다 ○ 개인적 정보를 공유함으로써 공통적인 이해의 토대를 마련한다 ○ 장차 정보나 지원을 제공할 수 있는 사람과 "네트워킹"을 하거나 우호적 관계를 형성한다	
10. 타인 육성 역량 (Developing Others : **DEV**)	○ 누구나 배우고 싶어하며, 배울 수 있다고 믿고 긍정적인 기대감을 표시한다 ○ 교육 전략에 따라 지시하거나 직접 시범을 보인다 ○ 장래의 직무 수행에 대해 긍정적인 기대감을 표시하거나, 향후의 개선점에 대해 개별적인 조언을 해 준다. 직무 수행에 대해 피드백을 줄 때 인격보다는 행동 자체에 초점을 둔다 ○ 훈련이나 개발이 필요한 점을 찾아내고 이를 위해 새로운 프로그램이나 계획을 모색한다 ○ 타인의 능력을 키워 줄 목적으로 직무 과제나 책임 사항을 위임한다	

표 3-7. 계속

역 량 명	행 동 양 식	비 고
11. 지시 역량 (Directiveness : **DIR**)	○ 업무 수행상의 문제를 공개적이고 직선적으로 거론한다 ○ 일방적으로 기준을 설정한다. 보다 높은 업무 성과를 요구거나 고품질을 요구한다 ○ 불합리한 요구에 대해 "안된다"고 단호하게 이야기하거나, 행동의 한계를 정한다 ○ 업무를 완수하거나, 자신은 우선 순위가 높은 일에 전념할 수 있도록 상세한 지시를 내리거나 직무 과제를 할당한다	
12. 팀웍과 협력 역량 (Teamwork and Cooperation : **TW**)	○ 어떤 결정을 내리거나 계획을 세울 때 아이디어와 의견을 구하고 수렴한다 ○ 구성원들에게 지속적으로 팀의 작업 진행에 관한 최신의 정보를 제공해 주고 모든 유용한 정보를 공유한다 ○ 구성원들에게 긍정적인 기대감을 표시한다 ○ 구성원들의 훌륭한 업무 성과를 공개적으로 칭찬한다 ○ 구성원을 격려하고 권한을 부여해 준다. 자신감을 불어 넣어 주고 자신이 중요한 존재임을 느끼도록 유도한다	
13. 팀 리더십 역량 (Team Leadership : **TL**)	○ 어떤 결정에 영향을 입게 될 사람들에게 사태의 진행양상을 알려 준다 ○ 집단의 모든 구성원들을 공정하게 대하기 위해 개인적인 노력을 기울인다 ○ 복잡한 전략을 사용하여 팀의 사기 및 생산성을 진작시킨다 ○ 다른 사람들이 리더가 설정한 팀의 임무, 목표, 강령, 정책을 따라오도록 유도한다	

표 3-7. 계속

역 량 명	행 동 양 식	비 고
14. 분석적 사고 역량 (Analytical Thinking : AT)	○ 과제를 중요성에 따라 분류하고 우선 순위를 매긴다 ○ 복잡한 과제를 처리하기 용이한 소단위 로 체계적으로 구분한다 ○ 어떤 사건을 대할 때 개연성 있는 원인 들을 파악하거나, 행동에 앞서 여러 가 지 가능한 결과들을 예측해 본다 ○ 장애가 될 사항을 예상하여 후속 조치 를 미리 생각해 둔다 ○ 여러 가지 분석 기법을 활용하여 몇 가 지 해결책을 찾아내고 각각을 비교하여 가치를 평가한다	
15. 개념적 사고 역량 (Conceptual Thinking : CT)	○ 문제나 상황을 파악하기 위해 추측이나 상식 또는 경험 등을 이용한다 ○ 현재와 과거의 상황 사이에 존재하는 기본적인 차이점을 파악한다 ○ 과거에 습득한 복합적인 개념이나 방법 론을 적절히 응용하거나 변형한다 ○ 외견상 관련이 없어 보이는 복합적인 데이터 사이에 존재하는 유용한 연관성 을 규명한다	
16. 기술적/직업적/관리적 전문성 역량 (Technical/Professional/ Managerial Expertise : EXP)	○ 자신의 기술과 지식을 최신의 것으로 유지하기 위한 조치를 취한다 ○ 직접 관련된 분야를 벗어난 지식을 탐 구함으로써 호기심을 보인다 ○ 자발적으로 다른 사람들이 처한 기술적 문제의 해결을 돕는다 ○ 업무에 관련된 과정을 이수하거나 새로 운 과목을 배우려고 노력한다 ○ 적극적으로 기술적 선교사의 역할을 자 임하거나 신 기술을 보급한다	

표 3-7. 계속

역 량 명	행 동 양 식	비 고
17. 자기 조절 역량 (Self-Control : **SCT**)	○ 충동적인 행동을 하지 않는다 ○ 쓸데없이 개입하려는 유혹을 물리친다 ○ 스트레스가 심한 상황에서도 침착하게 처신한다 ○ 적절한 스트레스 해소 방안을 찾는다 ○ 스트레스 속에서도 문제를 건설적으로 대처한다	
18. 자기 확신 역량 (Self-Confidence : **SCF**)	○ 타인들이 동의하지 않는 경우에도 행동을 취하거나 결정을 내린다 ○ 설득력 있거나 인상적인 방식으로 자신을 소개한다 ○ 자신의 판단이나 능력에 대해 확신을 표시한다 ○ 의견 충돌이 있을 때 자신의 입장을 분명하고 자신 있게 밝힌다. 실수나 실패, 또는 결점에 대해 개인적으로 책임을 진다 ○ 실수를 통하여 교훈을 얻으며, 실패의 원인을 파악하고 향후의 업무 수행을 향상시키기 위해 자신의 업무 수행 과정을 분석한다	
19. 유연성 역량 (Flexibility : **FLX**)	○ 반대되는 관점의 타당성을 인정한다 ○ 업무 중 발생하는 변화에 쉽게 적응한다 ○ 상황이나 타인의 반응에 맞춰 자신의 전략을 조절한다 ○ 조직의 큰 목적을 실현하기 위해 개별적 상황에 맞도록 규정이나 절차를 유연하게 적용한다 ○ 자신의 행동이나 방법을 상황에 맞도록 수정한다	

표 3-7. 계속

역 량 명	행동양식	비 고
20. 조직 헌신 역량 (Organizational Commitment : **OC**)	○ 동료들이 임무를 완수할 수 있도록 기 꺼이 돕는다 ○ 자신의 활동과 우선 순위를 조직의 요 구에 일치시킨다 ○ 조직의 큰 목적을 달성하기 위한 협력 의 필요성을 인식한다 ○ 자신의 직업적인 이익보다는 조직의 요 구에 부응하는 편을 택한다	

(2) 행동사건면접(BEI) 데이터 분석

성공농업인 36명과 평균농업인 28명에 대한 행동사건면접(BEI) 녹음내용에 대해 속기전문가에게 위임하여 녹취서를 작성하였다.

○ 성공농업인 BEI 녹음내용 : 36명×2시간=72시간

○ 평균농업인 BEI 녹음내용 : 28명×2시간=56시간

성공농업인 36명에 대한 행동사건면접(BEI) 내용을 면밀히 검토한 결과 성공농업인으로 인정할 수 없는 사유가 발생한 대상자 및 행동사건면접(BEI) 내용이 부실한 대상자 등 3명의 데이터를 분석 대상에서 제외하여 실시하였다.

○ 성공농업인 행동사건면접(BEI) 데이터 분석 : 최종 33명 실시

평균농업인 28명에 대한 행동사건면접(BEI) 내용을 검토한 결과에 있어서도 평균농업인으로 인정할 수 없는 준 성공농업인 대상자 및 행동사건면접(BEI) 내용이 부실한 대상자 등 5명의 데이터를 분석대상에서 제외하여 실시하였다.

○ 평균농업인 행동사건면접(BEI) 데이터 분석 : 최종 23명 실시

표 3-8. BEI 기록지 코딩/ 테마 분석 양식

Interviewer	진행자	기록자	면접일	면접시간		장 소	
Interviewee	성 명			성 별		나 이	
	주 소			영농경력		비 고	
사 건				분석자 노트			

6. 역량 비교

(1) 성공농업인 역량빈도 분석

성공농업인 33명 연구표본에 대한 역량빈도를 20개 역량과 각
역량별 척도 수준에서 분석한 결과 총 587回의 역량빈도가 관찰되

표 3-9. 성공농업인 역량빈도 현황

역 량 명	분석빈도	역 량 명	분석빈도
1. 성취 지향성 역량(ACH)	103回	11. 지시 역량(DIR)	3回
2. 질서, 품질, 정확성에 대한 관심 역량(CO)	43回	12. 팀웍과 협력 역량(TW)	9回
3. 주도성 역량(INT)	16回	13. 팀 리더십 역량(TL)	5回
4. 정보 수집 역량(INF)	39回	14. 분석적 사고 역량(AT)	33回
5. 대인 이해 역량(IU)	1回	15. 개념적 사고 역량(CT)	24回
6. 고객 지향성 역량(CSO)	26回	16. 기술적/직업적/관리적 전문성 역량(EXP)	68回
7. 영향력 역량(IMP)	13回	17. 자기 조절 역량(SCT)	24回
8. 조직인식 역량(OA)	4回	18. 자기 확신 역량(SCF)	88回
9. 관계 형성 역량(RB)	38回	19. 유연성 역량(FLX)	35回
10. 타인 육성 역량(DEV)	11回	20. 조직 헌신 역량(OC)	4回

었으며, "성취 지향성 역량(ACH)"이 가장 높은 빈도를 보였다.

표 3-10. 성공농업인 역량빈도 세부현황

역 량	연구표본	분석빈도	역량점수 (척도×빈도)
Ⅰ. 성취와 행동 역량군			
1. 성취 지향성 역량(ACH)	**33**	**103**	**346**
A ☞ 성취를 향한 행동의 강도와 완결성	(33)	(103)	(346)
A. 1 주어진 직무를 잘 하려는 욕구를 가진다	33	18	18
A. 2 규정된 기준에 도달하려고 노력한다	33	9	18
A. 3 성취를 평가하는 기준을 나름대로 설정한다	33	15	45
A. 4 수행을 개선한다	33	50	200
A. 5 도전적 목표를 세운다	33	3	15
A. 6 비용 - 이익 분석을 한다	33	6	36
A. 7 계산된 기업가적 모험을 한다	33	2	14
B ☞ 파급 효과(A 점수가 3점 이상일 경우)	(33)	(75)	(105)
B. 1 개인적 수행	33	59	59
B. 2 한 두 명에게 역량을 미친다	33	5	10
B. 3 업무 집단(4-15명)에 영향을 미친다	33	9	27
B. 4 한 부서(15명 이상)에 영향을 미친다	33	1	4
B. 5 중소 규모의 기업에 영향을 미친다	33	1	5
C ☞ 혁신의 정도(A 점수가 3점 이상일 경우)	(33)	(54)	(111)
C. 2 직무나 부문에서 혁신을 시도한다	33	52	104
C. 3 조직 차원에서 혁신을 시도한다	33	1	3
C. 4 업계에서 혁신을 시도한다	33	1	4
2. 질서, 품질, 정확성에 대한 관심 역량(CO)	**33**	**43**	**125**
2 질서와 명확성에 대해 일반적인 관심을 보인다	33	8	16
3 자신의 업무를 점검한다	33	31	93
4 타인의 업무를 점검한다	33	4	16
3. 주도성 역량(INT)	**33**	**16**	**49**
A ☞ 시간차원	(33)	(16)	(49)
A. 2 당면한 기회나 문제를 처리한다	33	5	10
A. 3 위기에 직면해서 단호한 입장을 취한다	33	9	27

표 3-10. 계속

역　　　　량	연구표본	분석빈도	역량점수 (척도×빈도)
A. 4　2개월 앞을 내다보고 행동을 개시한다	33	1	4
A. 8　5년 내지 10년 앞을 예상하고 행동을 취한다	33	1	8
B ☞ 자기 동기화, 자발적인 노력의 정도	(33)	(16)	(38)
B. 2　가외의 노력을 한다	33	12	24
B. 3　요구된 업무 이상을 한다	33	2	6
B. 4　요구된 업무보다 훨씬 많은 것을 한다	33	2	8
4. 정보 수집 역량(INF)	**33**	**39**	**120**
1　질문을 한다	33	2	2
2　개인적으로 직접 조사한다	33	12	24
3　심층적으로 탐색한다	33	6	18
4　타인을 방문한다	33	19	76
II. 대인 서비스 역량군			
5. 대인 이해 역량(IU)	**33**	**1**	**2**
A ☞ 대인 이해의 심도	(33)	(1)	(2)
A. 2　감정과 진의를 모두 파악하고 있다	33	1	2
B ☞ 경청과 반응	(33)	(1)	(2)
B. 2　적극적으로 경청 기회를 찾는다	33	1	2
6. 고객 지향성 역량(CSO)	**33**	**26**	**73**
A ☞ 고객 욕구 중시	(33)	(26)	(73)
A. 1　후속 조치를 취한다	33	2	2
A. 2　상호 기대 사항에 대해 지속적으로 의사 소통한다	33	16	32
A. 3　개인적으로 책임을 진다	33	1	3
A. 4　언제든 고객요구에 대응할 수 있는 준비를 갖추고 있다	33	2	8
A. 5　일이 더 잘 되도록 행동을 취한다	33	2	10
A. 6　근본적인 욕구를 중시한다	33	3	18
B ☞ 주도적으로 타인에게 도움과 서비스 제공	(33)	(26)	(52)
B. 1　일상적이거나 꼭 필요한 행동을 취한다	33	4	4

표 3-10. 계속

역 량	연구표본	분석빈도	역량점수 (척도×빈도)
B. 2 일상적인 조치 이상의 도움을 제공한다	33	18	36
B. 3 상대방 욕구충족을 위해 상당한 추가 노력을 한다	33	4	12
III. 영향력 역량군			
7. 영향력 역량(IMP)	**33**	**13**	**67**
A ☞ 타인에게 영향력을 행사하려는 의도를 가진 행동	(33)	(13)	(67)
A. 1 의도는 있지만 구체적인 행동을 취하지 않는다	33	1	1
A. 2 설득을 위해 한 가지 행동만을 취한다	33	2	4
A. 4 행동이나 말의 영향을 미리 고려한다	33	2	8
A. 5 극적인 행동을 고려한다	33	1	5
A. 7 세가지 행동을 취하거나 간접적인 영향력을 행사한다	33	7	49
B ☞ 영향력, 이해, 네트워크의 범위	(33)	(13)	(52)
B. 2 업무 단위 또는 프로젝트 팀	33	5	10
B. 3 부서	33	3	9
B. 6 시 행정부, 시 정치 조직, 시 전문 조직	33	2	12
B. 7 주 정부, 주 정치 조직, 주 전문 조직	33	3	21
8. 조직인식 역량(OA)	**33**	**4**	**6**
A ☞ 조직에 대한 이해의 깊이	(33)	(4)	(6)
A. 1 공식적인 구조를 이해한다	33	3	3
A. 3 풍토와 문화를 이해한다	33	1	3
B ☞ 조직 인식의 범위	(33)	(4)	(13)
B. 2 업무 단위 또는 프로젝트 팀	33	1	2
B. 3 부서	33	1	3
B. 4 사업 본부, 중소 기업의 경우는 전체	33	2	8
9. 관계 형성 역량(RB)	**33**	**38**	**96**
A ☞ 관계의 친밀성 정도	(33)	(38)	(96)
A. 1 초대를 수용한다	33	1	1
A. 2 업무상의 접촉을 한다	33	21	42

표 3-10. 계속

역 량	연구표본	분석빈도	역량점수 (척도×빈도)
A. 3 때로 격의 없는 접촉을 한다	33	11	33
A. 4 라포(rapport)를 형성한다	33	5	20
B ☞ 관계 형성의 범위	(33)	(38)	(67)
B. 1 한 사람	33	11	11
B. 2 업무 단위 또는 프로젝트 팀	33	25	50
B. 3 부서	33	2	6
Ⅳ. 관리 역량군			
10. 타인 육성 역량(DEV)	**33**	**11**	**38**
A ☞ 타인을 육성하려는 성향의 강도 및 육성 행위 완성도	(33)	(11)	(38)
A. 1 타인에 대해 긍정적인 기대감을 표시한다	33	1	1
A. 2 상세한 지시를 내리거나 현장에서 시범을 보여준다	33	3	6
A. 3 이유를 제시하거나 그 밖의 지원을 제공한다	33	3	9
A. 4 타인을 육성할 목적으로 구체적 피드백을 제공한다	33	1	4
A. 6 장기적 관점에서 코치하거나 훈련을 시킨다	33	3	18
B ☞ 육성한 사람들의 수와 그들의 지위	(33)	(11)	(20)
B. 1 한 명의 부하 직원	33	3	3
B. 2 여러 명의 부하 직원	33	7	14
B. 3 다수의 부하직원	33	1	3
11. 지시 역량(DIR)	**33**	**3**	**6**
A ☞ 지시의 강도	(33)	(3)	(6)
A. 2 상세하게 지시를 내린다	33	3	6
B ☞ 지시의 범위와 그들의 지위	(33)	(3)	(7)
B. 2 여러 명의 부하 직원	33	2	4
B. 3 다수의 부하직원	33	1	3
12. 팀웍과 협력 역량(TW)	**33**	**9**	**19**
A ☞ 팀웍 조성의 강도	(33)	(9)	(19)
A. 1 협조적	33	1	1

표 3-10. 계속

역　　량	연구표본	분석빈도	역량점수 (척도×빈도)
A. 2　정보를 공유한다	33	6	12
A. 3　긍정적인 기대감을 표시한다	33	2	6
B ☞ 해당 팀의 규모	(33)	(9)	(13)
B. 1　3명~8명으로 구성된 소규모의 비공식적 집단	33	7	7
B. 3　기존 작업 집단 또는 소규모의 부서	33	2	6
C ☞ 팀웍을 조성하기 위한 노력이나 주도성의 정도	(33)	(9)	(10)
C. 1　일상적인 노력 이상의 조치를 취한다	33	8	8
C. 2　일상적인 수준보다 훨씬 많은 조치를 취한다	33	1	2
13. 팀 리더십 역량(TL)	**33**	**5**	**14**
A ☞ 리더십 역량의 강도	(33)	(5)	(14)
A. 2　정보를 제공한다	33	2	4
A. 3　권한을 공정하게 사용한다	33	2	6
A. 4　팀의 효과를 높인다	33	1	4
B ☞ 해당 팀의 규모	(33)	(5)	(15)
B. 2　태스크 포스나 임시 편성 팀	33	1	2
B. 3　기존 작업 집단 또는 소규모의 부서	33	3	9
B. 4　대규모의 부서 전체	33	1	4
C ☞ 리더십을 조성하기 위한 노력이나 주도성의 정도	(33)	(5)	(8)
C. 1　일상적인 노력 이상의 조치를 취한다	33	3	3
C. 2　일상적인 수준보다 훨씬 많은 조치를 취한다	33	1	2
C. 3　엄청난 노력을 기울인다	33	1	3
V. 인지 역량군			
14. 분석적 사고 역량(AT)	**33**	**33**	**81**
A ☞ 분석의 복합성	(33)	(33)	(81)
A. 2　기본적인 관계를 파악한다	33	19	38
A. 3　다각적인 관계를 파악한다	33	13	39
A. 4　복합적인 계획을 세우거나 분석한다	33	1	4
B ☞ 문제의 규모	(33)	(33)	(66)

표 3-10. 계속

역 량	연구표본	분석빈도	역량점수 (척도×빈도)
B. 1 한 사람 내지 두 사람의 업무 수행에 관심	33	11	11
B. 2 소규모 단위 부서의 성과에 관심	33	11	22
B. 3 현안 문제	33	11	33
15. 개념적 사고 역량(CT)	**33**	**24**	**52**
A ☞ 개념의 복합성과 독창성 수준	(33)	(24)	(52)
A. 2 패턴을 인식한다	33	21	42
A. 3 복잡한 개념을 응용한다	33	2	6
A. 4 복잡한 것을 단순화시킨다	33	1	4
B ☞ 개념적 사고의 범위	(33)	(24)	(59)
B. 1 한 사람 내지 두 사람의 업무 수행에 관심	33	2	2
B. 2 소규모 단위 부서의 성과에 관심	33	10	20
B. 3 현안 문제	33	11	33
B. 4 전체적인 업무 성과를 고려한다	33	1	4
16. 기술적/직업적/관리적 전문성 역량(EXP)	**33**	**68**	**189**
A ☞ 지식의 심도	(33)	(25)	(112)
A. 2 기초 지식	33	1	2
A. 3 직업적 지식	33	2	6
A. 4 향상된 직업적 지식	33	8	32
A. 5 초보적인 전문가	33	12	60
A. 6 노련한 전문가	33	2	12
B ☞ 관리적 전문성의 범위	(33)	(5)	(10)
B. 2 동질적인 직무 단위/기능	33	5	10
C ☞ 전문성의 습득	(33)	(27)	(45)
C. 1 최신의 기술 지식을 유지한다	33	11	11
C. 2 지식의 기반을 확대한다	33	14	28
C. 3 새로운 지식 혹은 다른 종류의 지식을 획득한다	33	2	6
D ☞ 전문성의 전파	(33)	(11)	(22)
D. 1 질문에 답해 주는 수준	33	3	3
D. 2 기술 지식을 응용해서 부가적인 영향을 준다	33	6	12

표 3-10. 계속

역 량	연구표본	분석빈도	역량점수 (척도×빈도)
D. 3 기술적인 도움을 제공한다	33	1	3
D. 4 새로운 기술을 옹호하고 보급한다	33	1	4
VI. 개인 효과성 역량군			
17. 자기 조절 역량(SCT)	**33**	**24**	**70**
1 유혹을 물리친다	33	2	2
2 감정을 조절한다	33	2	4
3 침착하게 대처한다	33	18	54
5 건설적으로 대응한다	33	2	10
18. 자기 확신 역량(SCF)	**33**	**88**	**171**
A ☞ 자기 확신	(33)	(81)	(161)
A. 1 자신을 자신 있게 드러낸다	33	25	25
A. 2 자신을 설득력 있게 또는 인상적으로 드러낸다	33	38	76
A. 3 자신의 능력에 대해 확신을 표시한다	33	14	42
A. 4 확신에 찬 주장을 정당화한다	33	3	12
A. 6 자신을 지극히 도전적인 상황으로 내던진다	33	1	6
B ☞ 실패에 대한 대처	(33)	(7)	(10)
B. 1 책임을 인정한다	33	4	4
B. 2 실수에서 교훈을 얻는다	33	3	6
19. 유연성 역량(FLX)	**33**	**35**	**112**
A ☞ 변화의 폭	(33)	(35)	(112)
A. 1 상황을 객관적으로 본다	33	1	1
A. 3 상황이나 타인의 반응에 맞춰 자신의 단기 전략을 조절한다	33	25	75
A. 4 자신의 장기적 전략, 목표, 혹은 프로젝트 를 상황에 맞게 조정한다	33	9	36
B ☞ 행동의 속도	(33)	(35)	(41)
B. 1 사전 검토 및 계획을 거친 장기적 변화	33	30	30

표 3-10. 계속

역 량	연구표본	분석빈도	역량점수 (척도×빈도)
B. 2 단기적 계획을 거친 변화	33	4	8
B. 3 급속한 변화	33	1	3
20. 조직 헌신 역량(OC)	**33**	**4**	**11**
2 "조직원의 행동 양식"의 모범을 보인다	33	2	4
3 목적의식 - 조직에 대한 헌신이 명백히 드러 나는 수준	33	1	3
4 개인적인 또는 직업적인 희생을 감수한다	33	1	4

(2) 평균농업인 역량빈도 분석

평균농업인 23명 연구표본에 대한 역량빈도를 20개 역량과 각 역량별 척도 수준에서 분석한 결과 총 152回의 역량빈도가 관찰되었으며, "성취 지향성 역량(ACH)"이 가장 높은 빈도를 보였으나 타 역량의 빈도와 비교하여 두드러진 역량빈도로 볼 수 없었다.

표 3-11. 평균농업인 역량빈도 현황

역 량 명	분석빈도	역 량 명	분석빈도
1. 성취 지향성 역량(ACH)	29回	11. 지시 역량(DIR)	-
2. 질서, 품질, 정확성에 대한 관심 역량(CO)	26回	12. 팀웍과 협력 역량(TW)	2回
3. 주도성 역량(INT)	3回	13. 팀 리더십 역량(TL)	-
4. 정보 수집 역량(INF)	13回	14. 분석적 사고 역량(AT)	11回
5. 대인 이해 역량(IU)	-	15. 개념적 사고 역량(CT)	3回
6. 고객 지향성 역량(CSO)	1回	16. 기술적/직업적/관리적 전문성 역량(EXP)	13回
7. 영향력 역량(IMP)	-	17. 자기 조절 역량(SCT)	6回
8. 조직인식 역량(OA)	2回	18. 자기 확신 역량(SCF)	25回
9. 관계 형성 역량(RB)	17回	19. 유연성 역량(FLX)	1回
10. 타인 육성 역량(DEV)	-	20. 조직 헌신 역량(OC)	-

본 연구의 평균농업인 역량빈도 분석에서는 전혀 빈도가 나타나지 않는 6개의 역량(대인 이해 역량, 영향력 역량, 타인 육성 역량, 지시 역량, 팀 리더십 역량, 조직 헌신 역량)을 관찰할 수 있었다.

표 3-12. 평균농업인 역량빈도 세부현황

역 량	연구표본	분석빈도	역량점수 (척도×빈도)
I. 성취와 행동 역량군			
1. 성취 지향성 역량(ACH)	23	29	43
A ☞ 성취를 향한 행동의 강도와 완결성	(23)	(29)	(43)
A. 1 주어진 직무를 잘 하려는 욕구를 가진다	23	17	17
A. 2 규정된 기준에 도달하려고 노력한다	23	11	22
A. 4 수행을 개선한다	23	1	4
B ☞ 파급 효과(A 점수가 3점 이상일 경우)	(23)	(1)	(1)
B. 1 개인적 수행	23	1	1
C ☞ 혁신의 정도(A 점수가 3점 이상일 경우)	(23)	(1)	(2)
C. 2 직무나 부문에서 혁신을 시도한다	23	1	2
2. 질서, 품질, 정확성에 대한 관심 역량(CO)	23	26	53
1 업무 공간을 정돈한다	23	2	2
2 질서와 명확성에 대해 일반적인 관심을 보인다	23	21	42
3 자신의 업무를 점검한다	23	3	9
3. 주도성 역량(INT)	23	3	3
A ☞ 시간차원	(23)	(3)	(3)
A. 1 끈기를 발휘한다	23	3	3
B ☞ 자기 동기화, 자발적인 노력의 정도	(23)	(3)	(4)
B. 1 일을 독자적으로 한다	23	2	2
B. 2 가외의 노력을 한다	23	1	2
4. 정보 수집 역량(INF)	23	13	22
1 질문을 한다	23	4	4
2 개인적으로 직접 조사한다	23	9	18
II. 대인 서비스 역량군			
5. 대인 이해 역량(IU)	23	-	-

표 3-12. 계속

역 량	연구표본	분석빈도	역량점수 (척도×빈도)
6. 고객 지향성 역량(CSO)	23	1	2
A ☞ 고객 욕구 중시	(23)	(1)	(2)
A. 2 상호 기대사항에 대해 지속적으로 의사소통한다	23	1	2
B ☞ 주도적으로 타인에게 도움과 서비스 제공	(23)	(1)	(2)
B. 2 일상적인 조치 이상의 도움을 제공한다	23	1	2
III. 영향력 역량군			
7. 영향력 역량(IMP)	23	-	-
8. 조직인식 역량(OA)	23	2	2
A ☞ 조직에 대한 이해의 깊이	(23)	(2)	(2)
A. 1 공식적인 구조를 이해한다	23	2	2
B ☞ 조직인식의 범위(자신이 속한 조직이나 다른 조직)	(23)	(2)	(7)
B. 3 부서	23	1	3
B. 4 사업 본부, 중소 기업의 경우는 전체	23	1	4
9. 관계 형성 역량(RB)	23	17	39
A ☞ 관계의 친밀성 정도	(23)	(17)	(39)
A. 2 업무상의 접촉을 한다	23	12	24
A. 3 때로 격의 없는 접촉을 한다	23	5	15
B ☞ 관계 형성 범위(자신이 속한 조직이나 다른 조직)	(23)	(17)	(31)
B. 1 한 사람	23	3	3
B. 2 업무 단위 또는 프로젝트 팀	23	14	28
IV. 관리 역량군			
10. 타인 육성 역량(DEV)	23	-	-
11. 지시 역량(DIR)	23	-	-
12. 팀웍과 협력 역량(TW)	23	2	4

표 3-12. 계속

역 량	연구표본	분석빈도	역량점수 (척도×빈도)
A ☞ 팀웍 조성의 강도	(23)	(2)	(4)
A. 2 정보를 공유한다	23	2	4
B ☞ 해당 팀의 규모	(23)	(2)	(4)
B. 1 3명 ~ 8명으로 구성된 소규모의 비공식적 집단	23	1	1
B. 3 기존 작업 집단 또는 소규모의 부서	23	1	3
C ☞ 팀웍을 조성하기 위한 노력이나 주도성의 정도	(23)	(2)	(2)
C. 1 일상적인 노력 이상의 조치를 취한다	23	2	2
13. 팀 리더십 역량(TL)	**23**	**-**	**-**
V. 인지 역량군			
14. 분석적 사고 역량(AT)	**23**	**11**	**18**
A ☞ 분석의 복합성	(23)	(11)	(18)
A. 1 문제 분석	23	4	4
A. 2 기본적인 관계를 파악한다	23	7	14
B ☞ 문제의 규모	(23)	(11)	(20)
B. 1 한 사람 내지 두 사람의 업무 수행에 관심	23	3	3
B. 2 소규모 단위 부서의 성과에 관심	23	7	14
B. 3 현안 문제	23	1	3
15. 개념적 사고 역량(CT)	**23**	**3**	**5**
A ☞ 개념의 복합성과 독창성 수준	(23)	(3)	(5)
A. 1 기본적인 규칙을 사용한다	23	1	1
A. 2 패턴을 인식한다	23	2	4
B ☞ 개념적 사고의 범위	(23)	(3)	(4)
B. 1 한 사람 내지 두 사람의 업무 수행에 관심	23	2	2
B. 2 소규모 단위 부서의 성과에 관심	23	1	2
16. 기술적/직업적/관리적 전문성 역량(EXP)	**23**	**13**	**20**
A ☞ 지식의 심도	(23)	(1)	(4)
A. 4 향상된 직업적 지식	23	1	4

표 3-12. 계속

역 량	연구표본	분석빈도	역량점수 (척도×빈도)
B ☞ 관리적 전문성의 범위	(23)	(1)	(2)
B. 2 동질적인 직무 단위/기능	23	1	2
C ☞ 전문성의 습득	(23)	(11)	(14)
C. 1 최신의 기술 지식을 유지한다	23	8	8
C. 2 지식의 기반을 확대한다	23	3	6
VI. 개인 효과성 역량군			
17. 자기 조절 역량(SCT)	**23**	**6**	**15**
2 감정을 조절한다	23	4	8
3 침착하게 대처한다	23	1	3
4 효과적으로 스트레스를 관리한다	23	1	4
18. 자기 확신 역량(SCF)	**23**	**25**	**28**
A ☞ 자기 확신	(23)	(22)	(23)
A. 1 자신을 자신 있게 드러낸다	23	21	21
A. 2 자신을 설득력 있게 또는 인상적으로 드러낸다	23	1	2
B ☞ 실패에 대한 대처	(23)	(3)	(5)
B. 1 책임을 인정한다	23	1	1
B. 2 실수에서 교훈을 얻는다	23	2	4
19. 유연성 역량(FLX)	**23**	**1**	**3**
A ☞ 변화의 폭	(23)	(1)	(3)
A. 3 상황에 맞춰 자신의 단기 전략을 조절한다	23	1	3
B ☞ 행동의 속도	(23)	(1)	(1)
B. 1 사전 검토 및 계획을 거친 장기적 변화	23	1	1
20. 조직 헌신 역량(OC)	**23**	**-**	**-**

(3) 역량별 빈도 경향

① 성취 지향성 역량(ACH) 분석빈도

성공농업인의 경우 타 역량에 비해 가장 높은 역량빈도(총 103 回)를 보였으며, 역량 행동의 척도 수준에서 살펴보면 성취를 향한 행동의 강도와 완결성(A) 부문의 경우 A. 4 : 수행을 개선한다(50 回), 파급 효과(B) 부문의 경우 B. 1 : 개인적 수행(59回), 혁신의 정도(C) 부문의 경우 C. 2 : 직무나 부문에서 혁신을 시도한다(52回)의 행동 양식이 가장 높은 빈도를 보였다.

평균농업인의 경우 역시 타 역량에 비해 가장 높은 역량빈도(총 29回)를 보였으나 타 역량의 빈도와 비교하여 두드러진 역량빈도로 볼 수 없었으며, 역량 행동의 척도 수준에서 살펴보면 성취를 향한 행동의 강도와 완결성(A) 부문의 경우 A. 1 : 주어진 직무를 잘 하려는 욕구를 가진다(17回)의 행동 양식이 가장 높은 빈도를 보였고 파급 효과(B) 부문과 혁신의 정도(C) 부문의 경우는 미미한 역량빈도를 보였다.

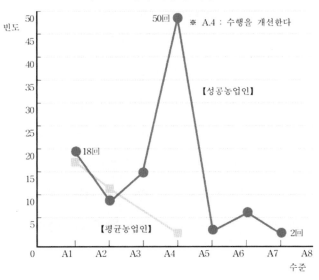

그림 3-1. 성취 지향성 역량(ACH) 빈도

② 질서, 품질, 정확성에 대한 관심 역량(CO) 분석빈도

성공농업인의 경우 총 43回의 역량빈도를 보였으며, 역량 행동의 척도 수준에서 살펴보면 3 : 자신의 업무를 점검한다(31回), 2 : 질서와 명확성에 대해 일반적인 관심을 보인다(8回), 4 : 타인의 업무를 점검한다(4回) 등의 행동 양식 순으로 빈도를 보였다.

평균농업인의 경우 총 26回의 역량빈도를 보였으며, 역량 행동의 척도 수준에서 살펴보면 2 : 질서와 명확성에 대해 일반적인 관심을 보인다(21回)의 행동 양식이 상대적으로 높은 빈도를 보였고 다른 행동 양식은 낮은 역량빈도를 보였다.

그림 3-2. 질서, 품질, 정확성에 대한 관심 역량(CO) 빈도

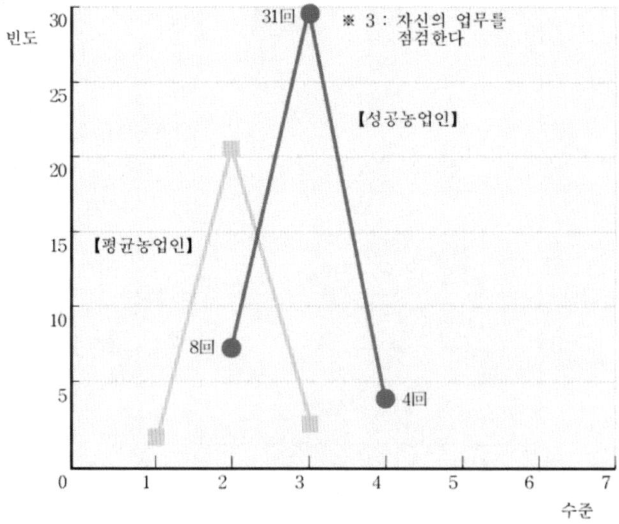

③ 정보수집 역량(INF) 분석빈도

성공농업인의 경우 총 39回의 역량빈도를 보였으며, 역량 행동의 척도 수준에서 살펴보면 4 : 타인을 방문한다(19回), 2 : 개인적으로 직접 조사한다(12回), 3 : 심층적으로 탐색한다(6回) 등의 행동양식 순으로 빈도를 보였다.

그림 3-3. 정보 수집 역량(INF) 빈도

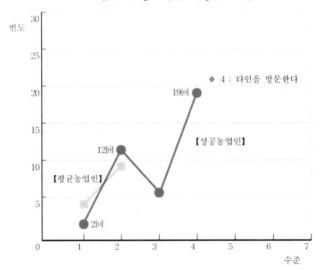

④ 고객 지향성 역량(CSO) 분석빈도

성공농업인의 경우 총 26回의 역량빈도를 보였으며, 역량 행동의 척도 수준에서 살펴보면 고객 욕구 중시(A) 부문의 경우 A. 2 : 상호 기대 사항에 대해 지속적으로 의사소통한다(16回), 주도적으로 타인에게 도움과 서비스 제공(B) 부문의 경우 B. 2 : 일상적인 조치 이상의 도움을 제공한다(18回)의 행동 양식이 가장 높은 빈도를 보였다.

평균농업인의 경우 역량 행동의 척도 수준에서 살펴보면 고객 욕구 중시(A) 부문과 주도적으로 타인에게 도움과 서비스 제공(B) 부문 모두 매우 낮은 역량빈도를 보였다.

그림 3-4. 고객 지향성 역량(CSO) 빈도

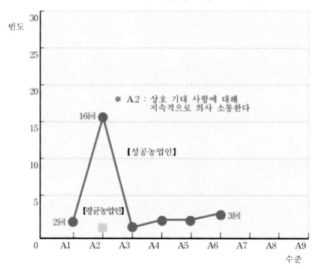

⑤ 관계 형성 역량(RB) 분석빈도

성공농업인의 경우 총 38回의 역량빈도를 보였으며, 역량 행동의 척도 수준에서 살펴보면 관계의 친밀성 정도(A) 부문의 경우 A. 2 : 업무상의 접촉을 한다(21回), A. 3 : 때로 격의 없는 접촉을 한다(11回), A. 4 : 라포(rapport)를 형성한다(5回) 등의 행동 양식 순으로 빈도를 보였다. 관계 형성의 범위(B) 부문의 경우에서는 B. 2 : 업무 단위(25回), B. 1 : 한 사람(11回) 등의 행동 양식 순으로 빈도를 보였다.

평균농업인의 경우 총 17回의 역량빈도를 보였으며, 역량 행동의 척도 수준에서 살펴보면 관계의 친밀성 정도(A) 부문의 경우 A. 2 : 업무상의 접촉을 한다(12回), A. 3 : 때로 격의 없는 접촉을 한다(5回) 등의 행동 양식 순으로 빈도를 보였고, 성공농업인의 경우에서 나타나는 A. 4 : 라포(rapport)를 형성한다는 행동 양식은 빈도가 없었음. 관계 형성의 범위(B) 부문의 경우에서는 B. 2 : 업무 단위(14回), B. 1 : 한 사람(3回) 등의 행동 양식 순으로 빈도를 보였다.

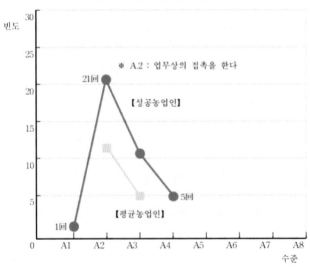

그림 3-5. 관계 형성 역량(RB) 빈도

⑥ 분석적 사고 역량(AT) 분석빈도

성공농업인의 경우 총 33回의 역량빈도를 보였으며, 역량 행동의 척도 수준에서 살펴보면 분석의 복합성(A) 부문의 경우 A. 2 : 기본적인 관계를 파악한다(19回), A. 3 : 다각적인 관계를 파악한다 (13回) 등의 행동 양식 순으로 빈도를 보였다. 문제의 규모(B) 부문의 경우에서는 B. 1 : 한 사람 내지 두 사람의 업무 수행에 관심 (11回), B. 2 : 소규모 단위 부서의 성과에 관심(11回), B. 3 : 현안 문제(11回) 등의 행동 양식이 모두 같은 빈도를 보였다.

평균농업인의 경우 총 11回의 역량빈도를 보였으며, 역량 행동의 척도 수준에서 살펴보면 분석의 복합성(A) 부문의 경우 A. 2 : 기본적인 관계를 파악한다(7回), A. 1 : 문제 분석(4回) 등의 행동 양식 순으로 빈도를 보였다. 문제의 규모(B) 부문의 경우에서는 B. 2 : 소규모 단위 부서의 성과에 관심(7回), B. 1 : 한 사람 내지 두 사람의 업무 수행에 관심(3回) 등의 행동 양식 순으로 빈도를 보였다.

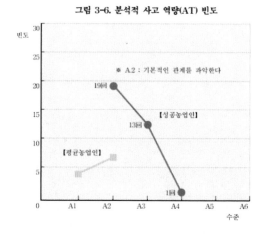

그림 3-6. 분석적 사고 역량(AT) 빈도

⑦ 기술적/직업적/관리적 전문성 역량(EXP) 분석빈도

성공농업인의 경우 총 68回의 역량빈도를 보였으며, 역량 행동의 척도 수준에서 살펴보면 지식의 심도(A) 부문의 경우 A. 5 : 초보적인 전문가(12回), A. 4 : 향상된 직업적 지식(8回) 등의 행동 양식 순으로 빈도를 보였다. 전문성의 습득(C) 부문의 경우에서는 C. 2 : 지식의 기반을 확대한다(14回), C. 1 : 최신의 기술 지식을 유지한다(11回) 등의 행동 양식 순으로 빈도를 보였고, 전문성의 전파(D) 부문의 경우에서는 D. 2 : 기술 지식을 응용해서 부가적인 영향을 준다(6回), D. 1 : 질문에 답해 주는 수준(3回) 등의 행동 양식 순으로 빈도를 보였다.

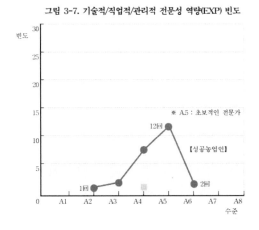

그림 3-7. 기술적/직업적/관리적 전문성 역량(EXP) 빈도

⑧ 자기 확신 역량(SCF) 분석빈도

성공농업인의 경우 성취 지향성 역량(ACH) 다음으로 높은 역량 빈도(총 88回)를 보였으며, 역량 행동의 척도 수준에서 살펴보면 자기 확신(A) 부문의 경우 A. 2 : 자신을 설득력 있게 또는 인상적으로 드러낸다(38回), A. 1 : 자신을 자신 있게 드러낸다(25回), A. 3 : 자신의 능력에 대해 확신을 표시한다(14回) 등의 행동 양식 순으로 빈도를 보였다. 실패에 대한 대처(B) 부문의 경우에서는 B. 1 : 책임을 인정한다(4回), B. 2 : 실수에서 교훈을 얻는다(3回) 등의 행동 양식 순으로 빈도를 보였다.

평균농업인의 경우 총 25回의 역량빈도를 보였으며, 역량 행동의 척도 수준에서 살펴보면 자기 확신(A) 부문의 경우 A. 1 : 자신을 자신 있게 드러낸다(21回)의 행동 양식이 빈도를 보였고 그 밖의 타 부문 행동 양식과 역량 행동의 척도 수준은 성공농업인의 경우에 비하여 매우 낮은 빈도를 보였다.

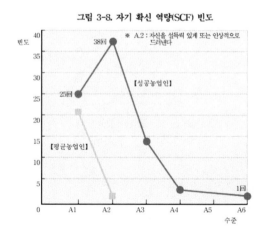

그림 3-8. 자기 확신 역량(SCF) 빈도

⑨ 유연성 역량(FLX) 분석빈도

성공농업인의 경우 총 35回의 역량빈도를 보였으며, 역량 행동의 척도 수준에서 살펴보면 변화의 폭(A) 부문의 경우 A. 3 : 상황이나 타인의 반응에 맞춰 자신의 단기 전략을 조절한다(25回), A. 4 : 자신의 장기적 전략, 목표, 혹은 프로젝트를 상황에 맞게 조정한다(9回) 등의 행동 양식 순으로 빈도를 보였음. 행동의 속도(B) 부문의 경우에서는 B. 1 : 사전 검토 및 계획을 거친 장기적 변화(30回), B. 2 : 단기적 계획을 거친 변화(4回) 등의 행동 양식 순으로 빈도를 보였다.

평균농업인의 경우 역량 행동의 척도 수준에서 살펴보면 변화의 폭(A) 부문과 행동의 속도(B) 부문 모두 매우 낮은 역량빈도를 보였다.

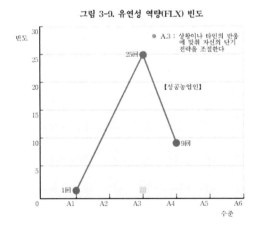

그림 3-9. 유연성 역량(FLX) 빈도

⑩ 기타

다른 역량들의 분석빈도에 있어서도 역량 행동의 척도 수준에서 살펴보면, 성공농업인이 평균농업인에 비해 공통으로 높은 행동 양식 빈도를 보였다.

(4) 역량별 최고수준 사례

① 성취 지향성 역량(ACH) 사례

ㅇ 성취 지향성 역량(ACH)의 경우 성취를 향한 행동의 강도와 완결성(A) 부문은 역량 행동의 척도 수준이 『A. 1~A. 8』 단계로 구성되어 있으며, 본 연구의 역량 행동 최고수준은 "A. 7 : 계산된 기업가적 모험을 한다"에 성공농업인이 2回의 빈도를 보였음.

<사 례 내 용>

※ 저는 그때 장뇌삼을 조금씩 심은 게 아니라 능선, 땅, 활엽수 밑 등에 심으라고 교육을 받았는데 저는 그렇게만 하는 게 아니라 침엽수 밑에, 낙엽송 단지나 잣나무 밑에, 양지에, 능선에, 계곡 옆에 이렇게 실험적으로 다 심었어요. 이렇게 해서 저 나름대로는 이걸 해서 꼭 돈을 번다는 생각이 있었습니다. (사례 1)

ㅇ 사례瞢의 역량 행동 척도 수준을 점수(10점 기준)로 환산한 역량 현황

그림 3-10. 개인별 주요역량 현황(사례 1)

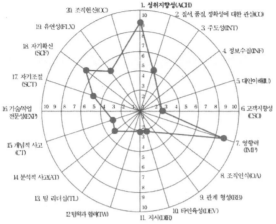

② 질서, 품질, 정확성에 대한 관심 역량(CO) 사례

ㅇ 질서, 품질, 정확성에 대한 관심 역량(CO)의 경우 역량 행동의 척도 수준이 『1~7』 단계로 구성되어 있으며, 본 연구의 역량 행동 최고수준은 "4 : 타인의 업무를 점검한다"에 성공농업인이 4回의 빈도를 보였다.

<사례 내용>

※ 게르마늄 비료를 3포에서 5포 이상을 써야 된다, 이게 강제조항입니다. 작목반원 규칙입니다. 작목반을 가입하려면 이것을 의무화하고 있습니다. 사용하지 않으면 제명입니다. (사례 2)

ㅇ 사례者의 역량 행동 척도 수준을 점수(10점 기준)로 환산한 역량 현황

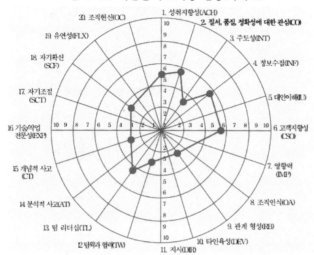

그림 3-11. 개인별 주요역량 현황(사례 2)

③ 정보수집 역량(INF) 사례

ㅇ 정보수집 역량(INF)의 경우 역량 행동의 척도 수준이 『1~7』 단계로 구성되어 있으며, 본 연구의 역량 행동 최고수준은 "4 : 타인을 방문한다"에 성공농업인이 19回의 빈도를 보였다.

<사례내용>

※ 농업벤처박람회 같은 데 가면 다양한 사람들이 옵니다. 농업인만 받는 교육이 아니고 농수산 홈쇼핑 사장부터 시작해서 공무원, 유통하시는 분, 무역하시는 분, 또 농업인도 쌀만 하는 게 아니고 또 여러 가지 다 하는 분들이 오기 때문에 거기서 서로 얘기를 주고받고 하다 보면 그게 더 큰 정보 교환이 되는 거예요. (사례 3)

ㅇ 사례첨의 역량 행동 척도 수준을 점수(10점 기준)로 환산한
역량 현황

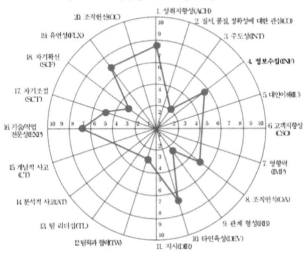

그림 3-12. 개인별 주요역량 현황(사례 3)

④ 고객 지향성 역량(CSO) 사례

ㅇ 고객 지향성 역량(CSO)의 경우 고객 욕구 중시(A) 부문은 역
량 행동의 척도 수준이 『A. 1~A. 9』 단계로 구성되어 있으며, 본
연구의 역량 행동 최고수준은 "A. 6 : 근본적인 욕구를 중시한다"
에 성공농업인이 3回의 빈도를 보였다.

<사례 내용>

※ 농산물을 생산해서 시장에 내는 것도 중요하지만 지금은 소비자 기준에 맞춰서 팔아야 되거든요. 소비자가 뭘 요구하는지 그걸 파악을 하고, 거기에 맞춰서 나가야 된다는 거죠. (사례 4)

ㅇ 사례첢의 역량 행동 척도 수준을 점수(10점 기준)로 환산한 역량 현황

그림 3-13. 개인별 주요역량 현황(사례 4)

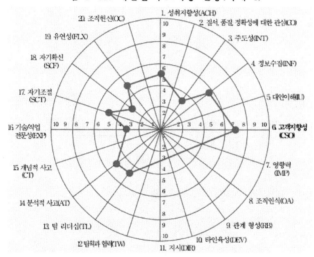

⑤ 관계 형성 역량(RB) 사례

ㅇ 관계 형성 역량(RB)의 경우 관계의 친밀성 정도(A) 부문은 역량 행동의 척도 수준이 『A. 1~A. 8』 단계로 구성되어 있으며, 본 연구의 역량 행동 최고수준은 "A. 4 : 라포(rapport)를 형성한다"에 성공농업인이 5回의 빈도를 보였다.

<사례내용>

※ 강사분은 별도로 우리가 정범윤 씨를 초빙하고 있습니다. 그 분하고 저하고 30년 호형호제 하는 사이입니다. (사례 5)

ㅇ 사례촉의 역량 행동 척도 수준을 점수(10점 기준)로 환산한 역량 현황

그림 3-14. 개인별 주요역량 현황(사례 5)

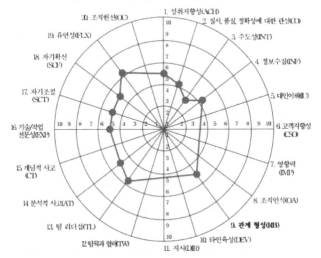

⑥ 분석적 사고 역량(AT) 사례

ㅇ 분석적 사고 역량(AT)의 경우 분석의 복합성(A) 부문은 역량 행동의 척도 수준이 『A. 1~A. 6』 단계로 구성되어 있으며, 본 연구의 역량 행동 최고수준은 "A. 4 : 복합적인 계획을 세우거나 분석한다"에 성공농업인이 1回의 빈도를 보였다.

<사례 내용>

※ 저도 나름대로 제 집사람이 한다고 그래서 처음부터 제가 뛰어들었던 건 당연히 아니죠. 몇 년 동안 저도 가능성을 봤거든요. 그러니까 어떻게 보면 신세계 백화점 본점에다 했던 것도 나름대로는 그래도 이 정도면 가능성이 있다. 경쟁력이 있다고 본 거죠. (사례 6)

o 사례者의 역량 행동 척도 수준을 점수(10점 기준)로 환산한 역량 현황

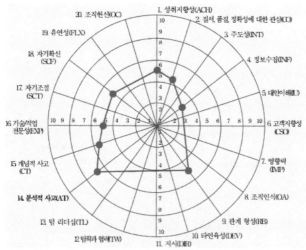

그림 3-15. 개인별 주요역량 현황(사례 6)

⑦ 기술적/직업적/관리적 전문성 역량(EXP) 사례

o 기술적/직업적/관리적 전문성 역량(EXP)의 경우 지식의 심도
(A) 부문은 역량 행동의 척도 수준이 『A. 1~A. 8』 단계로

구성되어 있으며, 본 연구의 역량 행동 최고수준은 "A. 6 : 노련한 전문가"에 성공농업인이 2回의 빈도를 보였다.

<사례내용>

※ 설계회사 하시는 분들 또 대학교수님들, 관공서 과장님들 뭐 이런 분들이 이 날은 오는 거예요. 그래서 이날은 제가 강의하는 날입니다. 이분들 모셔 놓고 제가 우리 식물이 어떻고 어떻게 조경을 해야 되고 이런 걸 강의를 해요. 왜냐하면 교수님들 앞에서도 그게 왜 통하나 하면 우리나라에 이런 걸 공부하신 분들이 많지 않아요. (사례 7)

ㅇ 사례者의 역량 행동 척도 수준을 점수(10점 기준)로 환산한 역량 현황

그림 3-16. 개인별 주요역량 현황(사례 7)

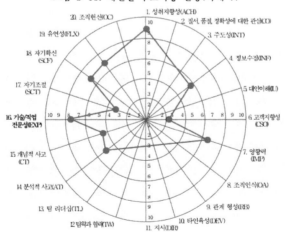

⑧ 자기 확신 역량(SCF) 사례

ㅇ 자기 확신 역량(SCF)의 경우 자기 확신(A) 부문은 역량 행동의 척도 수준이 『A. 1~A. 6』 단계로 구성되어 있으며, 본 연구의 역량 행동 최고수준은 "A. 6 : 자신을 지극히 도전적인 상황으로 내던진다"에 성공농업인이 1回의 빈도를 보였다.

<사례 내용>

※ 계란 노른자를 진하게 하는 색소를 먹여서 색깔을 진하게 해달라고 합니다.

지금 시중에 유통되고 있는 계란들이 아무리 좋아도 저는 NO입니다. 저는 알 한 톨 못 팔아도 그 짓은 못 합니다. 노른자 색깔 진하게 하는 그 약 못 먹입니다. (사례 8)

ㅇ 사례者의 역량 행동 척도 수준을 점수(10점 기준)로 환산한 역량 현황

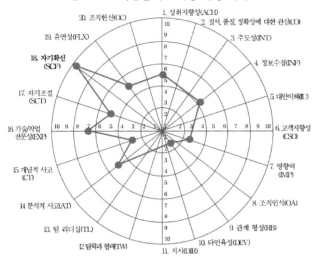

그림 3-17. 개인별 주요역량 현황(사례 8)

⑨ 유연성 역량(FLX) 사례

ㅇ 유연성 역량(FLX)의 경우 변화의 폭(A) 부문은 역량 행동의 척도 수준이 『A. 1~A. 6』단계로 구성되어 있으며, 본 연구의 역량 행동 최고수준은 "A. 4 : 자신의 장기적 전략, 목표, 혹은 프로젝트를 상황에 맞게 조정한다"에 성공농업인이 9回의 빈도를 보였다.

<사례 내용>

※ 김치냉장고가 나오고 하니까 배추 농사가 안 되겠다 하는 생각이 들었지요. 지금까지 배추만 해도 먹고 살았는데 사과를 해 가지고 내가 더 고생해서 뭐 하겠나 이런 생각과 고심을 많이 했어요. 품목 전환하기에 무척 고민을 했습니다. (사례 9)

ㅇ 사례훑의 역량 행동 척도 수준을 점수(10점 기준)로 환산한
역량 현황

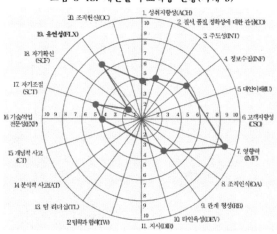

그림 3-18. 개인별 주요역량 현황(사례 9)

7. 핵심역량 도출

(1) 농업인 역량별 차이 분석

□ 성공농업인 33명과 평균농업인 23명의 연구표본에 대한 역량
점수(척도 수준×역량빈도)를 부여하여 20개 역량과 각 역량별 척도
수준에서 분석한 결과, 농업인별(성공농업인, 평균농업인) 및 역량
별(20개 역량)로 다음 표 및 그림과 같은 점수 차이를 분석할 수
있었다.

표 3-13. 농업인 역량점수 현황

역 량 명	평 균 농업인	성 공 농업인	역 량 명	평 균 농업인	성 공 농업인
1. 성취 지향성 역량(ACH)	43	346	11. 지시 역량(DIR)	-	6
2. 질서, 품질, 정확성 관심 역량(CO)	53	125	12. 팀워과 협력 역량(TW)	4	19
3. 주도성 역량(INT)	3	49	13. 팀 리더십 역량(TL)		14
4. 정보 수집 역량(INF)	22	120	14. 분석적 사고 역량(AT)	18	81
5. 대인 이해 역량(IU)		2	15. 개념적 사고 역량(CT)	5	52
6. 고객 지향성 역량(CSO)	2	73	16. 기술적/작업적/관리적 전문성 역량(EXP)	20	189
7. 영향력 역량(IMP)	-	67	17. 자기 조절 역량(SCT)	15	70
8. 조직인식 역량(OA)	2	6	18. 자기 확신 역량(SCF)	28	171
9. 관계 형성 역량(RB)	39	96	19. 유연성 역량(FLX)	3	112
10. 타인 육성 역량(DEV)	-	38	20. 조직 헌신 역량(OC)	-	11

그림 3-19. 농업인 역량점수 현황

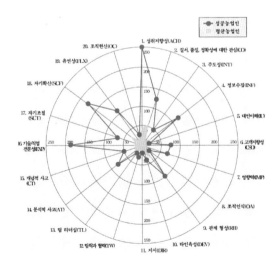

표 3-14. 계속

역 량	역량점수(척도×빈도)	
	평균농업인	성공농업인
A. 2 당면한 기회나 문제를 처리한다		10
A. 3 위기에 직면해서 단호한 입장을 취한다		27
A. 4 2개월 앞을 내다보고 행동을 개시한다		4
A. 8 5년 내지 10년 앞을 예상하고 행동을 취한다		8
B ☞ 자기 동기화, 자발적인 노력의 정도	(4)	(38)
B. 1 일을 독자적으로 한다	2	
B. 2 가외의 노력을 한다	2	24
B. 3 요구된 업무 이상을 한다		6
B. 4 요구된 업무보다 훨씬 많은 것을 한다		8
4. 정보 수집 역량(INF)	**22**	**120**
1 질문을 한다	4	2
2 개인적으로 직접 조사한다	18	24
3 심층적으로 탐색한다		18
4 타인을 방문한다		76
Ⅱ. 대인 서비스 역량군		
5. 대인 이해 역량(IU)	**-**	**2**
A ☞ 대인 이해의 심도		(2)
A. 2 감정과 진의를 모두 파악하고 있다		2
B ☞ 경청과 반응		(2)
B. 2 적극적으로 경청 기회를 찾는다		2
6. 고객 지향성 역량(CSO)	**2**	**73**
A ☞ 고객 욕구 중시	(2)	(73)
A. 1 후속 조치를 취한다		2
A. 2 상호 기대 사항에 대해 지속적으로 의사 소통한다	2	32
A. 3 개인적으로 책임을 진다		3
A. 4 언제든 고객요구에 대응할수 있는 준비를 갖추고 있다		8
A. 5 일이 더 잘 되도록 행동을 취한다		10

표 3-14. 계속

역 량	역량점수(척도×빈도)	
	평균농업인	성공농업인
A. 6 근본적인 욕구를 중시한다		18
B ☞ 주도적으로 타인에게 도움과 서비스 제공	(2)	(52)
B. 1 일상적이거나 꼭 필요한 행동을 취한다		4
B. 2 일상적인 조치 이상의 도움을 제공한다	2	36
B. 3 상대방 욕구충족을 위해 상당한 추가 노력을 한다		12
Ⅲ. 영향력 역량군		
7. 영향력 역량(IMP)	**-**	**67**
A ☞ 타인에게 영향력을 행사하려는 의도를 가진 행동		(67)
A. 1 의도는 있지만 구체적인 행동을 취하지 않는다		1
A. 2 설득을 위해 한 가지 행동만을 취한다		4
A. 4 행동이나 말의 영향을 미리 고려한다		8
A. 5 극적인 행동을 고려한다		5
A. 7 세가지 행동을 취하거나 간접적인 영향력을 행사한다		49
B ☞ 영향력, 이해, 네트워크의 범위		(52)
B. 2 업무 단위 또는 프로젝트 팀		10
B. 3 부서		9
B. 6 시 행정부, 시 정치 조직, 시 전문 조직		12
B. 7 주 정부, 주 정치 조직, 주 전문 조직		21
8. 조직인식 역량(OA)	**2**	**6**
A ☞ 조직에 대한 이해의 깊이	(2)	(6)
A. 1 공식적인 구조를 이해한다	2	3
A. 3 풍토와 문화를 이해한다		3
B ☞ 조직 인식의 범위	(7)	(13)
B. 2 업무 단위 또는 프로젝트 팀		2
B. 3 부서	3	3
B. 4 사업 본부, 중소 기업의 경우는 전체	4	8
9. 관계 형성 역량(RB)	**39**	**96**

표 3-14. 계속

역 량	역량점수(척도×빈도)	
	평균농업인	성공농업인
A ☞ 관계의 친밀성 정도	(39)	(96)
A. 1 초대를 수용한다		1
A. 2 업무상의 접촉을 한다	24	42
A. 3 때로 격의 없는 접촉을 한다	15	33
A. 4 라포(rapport)를 형성한다		20
B ☞ 관계 형성의 범위	(31)	(67)
B. 1 한 사람	3	11
B. 2 업무 단위 또는 프로젝트 팀	28	50
B. 3 부서		6
IV. 관리 역량군		
10. 타인 육성 역량(DEV)	-	**38**
A ☞ 타인을 육성하려는 성향의 강도 및 육성 행위 완성도		(38)
A. 1 타인에 대해 긍정적인 기대감을 표시한다		1
A. 2 상세한 지시를 내리거나 현장에서 시범을 보여준다		6
A. 3 이유를 제시하거나 그 밖의 지원을 제공한다		9
A. 4 타인을 육성할 목적으로 구체적 피드백을 제공한다		4
A. 6 장기적 관점에서 코치하거나 훈련을 시킨다		18
B ☞ 육성한 사람들의 수와 그들의 지위		(20)
B. 1 한 명의 부하 직원		3
B. 2 여러 명의 부하 직원		14
B. 3 다수의 부하직원		3
11. 지시 역량(DIR)	-	**6**
A ☞ 지시의 강도		(6)
A. 2 상세하게 지시를 내린다		6
B ☞ 지시의 범위와 그들의 지위		(7)
B. 2 여러 명의 부하 직원		4
B. 3 다수의 부하직원		3

표 3-14. 계속

역 량	역량점수(척도×빈도)	
	평균농업인	성공농업인
12. 팀워과 협력 역량(TW)	**4**	**19**
A ☞ 팀워 조성의 강도	(4)	(19)
A. 1 협조적		1
A. 2 정보를 공유한다	4	12
A. 3 긍정적인 기대감을 표시한다		6
B ☞ 해당 팀의 규모	(4)	(13)
B. 1 3명~8명으로 구성된 소규모의 비공식적 집단	1	7
B. 3 기존 작업 집단 또는 소규모의 부서	3	6
C ☞ 팀워을 조성하기 위한 노력이나 주도성의 정도	(2)	(10)
C. 1 일상적인 노력 이상의 조치를 취한다	2	8
C. 2 일상적인 수준보다 훨씬 많은 조치를 취한다		2
13. 팀 리더십 역량(TL)	**-**	**14**
A ☞ 리더십 역량의 강도		(14)
A. 2 정보를 제공한다		4
A. 3 권한을 공정하게 사용한다		6
A. 4 팀의 효과를 높인다		4
B ☞ 해당 팀의 규모		(15)
B. 2 태스크 포스나 임시 편성 팀		2
B. 3 기존 작업 집단 또는 소규모의 부서		9
B. 4 대규모의 부서 전체		4
C ☞ 리더십을 조성하기 위한 노력이나 주도성의 정도		(8)
C. 1 일상적인 노력 이상의 조치를 취한다		3
C. 2 일상적인 수준보다 훨씬 많은 조치를 취한다		2
C. 3 엄청난 노력을 기울인다		3
V. 인지 역량군		
14. 분석적 사고 역량(AT)	**18**	**81**
A ☞ 분석의 복합성	(18)	(81)
A. 1 문제 분석	4	

표 3-14. 계속

역 량	역량점수(척도×빈도)	
	평균농업인	성공농업인
A. 2 기본적인 관계를 파악한다	14	38
A. 3 다각적인 관계를 파악한다		39
A. 4 복합적인 계획을 세우거나 분석한다		4
B ☞ 문제의 규모	(20)	(66)
B. 1 한 사람 내지 두 사람의 업무 수행에 관심	3	11
B. 2 소규모 단위 부서의 성과에 관심	14	22
B. 3 현안 문제	3	33
15. 개념적 사고 역량(CT)	**5**	**52**
A ☞ 개념의 복합성과 독창성 수준	(5)	(52)
A. 1 기본적인 규칙을 사용한다	1	
A. 2 패턴을 인식한다	4	42
A. 3 복잡한 개념을 응용한다		6
A. 4 복잡한 것을 단순화시킨다		4
B ☞ 개념적 사고의 범위	(4)	(59)
B. 1 한 사람 내지 두 사람의 업무 수행에 관심	2	2
B. 2 소규모 단위 부서의 성과에 관심	2	20
B. 3 현안 문제		33
B. 4 전체적인 업무 성과를 고려한다		4
16. 기술적/직업적/관리적 전문성 역량(EXP)	**20**	**189**
A ☞ 지식의 심도	(4)	(112)
A. 2 기초 지식		2
A. 3 직업적 지식		6
A. 4 향상된 직업적 지식	4	32
A. 5 초보적인 전문가		60
A. 6 노련한 전문가		12
B ☞ 관리적 전문성의 범위	(2)	(10)
B. 2 동질적인 직무 단위/기능	2	10
C ☞ 전문성의 습득	(14)	(45)
C. 1 최신의 기술 지식을 유지한다	8	11

표 3-14. 계속

역 량	역량점수(척도×빈도)	
	평균농업인	성공농업인
C. 2 지식의 기반을 확대한다	6	28
C. 3 새로운 지식 혹은 다른 종류의 지식을 획득한다		6
D ☞ 전문성의 전파		(22)
D. 1 질문에 답해 주는 수준		3
D. 2 기술 지식을 응용해서 부가적인 영향을 준다		12
D. 3 기술적인 도움을 제공한다		3
D. 4 새로운 기술을 옹호하고 보급한다		4
VI. 개인 효과성 역량군		
17. 자기 조절 역량(SCT)	**15**	**70**
1 유혹을 물리친다		2
2 감정을 조절한다	8	4
3 침착하게 대처한다	3	54
4 효과적으로 스트레스를 관리한다	4	
5 건설적으로 대응한다		10
18. 자기 확신 역량(SCF)	**28**	**171**
A ☞ 자기 확신	(23)	(161)
A. 1 자신을 자신 있게 드러낸다	21	25
A. 2 자신을 설득력 있게 또는 인상적으로 드러낸다	2	76
A. 3 자신의 능력에 대해 확신을 표시한다		42
A. 4 확신에 찬 주장을 정당화한다		12
A. 6 자신을 지극히 도전적인 상황으로 내던진다		6
B ☞ 실패에 대한 대처	(5)	(10)
B. 1 책임을 인정한다	1	4
B. 2 실수에서 교훈을 얻는다	4	6
19. 유연성 역량(FLX)	**3**	**112**
A ☞ 변화의 폭	(3)	(112)
A. 1 상황을 객관적으로 본다		1

표 3-14. 계속

역 량	역량점수(척도×빈도)	
	평균농업인	성공농업인
A. 3 상황이나 타인의 반응에 맞춰 자신의 단기 전략을 조절한다	3	75
A. 4 자신의 장기적 전략, 목표, 혹은 프로젝트 를 상황에 맞게 조정한다		36
B ☞ 행동의 속도	(1)	(41)
B. 1 사전 검토 및 계획을 거친 장기적 변화	1	30
B. 2 단기적 계획을 거친 변화		8
B. 3 급속한 변화		3
20. 조직 헌신 역량(OC)	-	**11**
2 "조직원의 행동 양식"의 모범을 보인다		4
3 목적의식 - 조직에 대한 헌신이 명백히 드러 나는 수준		3
4 개인적인 또는 직업적인 희생을 감수한다		4

(2) 핵심역량 도출

□ 성공농업인 33명과 평균농업인 23명의 연구표본에 대한 역량 빈도, 빈도 경향, 최고수준 사례, 역량점수 차이 등을 20개 역량과 각 역량별 척도 수준에서 분석한 결과를 종합적으로 고려하여 9개 역량을 『성공농업인 핵심역량』으로 도출하였다.

표 3-15. 성공농업인 핵심역량 현황

핵 심 역 량	분석빈도	역량점수	최고수준	척도단계
성취 지향성(ACH)	103회	346점	A. 7	A 1 ~ A 8
기술적/직업적/관리적 전문성(EXP)	68회	189점	A. 6	A 1 ~ A 8
자기확신(SCF)	88회	171점	A. 6	A 1 ~ A 6
질서, 품질, 정확성에 대한 관심(CO)	43회	125점	4	1 ~ 7
정보수집(INF)	39회	120점	4	1 ~ 7
유연성(FLX)	35회	112점	A. 4	A 1 ~ A 6
관계형성(RB)	38회	96점	A. 4	A 1 ~ A 8
분석적 사고(AT)	33회	81점	A. 4	A 1 ~ A 6
고객 지향성(CSO)	26회	73점	A. 6	A 1 ~ A 9

그림 3-20. 성공농업인 핵심역량 점수 구성비

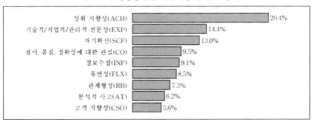

성취 지향성(ACH) 26.4%
기술적/직업적/관리적 전문성(EXP) 14.4%
자기확신(SCF) 13.0%
질서, 품질, 정확성에 대한 관심(CO) 9.5%
정보수집(INF) 9.1%
유연성(FLX) 8.5%
관계형성(RB) 7.3%
분석적 사고(AT) 6.2%
고객 지향성(CSO) 5.6%

□ 성공농업인 핵심역량은 "Lyle M. Spencer"가 밝힌 『역량의 5가지 유형』에 따라 동기(Motives), 특질(Traits), 자기개념(Self-concept), 지식(Knowledge), 기술(Skill) 역량으로 구분할 수 있으며 다음과 같은 역량 간의 관계 구조를 가지고 있다.

표 3-16. 성공농업인 핵심역량 유형

역량유형	핵심역량	비고
동 기 (Motives)	성취 지향성(ACH)	내면적 특성
특 질 (Traits)	질서, 품질, 정확성에 대한 관심(CO)	
자기개념 (Self-concept)	자기확신(SCF), 유연성(FLX), 관계형성(RB), 고객지향성(CSO)	
지 식 (Knowledge)	기술적/직업적/관리적 전문성(EXP), 정보수집(INF)	표면적 특성
기 술 (Skill)	분석적 사고(AT)	

그림 3-21. 성공농업인 핵심역량 구조도

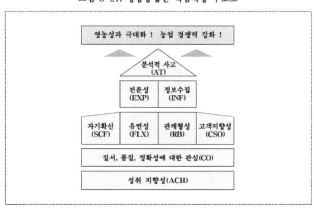

제2절
치유산업법인의 경제적 성공조건

1. 재무제표는 건강진단서

땀을 흘려 농사를 지어 수확물을 많이 팔아도 남는 돈이 없으면 사업은 힘들 수밖에 없다. 가끔 신문지상에 흑자도산(黑字倒産)이라는 말을 볼 수 있다. 사업을 하여 이익을 냈는데 망했다는 앞, 뒤가 맞지 않는 말이지만 자주 듣는 말이다. 또한 농가는 수천만 원에서 수억 원을 투자하여 비닐하우스, 유리온실 등을 설치하고 고가의 농기계를 사용하여 농업경영을 하고 있다.

사업이 성공하려면 자신이 경영하고 있는 농장의 상태를 정확하게 파악하여야 함은 물론, 사업계획을 수립하기 위해서는 반드시 숫자로 표현하여 구체적인 정보를 파악하여야 한다. 특히 사업은 거래하는 상대방이 있음으로 상대방의 정보도 자세하게 숫자로 알고 있어야 거래의 위험을 피할 수 있다. 이처럼 숫자화 된 정보인 손익계산서, 재무상태표, 현금흐름표를 재무제표라 한다.

가. 손익계산서의 의의

손익계산서는 회사가 한 회계 기간 동안 벌어들인 총수익에서 수익을 얻기 위해서 쓴 비용을 차감해 이익이 얼마나 발생했는지를 보여주는 것이다. 말하자면 회사의 성과를 이익으로 보여주는 일종의 경영성적표 또는 경영성과보고서로서 수익, 비용, 이익이 손익계산서의 구성요소이다.

손익계산서는 목표이익을 달성해야 할 책임을 지는 경영자는 물론, 회사가 벌어들인 이익을 장차 배당금이나 주가 상승을 통해 누리게 될 주주에게도 매우 중요한 재무제표이다.

나. 손익계산서의 구조

회사가 수익을 얻는 방법은 크게 영업 활동을 통한 영업수익과 영업과 무관한 영업 외 수익으로 나뉜다. 영업수익을 회계에서는 매출액이라고 하므로 수익은 크게 매출액과 영업 외 수익으로 나뉘는 셈이다.

비용 또한 영업수익에 대응해 발생하는 영업비용과 영업 외 비용으로 나뉜다. 영업비용을 회계에서는 매출원가, 판매비와 일반관리비라고 하므로 비용은 매출원가, 판매비와 일반관리비 그리고 영업 외 비용으로 나뉘는 셈이다.

매출원가는 상품(제품)의 기초재고액에 당기의 제품제조원가(매입액)를 더한 다음 기말 재고액을 빼서 계산한다. 손익계산서에 표시된 당기 제품제조원가의 구체적인 내역은 제조원가명세서에 나와 있다.

다. 손익계산서의 계산 절차

손익계산서를 순서대로 정리해본다. 우선 매출액에서 매출원가를 차감하면 매출총이익이 나온다. 매출총이익은 제품의 판매를 통해 남긴 이익을 의미하는 것으로 일종의 제품 마진이라고 이해하면 된다. 예를 들어 원가가 10만 원인 제품을 12만 원에 매출했다면 2만 원이 매출(총)이익인 셈이다. 그러나 영업비용에는 제품원가 이외도 여러 가지 판매비와 관리비 등이 소요되는데 이런 비용을 차감하면 영업이익이 계산된다. 이런 회사의 고유 활동인 영업을 통해 벌어들인 돈이므로 가장 중요한 수익성 지표라고 할 수 있다. 영업이익에다 영업 활동과는 전혀 관계없이 발생한 영업 외 수익을 더하고 영업 외 비용을 빼면 법인세비용 차감 전 순이익이 계산된다. 여기서 법인세비용을 빼면 최종적인 당기순이익이 계산되는데 최종적인 당기순이익은 주주의 몫이므로 이를 주주순이익이라고 표현한다.

손익계산서에 표시되는 이익은 매출총이익, 영업이익, 법인세비용차감 전 순이익, 당기순이익 등 모두 4가지이며, 각각의 의미 또한 모두 다르다는 점을 알아야 한다.

2. 손익계산서의 강점

또 하나 알아둬야 할 것은 손익계산서의 수치는 한 회계 기간 동안 발생한 금액의 합계치이므로 결산일 현재의 잔액을 표시하는 재무상태표와는 다르다는 점이다. 그리고 모든 수익과 비용은 현금 기준이 아닌 발생기준에 따라 기록되기 때문에 당기순이익은 한 회계 기간 동안 발생한 이익으로서 현금흐름액과는 전혀 무관한 발생주의에 따른 경영 성과치라는 점을 알아야 한다.

가. 손익계산서에서 확인할 수 있는 것

(1) 성장 가능성

회사가 계속 성장하고 있는지, 정체 상태인지 알 수 있다. 이는 지난해 대비 매출증가율이 어느 정도인지로 따져볼 수 있다. 그리고 동종업계에 속해 있는 회사의 매출액과 비교해 시장점유율이 어느 정도인지도 파악할 수 있다.

(2) 비용관리의 효율성

회사의 비용관리가 제대로 이루어지고 있는지 알 수 있다. 회사가 이익을 높이기 위해서는 당연히 수익을 늘려야겠지만, 비용관리를 효율적으로 하지 못한다면 아무리 매출이 증가하더라도 이익은 늘어날 수 없다. 매출액에 대한 매출원가 또는 판매관리비와 관리비의 비율을 전년도와 비교해 보면 비용관리의 효율성을 체크할 수 있다.

(3) 영업, 재무활동의 성과

회사의 영업 활동 및 재무활동의 성과를 알 수 있다. 영업 활동의 성과는 영업이익의 크기나 매출액 대비 영업이익의 비율(매출액 영업이익률)을 통해 알 수 있으며, 재무활동의 성과는 영업 외 수익과 영업 외 비용에 의해 나타나므로 영업이익과 법인세(비용) 차감 전 순이익의 비교를 통해 알 수 있다. 예를 들어 영업이익에 비해 법인세 차감 전 순이익이 늘어났다면 재무활동의 성과가 좋았음을 의미한다.

(4) 경영성과

당해연도의 경영성과를 알 수 있다. 경영성과의 지표는 당기순이익이지만 여기에는 재무적인 활동의 결과도 포함되어 있으므로 영업 활동에 의한 경영성과지표는 영업이익이라고 보아야 한다. 영업이익의 크기와 영업이익률은 회사의 장기적인 수익력을 나타내는 가장 중요한 지표이다.

나. 손익계산서 양식

	과　목	1월	2	3	4	5	6	7	8	9	10	11	12
1	매출액												
	상품매출액												
	수수료 수입												
2	매출원가												
	원재료매입액												
	직원급여												
	여비교통비												

	접대비													
	급식비													
	차량유지비													
	사무용품비													
	광고선전비													
	도서인쇄비													
	통신비													
	복리후생비													
	기타													
3	매출총이익(1-2)													
4	판매관리비													
	감가상각비													
	직원급여													
	일반관리비													
5	영업이익(3-4)													
6	영업 외 수익													
	이자수익													
	잡이익													
7	영업 외 비용													
	이자 비용													
	기부금													
8	세전 이익(5+6-7)													
9	법인세 등													
	법인세 등													
10	당기순이익(8-9)													

3. 재무상태표의 실재

손익계산서가 경영성과를 보여주는 재무보고서라면, 재무상태표는 재무상태를 보여주는 재무보고서이다. 여기서 재무상태란 회사가 가지고 있는 자산, 부채, 자본의 결산일 현재 잔액 상태를 의미하는 것이다. 말하자면 재무상태표는 '재무상태보고서'인 셈이다. 자산, 부채, 자본의 잔액은 매일 매일 변하는데, 재무상태표에 표시된 금액은 결산일 현재의 잔액을 의미한다.

가. 재무상태표의 구조

재무상태표는 크게 차변의 자산과 대변의 부채 및 자본으로 구성되어 있다. 대변의 부채와 자본은 기업자금의 조달 및 원천을 보여주는 것으로, 기업 활동에 필요한 자금이 어디서 얼마나 조달되었는지를 나타낸다. 그리고 이렇게 조달된 자금이 어떻게 운용되고 있는지는 차변의 각 자산계정이 보여준다. 조달된 자금은 현재 운용되고 있는 자산의 합계액과 일치해야 하므로 '자산총액=부채총액+자본총액'이라는 등식이 성립된다.

여기서 부채는 반드시 갚아야 하는 자금으로서 타인자본이라고 하며, 자본은 주주로부터 조달된 자금으로서 상환할 필요가 없으므로 자기자본이라고 한다. 총자본이란 부채를 포함한 모든 자본을 뜻하므로 총자산과 같은 것이지만, 순자산은 자산에서 부채를 차감한 것으로서 결국 주주에 의해 조달된 자기자본만을 의미한다.

나. 재무상태표의 세분

재무상태표에서는 기업의 유동성에 관한 정보를 제공하기 위해 자산을 다시 유동자산과 비유동자산으로 나눈다. 결산일로부터 1년 안에 현금화할 수 있는 자산을 유동자산, 그렇지 않은 자산을 비유동자산이라고 한다. 부채 또한 결산일로부터 1년 안에 갚아야 하는 유동부채와 그렇지 않은 비유동부채로 구분한다. 이렇게 구분해 표시하면 유동자산과 유동부채의 비교를 통해 단기부채의 상환능력 등 재무적 안정성을 체크할 수 있다.

일반적으로 유동자산에는 재고자산도 포함된다. 재고자산은 판매라는 과정을 거쳐 현금화하는 것이므로 금융상품이나 매출채권보다는 현금화되는 속도가 느리다고 볼 수 있다. 게다가 경기가 안 좋을 경우 반드시 1년 안에 현금화가 된다고 단정하기도 어렵다. 따라서 유동자산 중 재고자산을 제외한 나머지 자산을 당좌자산(Quick Asset)이라 해서 따로 구분해 표시한다. 즉, 유동자산은 당좌자산과 재고자산으로 나뉘는데, 회사의 유동성을 엄격하게 평가할 때는 재고자산을 제외하는 것이 바람직하다.

한편 자본은 자본금과 자본잉여금, 이익잉여금, 기타 포괄 손익 누계액 및 자본조정으로 나뉜다. 회계 상 자본은 회사의 자산총액에서 갚아야 할 부채를 차감한 것이므로 순자산의 의미를 갖는다. 또한 자본은 자산 중에서도 주주 몫에 해당되므로 주주지분이라고도 하며, 타인자본인 부채가 제외된 것이므로 자기자본이라고 한다.

다. 재무상태표에서 확인할 수 있는 것

(1) 회사의 규모 파악

총자산 금액을 통해 회사의 규모를 알 수 있다. 총자산이 많다는 것은 그만큼 조달된 자금, 즉 자본총액이 많다는 것이고 그에 따라 더 많은 자본비용이 발생하기 때문에 더 많은 이익을 얻어야 함을 의미한다. 왜냐하면 자본사용에는 반드시 그 원가가 발생하기 때문이다. 따라서 회사가 조달한 자금의 원가, 즉 자본비용이 어느 정도이며 투자된 자본에 대해 얼마나 많은 성과(이익)를 내는지 따져야 한다.

(2) 재무구조의 건전성

부채 금액과 자본 금액의 비교를 통해 회사의 재무구조가 건전한지를 알 수 있다. 재무구조란 타인자본인 부채와 자기자본인 자본의 구성 비율을 의미하는 것으로 구체적으로는 자기자본비율이나 부채비율로 측정한다. 자기자본의 비중이 너무 낮거나 부채비율이 너무 높으면 재무적 안정성이 떨어진다.

(3) 내부유보 자금의 규모

이익잉여금의 크기를 통해 과거 영업 활동으로 내부 유보된 자금이 얼마인지를 알 수 있다. 이익잉여금이 많다는 것은 단기적인 손실을 감당할 여력이 충분하다는 의미이다.

반면에 이익잉여금이 충분하지 않다는 것은 경영환경이 악화되어 손실이 발생하면 자본금을 까먹을 가능성이 있다는 것이다.

(4) 단기채무의 상환능력

유동자산과 유동부채의 비교를 통해 단기채무의 상환능력 등 회사의 유동성에 관한 정보를 얻을 수 있다. 회사가 단기부채를 아무 무리 없이 상환하기 위해서는 최소한 유동부채보다 더 많은 유동자산을 보유하고 있어야 한다.

(5) 회사의 순자산 가치

회사의 순자산 가치가 얼마인지를 파악할 수 있다. 재무상태표의 자산에서 부채를 차감한 금액은 결산일 현재 회사의 장부상 순자산 금액으로서 이를 발행 주식으로 나누면 1주당 순자산 가치가 된다. 이는 만약 회사가 청산을 한다면 1주당 회사재산이 얼마나 분배될 수 있는지를 보여주는 수치이므로 장부상 회사재산에 대해 1주가 가치는 권리 금액이라고 보면 된다.

라. 재무상태표의 중점 체크포인트

(1) 총자본의 구성 상태

재무상태표를 볼 때에는 먼저 총자본의 구성 상태를 확인해야 한다. 즉, 전체 자본 중 부채와 자기자본의 비중이 어느 정도인지를 따져봐야 하는데, 자기자본의 비중이 너무 낮거나 차입금 등 부채의 비중이 높다면 이는 그만큼 재무적으로 안정성이 떨어지는 회사라고 할 수 있다.

(2) 자본 투자 내역

그리고 조달된 자본이 어느 자산에 얼마나 투자되어 있는지를 자산항목을 통해 파악해야 한다. 영업 활동과 무관한 투자자산에 대해서는 손익계산서의 관련 이익을 통해 투자성과가 제대로 나오고 있는지 살펴봐야 한다.

(3) 매출채권과 재고자산

영업과 관련된 자산 중에서는 매출채권과 재고자산이 가장 중요하다. 만약 매출채권과 재고자산의 비중이 너무 높으면(각각 총자산의 20%를 넘는 것을 위험하다고 본다) 자금 회전 상 문제가 생길 뿐만 아니라 자산회전율을 떨어뜨려 수익성에도 악영향을 미치기 때문이다

(4) 매출채권과 재고자산의 적정 평가

또한 매출채권과 재고자산이 적정하게 평가되어 있는지도 확인해야 한다. 매출채권에 대해서는 충분한 대손충당금이 차감되어 있는지, 재고평가는 적정한지, 불량재고는 없는지를 체크하는 것도 중요한 포인트이다. 아울러 1년 이내에 갚아야 하는 유동부채를 감당할 만한 충분한 유동자산을 보유하고 있는지도 확인해야 한다.

(5) 단기자금과 장기자금의 균형

끝으로 장기자금과 단기자금의 균형도 따져봐야 한다. 비유동자산과 같은 장기성 자산에 투자된 자금은 단기간 내에 회수하기 어려운 자금이므로 가급적 비유동부채나 자기자본과 같은 장기성 자금으로 조달되어야 한다. 만약 비유동자산 금액이 비유동부채와 자기자본의 합계금액보다 많다면 장기성 자산의 일부가 유동부채와 같은 단기자금으로 조달되었다는 뜻으로 재무적인 안정성에 문제가 생길 수 있음을 암시하는 것이다.

마. 재무상태표 양식

과 목		1월	2	3	4	5	6	7	8	9	10	11	12
자 산													
(1)	유동자산												
	현금												
	보통예금												
	매출채권												
	재고자산												
(2)	비유동자산												
	투자자산												
	차량운반구												
	감가상각 누계액												
	비품												
	임차보증금												
자 산 총 계(1+2)													
부 채													
(1)	유동부채												
	미지급금												
	예수금												
	부가세 예수금												
	선수금												
	미지급세금												
(2)	비유동부채												
부 채 총 계													
자 본													
(3)	자본금												
	자본금												
	이익잉여금												
자 본 총 계													
부채와 자본총계(1+2+3)													

4. 현금흐름표의 속성

    현금흐름표는 한 회계 기간 동안 회사의 현금이 어떤 이유로 들어오고 나갔는지, 즉 '돈의 흐름'을 일목요연하게 보여주는 것으로 여기서 말하는 현금은 재무상태표의 맨 처음 나오는 '현금 및 현금성 자산'을 의미한다. 현금 및 현금성 자산의 결산일 현재의 잔액과 당기 중 증감액은 재무상태표에도 나타나 있지만, 현금 유출입의 내역을 보다 구체적으로 보여주는 것은 현금흐름표이다.
    회사의 가치는 수익성으로 나타나지만, 현금흐름이 수반되지 않은 이익은 아무런 의미가 없다. 그래서 회사의 현금창출능력, 특히 영업 현금흐름을 가지고 기업 가치를 측정하기도 한다. 그만큼 현금흐름은 가치 중심 경영(VBM : Value Based Management)에서 매우 중요한 지표라고 할 수 있다.

가. 현금의 유출입 경로

    회사의 현금은 크게 영업 활동, 투자 활동, 재무활동을 통해 매일매일 들어오고 나간다. 이 가운데 영업 활동의 결과는 손익계산서의 순이익으로 나타난다. 그런데 현금 기준이 아닌 발생주의에 따라 계산된 것이므로, 이를 다시 현금 기준으로 수정하면 영업 활동을 통한 현금유입액이 계산된다. 또한 영업 활동을 통해 현금을 창출하려면 투자를 해야 하는데, 이에 필요한 자금은 영업 활동을 통해 유입된 자금이 사용되기도 하지만 사실상 현금흐름과 투자 및 재무활동에 의한 현금흐름으로 구분된다.
    일반적으로 영업 활동에 의한 현금흐름은 유입인 경우가 대부분이지만 투자와 재무활동에 의한 현금흐름은 대부분 재무상태표의 자산계정과 관련된다고 보면 된다. 투자자산이나 유형자산 등 회사의 각종 재산을 매각한 것은 투자 활동에 따른 현금유입이지만, 취득한 것은 투자 활동에 따른 현금유출로 표시된다.
    재무활동에 따른 현금흐름은 재무상태표의 부채나 자본계정과 관련된다고 보면 된다. 차입금이나 자본계정이 증가한 것은 신규차입이나 증자 등의 재무활동을 통해 현금이 유입된 것이지만, 차입금 상환이나 현금배당금 지급 등으로 감소한 것은 재무활동에 따른 현금유출로 표시된다.

나. 재무상태표와 관계

    이 3가지 현금유입, 유출액을 모두 가감하면 당기 중에 얼마의 현금이 증가(감소)했는지 계산되며, 여기에 기초의 현금을 가산하면 당기 말의 현금이 계산된다. 물론 기초와 기말의 현금은 재무상태표의 수치와 정확히 일치된다.
    그러므로 현금흐름표를 보면 회사가 당기순이익과는 달리 영업을 통해 얼마나 현금을 창출하고 있는지 그리고 영업 활동과는 별개로 자산매각에 의한 투자 활동이나 신규차입 등에 의한 활동을 통해 얼마나 현금을 확보했는지 알 수 있다. 이렇게 유입된 현금이 신규투자나 차입금 상환 등 재무활동에 어떻게 사용되고 있는지 알 수 있다.

다. 현금흐름표 양식

<현금흐름표(예시)>

구 분		1월	2	3	4	5	6	7	8	9	10	11	12
Ⅰ. 영업 활동에 의한 현금흐름													
(1)	수입												
	판매대금 입금												
	수수료 입금												
(2)	지출												
	원료대금 지불												
	급여 지급												
	일반관리비												
(3)	잔액(1-2)												
Ⅱ. 투자 활동에 의한 현금흐름													
(1)	수입												
	주식 매각												
	고정자산 매각												
(2)	지출												
	주식 매입												
	고정자산 매각												
(3)	잔액(1-2)												
Ⅲ. 재무활동에 의한 현금흐름													
(1)	수입												
	은행차입												
(2)	지출												
	대출 상환												
(3)	잔액(1-2)												

IV. 현금잔고의 변화													
(1)	분기 초 현금 잔액												
(2)	분기 말 현금 잔액												
(3)	현금 증감액(1-2)												

제3절
치유산업경제 실천 선도마을

1. 고령군 개실마을

대가야의 터전으로 알려진 경북 고령에 한옥이 마을 전체에 보존되고 옛적 우리네 한마을 이웃사촌 사람살이를 그대로 유지하며 살고 있는 유서 깊은 마을이 있다. 무심코 지나치며 마을 입구에서 잠깐 마을을 쳐다보아도 범상치 않은 이미지를 느끼는 곳이다. 겹겹이 이어진 한옥 기와의 선만 보아도 여기는 뭐 하는 마을인지 다시 한번 보게 되는 마을이다. 이제는 그곳에서 마을 사람들이 한뜻이 되어 그네들의 전통 있는 삶을 체험객들과 함께 나누고 있다. 그 속에 들어가면 뭔가 따뜻한 우리네 옛 선조들의 정과 사람살이를 찾을 수 있을 것 같다.

개실마을이라는 이름은 '꽃이 피는 아름다운 골'이라는 뜻이다. 원래 '開花室(개화실)'이라고 했는데, 세월이 지나며 개화실의 음이 변해 '개애실'이라고 불리다가, 더 줄어져서 '개실'이 되었다.

전국에 한옥이 잘 보존된 마을이 몇 곳 있다. 양동마을, 외암마을, 낙안마을, 하회마을, 성읍마을 등 대부분 민속 마을로 지정된

곳들이다. 이에 비해 고령의 개실마을은 이름이 생소하다. 한옥이 보존된 옛 마을이라 듣기는 했지만 솔직히 대부분의 사람들이 기대를 하고 가지는 않는다. 하지만 직접 가서 보고는 놀라는 이들이 많다. 기대 이상이다. 여느 민속 마을보다 마을의 외형적 모습이 마치 타임머신을 타고 과거로 돌아간 듯 옛 모습 그대로이다. 게다가 마을을 깊숙이 체험해보면 전통까지 잘 살아있는 마을이라는 것을 알게 된다. 어째서 아직 마을의 이름이 크게 알려지지 않았는지 의아스러울 정도다.

고령 개실마을은 선산 김씨의 집성촌 마을이다. 선산 김씨가 이곳에 터를 잡고 살아온 지 350여 년이 지났다고 하니 '전통 있는 마을'이라는 표현이 전혀 어색하지 않다. 선산 김씨는 조선 전기 유명한 학자이자 문신이었던 점필재 김종직 선생의 후손들이다. 점필재 선생은 고려 말에서 조선 초로 이어지는 성리학적 정통을 계승한 분으로 영남 사림파의 종조라 할 수 있다. 이렇듯 내력 깊은 집안의 집성촌이니 그 문화와 전통을 잘 계승했음은 두말할 나위가 없겠다.

대대로 보존하며 살아온 한옥 고택과 잘 계승해온 전통문화는 개실마을을 다른 농촌체험마을들과 차별되게 만드는 중요한 요소다. 치유체험 프로그램 또한 마을의 특색을 십분 활용하여 예절체험과 전통민속놀이문화, 전통음식 만들기체험 등 우리 고유의 프로그램이 잘 어울린다. 한마디로 치유 프로그램과 그 프로그램이 진행되는 마을의 느낌이 맞아 떨어지는 것이다.

경상북도 고령은 '딸기'라는 과일로 이름이 높은 지역이다. 고령에서도 개실마을이 있는 쌍림면과 고령읍에 특히 많은 딸기 농장들이 몰려있다. 개실마을에서도 10여 농가가 딸기를 재배하여 특산품으로 내놓는데 농약을 쓰지 않고 친환경농법으로 재배하는 것은 물론이거니와 맛도 최고이고 게다가 가격까지 저렴하다. 봄철 개실마을의 딸기 수확체험과 딸기 쨈 만들기 등 딸기를 이용한 치유 프로그램이 빛을 발하는 이유다.

한편, 개실마을에 농촌치유 여행을 간다면 그 옛날 '철의 왕국'을 이루었던 대가야의 흔적을 찾는 문화유적탐방의 기회도 덤으로 얻을 수 있다. 고령은 대가야의 중심이었던 곳으로 가야 고분들이 모여 있는 곳이며 대가야박물관과 왕릉전시관 등 가야문화를 살펴보기에 좋은 시설까지 있어 개실마을 치유체험과 더불어 문화유적탐방에도 좋다.

민속자료로 지정된 200여 년 역사의 점필재 종택을 비롯한 여러 한옥으로 마을 자체를 돌아보기만 해도 좋은 마을에 찾아가서, 전통을 오늘에 되살리는 농촌치유체험을 하고, 그 동안 접하기 힘들었던 가야문화도 탐방할 수 있으니 개실마을 치유 여행을 추천할 수밖에 없는 이유이다.

개실마을 치유 여행 일정표

	시 간	일 정
1 일 차	오전 ~13:00	오전 출발 → 경북 고령 도착 (서울 기준 4시간 소요)
	13:00~14:00	개실마을 도착, 점심식사 (민박집 또는 체험관 식당)
	14:00~15:30	마을 인사 하며, 한옥 그득하고 흙담길 살아있는 개실마을 여유 있게 돌아보기 - 점필재 종택, 도연재, 대나무숲, 싸움소 등
	15:30~17:30	그 계절에 가장 즐겁고 보람 있는 전통놀이 또는 농사체험

시 간		일 정
		#봄 : 딸기 수확체험, 고구마심기, 고추심기 등
		#여름 : 뗏목 타기, 미꾸라지 잡기, 대나무 물총 만들기 등
		#가을 : 고구마 캐기, 삼굿놀이, 메뚜기 잡기 등
		#겨울 : 연날리기, 얼음 썰매 타기, 윷가락 만들기 등
		※단체의 경우, 예절교육 추천
	18:00~19:00	저녁식사
	20:00~21:00	할머니, 할아버지 모시고 개실마을에 전래되는 옛날이야기 듣기
		- 도적굴 이야기, 잉어 뱀 이야기 등
2일차	08:00~09:00	아침식사
	09:00~11:30	종갓집에 전승되는 맛의 비밀 - 전통음식 만들기체험
		# 개실마을의 자랑 - 한과
		# 옛 방식 그대로 만드는 달콤함 - 엿
		# 기타 - 국수, 떡, 두부 등
	tip 1	개실마을의 소득원으로 자리 잡은 전통 종갓집 한과
	tip 2	품격있고 편안한 개실마을 전통 한옥체험
	tip 3	이렇게 맛있고 저렴한 친환경 딸기가?
	12:00~13:00	점심식사 후, 마을 출발
	13:20~15:00	철의 왕국 대가야, 그 신비를 본다
		- 대가야고분군, 대가야박물관, 대가야왕릉전시관 탐방
	15:10~15:30	청동기시대 사람들이 그린 그림을 볼 수 있다고?
		- 양전동 암각화 탐방
	15:30~	집으로

2. 의성군 교촌마을

교촌마을 언덕에는 고풍스러운 옛 건물이 자리 잡고 있다. 바로 '향교'다. 이는 조선 시대 지방 교육과 문화의 가장 중요한 건축물이다. 향교 앞으로 교촌마을의 새로운 자랑거리가 있다. '체험학교'이다. 마을주민들의 공동출자로 폐교를 매입하고 학교 건물도 새 단장하였다. 치유체험학교의 운영을 위해 경험 많은 전문가도 마을에 합류하였다. 다양하고 전문화된 치유체험학교의 운영을 통하여 교촌마을은 밝고 푸른 농촌의 미래를 꿈꾸고 있다.

전국적으로 치유체험 프로그램을 진행하는 농촌 마을이 늘어나고 있다. 더욱 많은 사람들을 찾아오게 하고 즐거우면서도 배울 거리 많은 시간을 보낼 수 있도록 치유 프로그램을 개발한다. 도시의 요구에 알맞은 농촌의 모습으로 변모한다. 농촌이 도시의 새로운 치유공원으로 탈바꿈 하고 있다.

교촌마을은 '교촌 치유체험학교'를 중심으로 진정한 농촌의 가치를 회복하고 농촌을 살릴 수 있는 치유체험 프로그램을 개발하고 진행한다. 즐거움만을 제공하는 흥미 위주의 치유체험에서 탈피하고자 한다. 토지의 소중함과 농부의 땀, 그 바른 가치를 교촌마을에서의 치유체험을 통하여 조금이나마 알고 이해할 수 있기를 기대한다. 오랜 시간 동안 같은 장소에서 농사를 짓고, 그곳에서 수확한 작물을 먹고, 다시 땅을 기름지게 가꾸어 농사를 짓는 건강한 자생력을 지닌 우리 농촌의 가치를 방문객들에게 알려주고, 함께 체험하며 키워 나가고 싶어 한다.

치유체험 프로그램의 진행도 방문객들의 노력과 정성이 필요하다. 모든 것이 준비되어 있는 치유체험 장소를 찾아가 재미있게 즐기기만 하면 되는 완성형 프로그램에 익숙해진 도시의 방문객들에게 쉽지 않은 일인지도 모르겠다. 획일화된 체험을 진행할 수밖에 없는 적당한 인원 이상의 단체 손님은 정중히 거절한다. 교촌마을 방문객들은 진정한 치유체험의 가치를 찾을 수 있다. 그래서, 또다시 마을을 찾는 방문객이 가장 많은 치유체험 마을 중 하나라 자부하는 마을이다.

이러한 교촌마을의 준비는 단합된 마을주민들의 앞선 의식으로 가능하였다. 모든 주민들이 공동으로 마을의 폐교를 구입하고 단장하여 치유체험 활동에 필요한 시설물들을 갖추었다. 치유체험학교의 운영 또한 외부의 뜻있는 전문가를 사무장으로 초빙하였다. 그리하여 전국적으로 유명한 교촌마을의 치유체험학교를 만들었다. 마을의 노력이 결실을 맺어가는 모습이다.

학교가 있는 마을이라는 뜻을 가진 교촌마을이다. 마을의 자랑인 '비안향교'의 뜻을 이어 '교촌 치유체험학교'가 마을의 이름을 빛내고 있는 곳이다.

교촌마을 체험 프로그램의 가장 큰 특징으로는 참가자 스스로가 해결해야 하는 과정이 필요하다는 것이다. 식사 준비도 체험 참가자들이 직접 준비하는 중요한 체험의 한 부분이다. 체험학교에서 진행하는 밥 짓기의 과정은 산에서 나무를 준비하는 것에서부터 시작하는데 나무를 꺾는 것이 아니라 산에 버려져 있는 관솔 가지 등을 주워 사용하도록 유도하여 최대한 자연자원을 훼손하지 않도록 한다. 서로의 힘을 모아 준비한 나뭇가지를 흙과 벽돌을 이용하여 만든 아궁이에 알맞게 쌓아두고 불을 지핀다. 불씨를 꺼트리지 않고 나뭇가지에 옮기는 것 또한 전기밥솥의 버튼에 익숙한 체험 참가자들에게 쉽지 않다. 아궁이에 가마솥을 걸고 어렵사리 밥을 하여 준비된 반찬과 함께 상차림을 한다.

이렇게 치유체험 참가자 스스로가 준비를 하여 만들어 먹는 한 끼 식사는 언제나 때가 되면 자동으로 나오는 것이 음식이 아니라 여러 사람들의 준비와 노력, 그리고 자연의 도움이 필요한 과정임을 자연스럽게 체험 참가자들에게 알려 줄 수 있다.

소중한 경험의 시간이 될 것임이 분명하다. 어떤 일을 해결함에 있어 자신들이 스스로 능동적인 참가를 하여 과정을 모두 거치며 완성된다는 것을 밥 짓기라는 간단하지만 중요한 과정을 통하여 체험하도록 하고 있는 것이다.

교촌마을 치유 여행 일정표

시 간		일 정
1 일 차	오전 ~12:30	경북 의성 도착 (서울 기준 3시간 30분 소요)
	12:30~13:00	체험학교 돌아보며 휴식
	13:00~14:00	점심식사 - 밥 맛 좋기로 유명한 안계 청결미로 지은 밥
	14:00~15:00	마을 둘러 보기 - 비안향교 방문, 방앗간 들러 마을 어른들께 인사
	15:00~18:00	▶ 체험 활동 시간 1) 계절별 농사체험 - 봄 모내기, 여름 잡초 뽑기, 가을 벼 베기 등 2) 전래놀이체험 - 산가지놀이, 비석 치기, 술래 놀이 등 3) 자연체험 - 민물고기 잡기, 들꽃관찰, 물놀이 등 4) 만들기체험 - 새총 만들기, 나무 목걸이 만들기, 짚풀 공예 등 ※ 마을 담당자와 상의하여 체험 프로그램 선택
	18:00~19:30	▶ 직접 지어먹는 꿀맛 같은 저녁상 차리기 - 나무 한 짐 하기, 아궁이 불 넣기, 가마솥 밥 짓기
	tip	개별 참여가 가능한 교촌마을의 여러 가지 캠프
2 일 차	07:00~07:30	논둑길 아침 산책
	07:30~09:00	▶ 아침 밥상 직접 차려 식사하기, 설거지하기
	09:00~11:30	▶ 다른 마을엔 없다! 교촌마을만의 특별한 체험시간 1) 교촌 농촌 올림픽 2) 이장님 숙제하기 3) 리어카 면허증 따기 ※ 마을 담당자와 상의하여 체험 프로그램 선택
	tip	교촌마을의 사랑방, 교촌 방앗간
	11:30~12:00	짐 정리, 마을 어른들께 인사
	12:30~13:00	교촌마을 출발, 빙계 계곡 도착
	13:00~15:30	점심식사 및 의성의 명소, 빙계 계곡 탐방
	15:30~	의성 출발, 집으로

3. 강릉시 해살이마을

우리나라 4대 명절 중 하나인 단오에는 창포를 달인 물에 머리를 감는다. 창포의 깨끗함과 생명력을 우리의 머릿결에, 우리의 마음속에 불어넣기를 기원하는 마음에서다. 창포는 물을 정화하는 기능을 가진 식물로 예로부터 우리네 마을 어귀에서 쉽게 볼 수 있었다. 여기 단오제가 열리는 강릉에는 단오의 전통을 보존하며 창포의 맑음과 푸르름을 온몸 가득 품어 갈 수 있는 해살이마을이 있다.

해살이마을은 치유 관광지로 유명한 강릉에 자리하고 있다. 오지 말라 하여도 한 해에 2천만 명이 들른다는 동해안에는 좋은 해수욕장 관광지들이 많이 있다. 주변의 유명 관광지들에 둘러싸여 빛이 가릴 만도 한데 해살이마을은 스스로의 생명력으로 빛을 내고 있다. 계절별로 다양한 모습을 경험할 수 있는 마을 환경, 옛 전통을 이어가는 깊이 있는 체험 거리, 넘칠지언정 모자라지 않는 농촌의 넉넉한 인심을 가지고 강릉으로 오는 관광객들의 발걸음을 마을로 살짝 돌리게 만든다.

해살이마을은 마을에 머무르면서 산, 계곡, 바다를 한번에 치유 체험을 할 수 있는 좋은 입지 조건을 가지고 있다. 산에 들어가 한나절 트레킹 할 수 있고, 계곡에 들어가 한나절 물장구칠 수 있고, 바다로 옮겨가 한나절 파도에 몸을 맡길 수 있는 그 자체의 환경만으로도 신나는 치유 마을이다. 게다가 마을에서는 시기별로 다양한 테마로 치유체험을 운영하고 있어, 치유체험과 놀이, 강릉 치유 탐방을 한번에 즐기기에 더없이 좋은 마을이다.

특히, 강릉은 유네스코 인류 구전 및 무형문화유산 걸작으로 지정된 강릉단오제가 열리는데, 강릉의 여러 마을들 중에서도 해살이마을은 단오의 이미지를 대표하는 창포와 관련된 다양한 치유체험을 즐길 수 있는 곳이다. 창포는 햇볕만 있으면 잘 자라는데 오염, 특히 농약에는 약한 모습이 청정자연과 생명을 상징하는 식물이라고들 말한다. 그런 창포의 또 다른 이름인, 해답이, 해살이 풀의 이름을 따서 마을 이름도 해살이마을이라 붙였다.

생명 가까운 곳에 가야 치유를 받을 수 있다. 그곳이 바로 해살이마을이다. 관광지의 분주함과 화려함 속에다 우리를 소비하면 스스로를 잃어버린다. 하지만 해살이마을에서의 치유체험은 우리의 몸을 깨끗이 하고, 우리 마음에 생명력을 채워준다.

해살이마을에서의 첫째 날 체험은 산으로, 들로, 계곡으로 쏘다니는 일이다. 지금은 아이들이 학교를 다녀오면 학원을 메뚜기처럼 옮겨 다니며 쉴 새 없이 여러 가지를 배워야 하지만, 옛적에는 학교를 오고 가는 길이 바로 놀이였고, 어울림의 시간이지 않았는가. 동네 친구들과 어울리면서 놀던 그 시간을 생각하면서 첫날 치유체험을 즐긴다. 마을에 도착하면 숙소를 정하고 짐을 풀고 나와서 마을을 둘러보기 시작하는데, 봄이면 마을 뒤편 산으로 봄나들이를 떠난다. 마을 주위로 1,000m 넘는 봉우리가 몇 개나 있을 정도로 백두대간 기슭에 자리한 마을의 산세가 수려하다. 하지만 꼭대기에 오르는 것은 아니고 봄을 느낄 수 있을 정도의 산책이라고 하면 어울릴 것 같다. 트레킹을 하며 지천으로 널린 봄나물을 뜯을 수 있음은 물론이다.

여름에는 마을이 자랑하는 용연계곡으로 들어가 물놀이도 하고 물고기도 잡는데 한 번 들어가면 아이나 어른이나 계곡을 떠나지 않으려 한다. 설악을 품고 있는 속초나 양양과 다르게 계곡하고는 매치가 되지 않던 강릉 땅에 이런 훌륭한 계곡이 있었나 싶다.

가을이면 계곡 사이로 곱게 물드는 단풍을 따라 치유 트레킹을 하고, 겨울에는 논바닥에서 얼음 썰매를 타고 설피를 신고 눈 위를 걷는 치유체험도 한다.

자연 속에서는 특별한 놀이기구가 없어도 신난다. 특히, 농촌 마을에 처음 온 도시의 아이들을 보면 처음에는 무엇을 해야 할지 몰라 함께 온 선생님이나 부모님 옆에 붙어서 서성이다가 잠시만 지나면 어느새 여기저기 뛰어다니는 모습을 보게 된다. 자연이 온통 놀 거리이자 서로의 생명을 교감하는 공간이라는 것을 아이들 스스로 느끼며 마음이 열리는 것을 볼 수 있다. 이런 아이들을 보고 있자면 다시 각박한 도시로 데려가야 한다는 것이 미안하다.

저녁식사 후에는 만들기 치유체험을 해 볼만 하다. 마을 입구에서부터 해살이마을을 예스럽고 아름답게 만드는 곳곳의 나무로 된 장승들, 솟대들, 표지판들을 보았을 것이다. 그중에서 '진또배기'라는 것을 만들어 보는 것이다. 진또배기는 긴 장대를 세우고 그 위에 나무로 깎은 새를 앉혀 놓은 것을 말하는데, 솟대의 지역 사투리쯤으로 생각하면 되겠다. 진또배기 만드는 법도 배우고, 왜 이런 것을 만들어왔는지 두런두런 이야기를 나누는 치유의 밤이 시작된다.

해살이마을 식사는 시골밥상 또는 엄나무백숙 등이다. 강원도 영동지방의 전형적인 음식을 맛볼 수 있다. 식당이 아닌 가정에서 먹는 식사야말로 그 지방의 음식문화 특색을 가장 잘 나타낸다는 점에서 이것도 중요한 치유체험이 된다. 마을에서 준비해주는 단체 음식의 경우에도 일반 수련원 등과는 다르게 지역의 특색을 살리고

자 노력하는 마을이 대부분이므로 기대할 만하다. 전국의 치유체험 마을들 대부분이 같은 비용으로 차려내는 시골밥상 이외에도 그 지역, 그 마을만의 이색적인 음식이 무엇인가 치유 프로그램을 구성할 때 같이 상의하여 다소의 비용이 들더라도 별식을 맛보는 것도 좋을 듯하다.

해살이마을에도 별미를 자랑하는 음식이 있으니 마을 특산품인 엄나무를 이용해서 만드는 엄나무백숙이다. 토종닭을 깨끗이 손질하여 그 안에 인삼, 대추, 녹각, 마늘을 넣는다. 이것만 가지고는 보통 백숙과 다를 바 없으나 여러 재료를 넣은 토종닭을 끓여내는 물이 다르다. 마을의 특산물인 엄나무와 황기를 넣어 2시간 정도 푹 끓여낸 물에 토종닭과 각종 재료를 넣고 다시 끓이는 것이다. 이렇게 만들어진 백숙을 깍두기와 물김치와 함께 먹으면 그 맛이 일품이다. 엄나무와 황기 덕분에 맛이 개운하고 비린내가 나지 않는다. 특히, 여름철에 모든 체험을 마치고 엄나무백숙을 한 그릇 먹는다면 농촌 마을 치유체험으로 흘린 땀의 열 배를 보충하리라.

해살이마을 치유 여행 일정표

시 간		일 정
1일차	오전 ~13:00	오전 출발 → 강원도 강릉 도착 (서울 기준 3시간 소요)
	13:00~13:30	해살이마을 도착, 체험 프로그램 안내
	13:30~16:00	계절 따른 해살이 마을의 자연 즐기기 - 산으로, 들로, 계곡으로 #봄 : 봄나들이 꽃나들이 #여름 : 용연계곡 천렵 (물놀이, 물고기 잡기 등) #가을 : 용연계곡 단풍 트레킹 #겨울 : 얼음놀이 (썰매, 팽이치기 등)
	16:00~18:00	진또배기 만들기 또는 사기막 도자기 만들기
	18:00~19:00	마을에서 준비해주는 저녁식사
	20:00~22:00	해살이마을의 밤 : 캠프파이어, 해살이마당 전통놀이체험, 야외영화관람 등
2일차	08:00~09:00	민박집에서 준비해주는 아침식사
	09:00~12:00	해살이마을의 주제가 있는 체험 #봄 : 개두릅 채취, 엄나무떡 만들기, 엄나무 문설주 만들기 #여름 : 창포물 머리 감기, 창포 뿌리 비녀 만들기, 창포 비누 만들기, 창포 염색, 수리취떡 만들기 #가을 : 송이버섯 채취, 감 따기, 기정떡 만들기, 각종 수확체험(벼 추수, 고구마 캐기 등) #겨울 : 한과 만들기, 양미리·도루묵·오징어 구이, 짚풀 공예 체험
	12:00~13:00	점심식사 - 시골밥상 또는 엄나무백숙
	TIP	이때 맛볼 수 있다 – 마을 축제와 엄나무 술
	13:30	인사 후, 마을 출발
	14:00~15:30	소리·빛·영상의 세계 - 참소리 축음기 박물관·에디슨 사이언스 박물관 탐방
	15:30~	집으로

4. 영동군 금강모치마을

 해마다 가을이 되면 맑은 햇빛 듬뿍 받은 포도알이 성큼성큼 영글어가는 마을이 있다. 금강 상류 맑은 물에서만 서식한다는 물고기 '금강모치'를 마을 이름으로 간직한 마을이다. 하늘도, 산도, 마을 앞 개울도, 그 안에서 함께 살아가는 마을 사람들도 모두 금강모치처럼 맑고 곱다. 찾아오는 손님들을 마을주민 모두 함께 이웃처럼 맞이하는 곳이다. 마치 고향집 찾아간 듯 편한 마음으로 치유체험을 할 수 있는 곳이다.

 치유체험 내방객들의 가장 큰 불만은 '치유체험내용이 한결같다'이다. 사실, 서투른 도시 사람들의 손길에 제대로 된 수확을 기대할 수 있는 농작물이 많지 않다. 반가운 마음에 과일 수확을 맡겼다가 나무의 가지가 상해 마음 아파하는 농촌 어르신들의 모습을 보곤 한다.

 금강모치마을은 여느 마을과는 색다른 치유체험내용으로 도시인들의 마음에 성큼 다가갔다. 새로움을 위한 억지스러움은 없다. 마을의 수호신이 선물한 듯 깨끗한 금강과 마을을 두 손 가득 보호하는 모습의 갈기산과 비봉산, 그 안에서 주렁주렁 여무는 포도송이들이 자연스럽게 찾아오는 사람들의 마음을 치유해 준다.

 금강모치마을은 전국에서 가장 많은 포도를 생산하는 지역 중 하나다. 포도 생산에 필요한 기온과 일조량, 강수량 등이 우리나라에서 가장 적합한 지역이라고 한다. 마을 분들은 포도를 마치 자식 대하듯 한다. 사랑하고, 자랑스러워한다. 포도 재배할 때 농약도 쓰지 않고 닭을 키워 자연스레 잡초도 제거하고 해충도 없애는 지혜를 발휘한다. 이렇듯 소중히 키워진 포도는 마을을 찾는 사람들이 직접 포도주를 담가 숙성된 과정을 지켜볼 수 있는 이곳만의 소중한 치유체험을 만들게 하였다. 잘 자라 효도하는 아들, 딸의 모습을 생각나게 한다.

금강모치마을의 푸근한 치유체험은 여기에서 그치지 않는다. 저녁 어스름이 마을을 덮기 시작하면 마을 분들과 함께 모여 찹쌀떡을 만들고 포도밭 사이에서 튼실하게 잘 자란 닭서리도 한다. 쫄깃한 찹쌀떡과 토종닭 백숙이 익어가길 기다리는 시간, 마을 어르신들이 정성스레 만든 자그마한 나무 손수레에 아이들을 태워보고 대나무 활도 직접 당겨본다. 아이들의 놀라움과 즐거움이 밤늦도록 이어질 것 같다.

아침에는 상쾌한 공기 듬뿍 마시며 갈기산 약수터까지 가벼운 등산을 한다. 광물질이 풍부한 갈기산 약수는 금강모치마을을 유명한 장수마을로 소문나게 한 마을의 젖줄이다. 터줏대감 야생염소 부부도 반가운 인사를 한다. 금강 상류 지역인 마을 앞 개울물, 발이 너무 시리지만 않을 때라면 맑은 물에 서식하는 올갱이도 잡아본다.

마을을 떠나기 전, 뒷동산 언덕의 성황당을 찾는다. 마을을 지키고 수백 년 역사 동안 마을의 인물들을 수없이 배출하도록 마을 사람들의 기원이 이어져 온 곳이다. 종교를 떠나 수백 년 동안 이어온 민속의 현장이자 기복의 대상에 대한 인사는 좋지 않을까 싶다. 직접 만들어 마을 저장고에 보관한 포도주가 익어 다시 마을을 찾을 때까지, 금강모치마을에서의 추억을 잊기 어려울 것 같다.

포도 가지에 싱그런 포도알이 주렁주렁 열리듯 마을주민들의 고운 마음들이 모여 하나하나 재미있고 특별한 농촌 마을 치유 프로그램들이 되었다. 맛있는 포도알을 한 알 한 알 맛보는 마음으로 금강모치마을이 건재하고 있다.

행정구역상 충북 영동군 학산면 모리, '금강모치마을'이다. 갈기산과 비봉산이 마을을 감싸고 금강의 맑은 물이 마을 앞을 흐르는 평온한 농촌 마을이 이곳의 첫인상이다.

전체 61가구, 경지면적 14㏊의 이 작은 마을이 농촌 체험 프로그램을 시작한 시기는 길지 않다. 그런데도 과거 농식품부가 주관한 '농촌 마을 가꾸기 경진대회'에서 장려상을 수상하는 등 비교적 짧은 시간에 전국적인 체험 마을이 된 배경에는 체험 활동 참여 가구가 마을의 절반인 31가구인 것에서 알 수 있듯, 마을주민들이 합심하여 프로그램을 가꾸고, 더 좋은 체험으로 만들기 위해 노력하기 때문일 것이다. 여느 마을들이 몇몇 사람의 주도적인 역량만으로 전체 프로그램을 진행하는 데 비해 이곳의 치유체험 프로그램은 마을주민 대부분이 책임자로 담당하고 있는 형태이다.

치유체험 활동 참여를 위해서는 사전 연락이 필수적이다. 전화 연락 등을 통하여 인원과 계절별로 알맞은 치유체험 프로그램 내용을 확인한다. 각 프로그램마다 비용이 책정되어 있고 숙박비, 식사비 등이 확인사항이지만 1인당 약 4만 원 내외의 비용으로 1박 2일의 숙식과 치유체험 프로그램 진행이 가능하도록 친절하게 안내해 줄 것이다. 다른 마을에 비해 특징이자 장점이라 할 수 있는 점은 모든 치유체험이 단체가 아닌 한 가족만 방문하여도 진행 가능하도록 준비되어 있다는 것이다. (단, 찰쌀떡 만들기 치유체험 프로그램은 최소 반말 단위 이상이 되어야 체험 가능)

숙박 형태는 현재 10여 가구의 농가 민박이 운영되고 있는데

2007년 여름까지 시설을 리모델링 하여 팬션 형태의 숙소로 개선될 예정이며, 단체숙소는 마을회관, 체험관, 경로당 등을 중심으로 약 100여 명이 동시에 숙박할 수 있도록 준비되어 있다.

식사는 주변 식당을 이용하는 것보다 마을에 부탁하여 정성스레 가꾼 친환경 농산물을 중심으로 차려내는 식사가 좋겠다. 우리의 입맛을 만족시키며 건강까지 챙겨줄 웰빙 밥상을 맑은 공기와 함께 먹는 것이 마을체험에 더욱 큰 활력소가 되지 않겠는가.

마을에서 생산되는 주요 작물인 포도를 중심으로 감, 고구마, 사과 등의 친환경 농산물들은 모두 시중 가격의 2/3 정도 저렴한 가격으로 구입 가능하다.

금강모치마을 치유 여행 일정표

시 간		일 정
1 일 차	오전 - 11:00	출발 → 충북 영동 도착 (서울 기준 2시간 30분 소요)
	11:00 - 14:00	#영동 팔경 중 제1경 '영국사' 탐방 #중식 #송호국민관광지 - 300년 수령의 수백 그루 솔밭을 중심으로 펼쳐진 영동팔경 중 제2경 강선대, 제3경 비봉산, 제6경 여의정 제8경 용암 둘러보기
	14:30 - 15:00	금강모치마을 도착, 마을주민들과 인사, 마을 둘러보기
	15:00 - 17:00	#마을의 자랑 알알이 영근 포도 - 포도주 만들기체험 또는 영동의 대표 과실, 감 - 곶감 만들기체험(가을) #잘 구르지 않지만 아주 재미있는 - 나무달구지 체험 만든 정성이 느껴져 더 열심인 - 대나무 활쏘기 체험(상시체험)
	17:00 - 18:30	#맑은 물 속 신선 먹거리 채취 - 올갱이 잡기 체험 #할아버지는 마술사 - 짚공예 체험(물에 들어가기 힘들 때)
	18:30 - 19:30	저녁식사
	19:30 - 22:00	어른들을 위한 금강모치마을의 도둑질(?) 체험 - 닭서리 해서 백숙해 먹기(마을 포도주도 한잔)
2 일 차	08:00 - 09:00	아침식사
	09:00 - 10:30	금강모치마을의 천연병풍 갈기산 등반
	10:30 - 12:00	다른 마을에서 흔히 만들지 않는 떡 - 찹쌀떡 만들기 체험
	12:00 - 13:00	점심식사
	13:00 - 14:00	수백 년 동안 이어온 마을 수호신 - 성황당 인사, 마을 인사
	14:00 -	마을 출발, 귀가

5. 나주시 이슬촌마을

양초는 자신을 태워 어둠을 밝힌다. 비록 자신이 밝힐 수 있는 둘레는 작지만, 그 불빛의 온기는 어떤 불빛보다 더 환하게 마음을 밝혀준다. 이슬촌마을에 어둠이 내려앉으면 체험객들이 모여 양초를 만든다. 양초를 다 만들고는 모두 함께 작은 모닥불을 피워놓고 소원을 빌며 양초를 태운다. 이슬촌마을의 밤은 이렇게 깊어간다.

나주 이슬촌 계량마을은 마을 뒤를 병풍처럼 산이 둘러싸고 앞으로는 논이 펼쳐진 전형적인 농촌 마을이다. 마을의 입지뿐만 아니라 마을을 한 바퀴 둘러보아도 특별한 시설 하나 없는 평범한 농촌 마을이다. 하지만 마을이 자랑하는 곳이 있다. 바로 노안천주교회이다. 100여 년 역사를 자랑하는 유서 깊은 성당으로써 예전에는 학교도 운영하고 신자도 많고 북적이는 그런 곳이었다고 한다. 지금은 신부님 혼자 계시면서 일요일에 미사를 드린다고 하니, 농촌 마을의 현실이 느껴진다. 공부하러, 일하러 마을을 떠났던 우리가 이제야 다시 농촌을 찾는다. 농촌 생활에 대한 추억과 향수를 가지고 있는 어른들이 자녀들에게 그 느낌을 물려주려고 하는 걸까? 이슬촌마을은 관광지의 느낌이 배제된 전형적인 농촌 마을이기에, 그런 점에서 치유를 제대로 느낄 수 있는 치유체험 마을이기도 하다.

이슬촌은 마을에 유난히 이슬이 많이 맺힌다고 해서 붙은 이름이다. 이른 새벽 병풍산을 넘어오는 차가운 산바람이 마을의 따뜻한 온기와 만나서 송골송골 이슬이 맺히는 걸까? 이슬이 우리의 아침 감성을 맑게 한다면, 저녁 시간 양초의 불빛은 우리의 마음을 따뜻하게 한다. 함께 모여 자기가 좋아하는 색으로, 자기가 좋아하는 향으로 양초를 만들어 불을 밝힌다. 자신을 태우며 어둠을 밝히는 초를 보고 있자면 마음이 따뜻해진다.

아직은 치유 프로그램 운영에 미숙한 부분이 많은 게 농촌 마을들의 현실이지만, 마을마다 가진 하나하나의 개성들이 부족한 부분을 채워준다. 이슬촌마을은 우리의 감성을 자극한다. 무엇인지 딱히 말할 수는 없지만 도시에서 잃어버리고 살던 그런 마음속의 부족한 부분을 채워준다. 이슬촌마을에 도착했다면 먼저 짐을 풀고 마을을 둘러보게 되는데, 특히 아이들이 신기해하는 것이 하나 있다. 마을 가장 안쪽에 있는 공동우물인데 만약 아이들이 실제 우물을 처음 본다면 실망할지도 모르겠다. 이슬촌마을의 우물은 동화책 속 삽화로 나오는 예스럽고 깊은 우물은 아니기 때문이다. 그래도 수도 시설이 없었던 옛날부터 마을에서 공동으로 쓰던 우물이 어떤 역할을 했는지 이야기도 나누어 보고, 두레박을 드리워 우물물 길어보는 치유체험도 해 볼 수 있다. 단, 이 우물은 지금도 사용하는 것이므로 주변을 더럽힌다거나 장난을 치면 마을 어른들에게 혼날 수 있으니 조심하도록 하자.

두 번째로 직접 만드는 나뭇잎 책갈피다. 코팅지를 이용해서 책갈피를 만드는 간단한 치유체험이지만, 이 치유체험이 특별한 것은 자신이 직접 채집한 나뭇잎이나 꽃잎을 가지고 만든다는 데 있다. 내방객들이 함께 모여서 마을안내자와 함께 주변 산으로 올라가 꽃에 관한 이야기, 나무에 관한 이야기도 들으면서 자기가 맘에 드는 것 한두 개만 따서 다시 마을로 돌아온다. 채집한 나뭇잎이나 꽃잎을 예쁘게 종이에 꾸며 붙여서 자신만의 작품을 만든다. 그러고 나서 코팅지에 넣어 코팅한 후, 모양을 내서 오리면 직접 만든 자신만의 책갈피가 완성된다.

셋째로, 우리 가족 행복 양초 만들기다. 이슬촌마을에서 사계절 가리지 않고 할 수 있는 가장 대표적인 치유체험이 양초 만들기이다. 양초 만들기의 모티브는 성당에서 가지고 왔다고 한다. 성당에서 늘 필요한 것들 중의 하나가 양초인데 거기서 고안하여 체험 프로그램을 만든 것이다. 파라핀을 녹여 양초를 만드는데 자연염료를 넣어 색깔도 내고 향기도 내게 된다. 만들기로만 끝내면 여느 치유 체험장에서나 할 수 있는 흔한 체험과 다를 바 없을 것이다. 양초를 모두 만든 후에는 내방객들이 모여서 마을 한 편에 작은 모닥불을 피우고, 또 양초도 함께 피우며 행복을 비는 시간을 가진다. 양초 불빛 앞이라 그런지 마음이 편안해지고 지금까지 하지 못했던 서로에 대한 이야기를 할 수 있을 것 같다. 서로에 대한 속 이야기도 나누고 가족의 행복을 빌다 보면 어느새 모닥불의 불빛이 사그라져 가는데 가족의 소원을 담아 마지막 양초를 모닥불에 던지는 것으로 체험은 끝이 난다. 짧은 시간이지만 긴 여운이 남는 그런 치유 프로그램이다.

넷째로, 이슬 내린 아침에, 이슬촌 산책이다. 뒤로 병풍처럼 산을 높게 두르고 앞으로 논을 펼치고 있는 이슬촌마을은 지형적 영향인지 유난히 많은 이슬이 맺힌다고 한다. 이른 아침 눈을 떴다면 다시 눈을 감고 이불 둘둘 말지 말고 일어나 이슬 밟기 치유체험을 해 보면 어떨까? 사실, 아침 산책에 불과한 이것을 치유체험이라 이름하기도 그렇지만 이른 아침에 도시에서는 먼지인지 안개인지 모를 뿌연 스모그 속을 헤매게 되는데, 이곳에서는 풀잎마다 맺혀서 달랑이고 있는 이슬을 밟으며 상쾌한 아침 공기를 마실 수 있다는 점에서 하나의 체험이라 불러도 괜찮을 것 같다. 마을 포장도로를 벗어나 논두렁 밭두렁 걸으면서 이슬에 젖어보자. 걷다가 잠시 쪼그려 앉아 풀잎을 기울이면 이슬이 도로롱 흘러간다. 그리고는 풀잎 끝에 혀를 대고 살짝 떨어트려 본다. 아침이슬에 옷만 젖는 게 아니라 마음마저 젖어 든다.

이슬촌마을 치유 여행 일정표

시 간		일 정
1일차	오전 ~12:00	출발 → 전남 나주 도착 (서울 기준 4시간 소요)
	12:00 ~15:00	점심식사 후, 불회사 또는 삼한지 테마파크(주몽 촬영지) 탐방
	15:00 ~16:00	이슬은 언제 볼 수 있을까? - 이슬촌 소개 및 마을 둘러보기 #체험 하나 - 마을 공동우물 물길어보기
	16:00 ~18:00	#체험 둘 - 직접 만드는 나뭇잎 책갈피
	18:00~ 19:00	저녁식사
	19:00~ 21:00	#체험 셋 - 우리 가족 행복 양초 만들기 - 양초를 켜고 가족의 행복과 소원을 빌어요
2일차	07:00 ~08:00	#체험 넷 - 이슬 내린 아침에, 이슬촌 산책
	08:00 ~09:00	아침식사
	TIP	마을을 하나로, 백년 역사 노안천주교회
	09:00 ~11:00	#체험 다섯 - 깻잎 김치 만들기 또는 양계장에 들어가 유정란 줍기 - 이슬촌 농사체험 봄 : 손모심기, 옥수수심기 여름 : 잡초는 없다 (농사를 지으며 선택되는 풀) 가을 : 고구마, 옥수수, 배 등 수확체험 겨울 : 싱싱한 순무 뽑기
	11:00 ~13:00	#아주 특별한 먹거리 체험 - 우리가 차려 대접하는 점심 밥상
	13:00 ~14:30	#체험 여섯 - 농촌체험신문 만들기
	TIP	이슬촌마을 더욱 활동적으로 즐기기 - 이별재 MTB 타기와 수영장 물놀이
	15:00 ~	마을 인사 후, 집으로

6. 남해군 다랭이마을

  충층이 쌓여있는 다랑논을 보면 누가 어떻게 쌓았는지 경이롭다. 한 뼘이라도 농경지를 넓히려는 노력이 모이고 모여서 지금의 다랑논을 만들었을 것이다. 지금은 다랑논이 유명해져서 농경지 이상의 관광자원으로 활용되고 있다. 광고에서, 영화에서 다랑논과 마을은 참 많이 소개되었다. 그래서인지 다랑논을 보러 온 사람들로 다랭이마을은 늘 북적인다. 눈에 보이는 다랑논이 감탄스럽다면, 그것을 이루어낸 마을의 삶은 더욱 경이롭게 느껴진다. 지금 다랭이마을은 그 다랑논을 쌓았던 삶의 방식 있는 그대로, 하던 그대로의 치유체험을 진행하고 있다. 인위적이지 않고 자연스러운, 있는 환경을 바꾸지 않고 그대로 이용하는 다랭이마을에서의 체험은 보는 것 이상의 즐거움을 느끼게 해 줄 것이다.

  이렇듯 전국에서 가장 유명한 농촌 마을을 꼽으라면 아마도 다랭이마을을 꼽을 수 있을 것이다. 이미 CF와 영화 등 언론매체를 통하여 많이 소개되어 직접 다녀오지 않은 사람들도 다랭이마을의 다랑논 사진을 보여주면, '아~ 거기!' 하면서 무릎을 친다. 너무나도 유명해져서 지금은 하루에도 수백 명의 내방객이 있다. 다랭이마을을 상징하는 다랑논을 바라보면 누가 언제 어떻게 만들었는지 정말로 경이롭다. 또, 다랑논을 등지고 바라보는 남해바다는 참 깊고 아름답다. 이런 모습을 보려고 수많은 사람들이 방문한다.

  하지만, 다랭이마을의 진정한 모습은 그저 바라봄이 아닌, 다랑논과 같이 충층이 놓인 집들 사이로 들어가 마을주민들과 어울리며 함께 식사하고, 다랭이마을만의 몽돌해안으로 내려가 다양한 바다의 치유체험을 즐기는 것이 아닐까 한다. 있는 그대로의 자연에 더해 몸으로 체험하고 마음으로 느끼는 자연이야말로 다랭이마을이 준비해 놓은 숨겨놓은 치유 선물이다.

남해대교를 지나 19번 국도를 따라 남해읍을 지나면 다랭이마을까지 안내판이 잘 나와 있다. 표지판을 따라가는 길이 다랭이마을까지 가장 빨리 갈 수 있는 길이다. 하지만 이왕 남해까지 왔으니, 길은 돌아가도 남해의 멋진 해안도로를 따라 바다를 감상하며 천천히 드라이브를 즐겨보는 것이 좋다.

우선 들어가는 길은 남해대교를 지나 남해읍 방향으로 오다가 고현에서 우회전해서 77번 국도를 타고 남해스포츠파크 방향으로 진입하면 된다. 이후 1024번 지방도를 따라 다랭이마을까지 내려가는 길은 계속 남해의 바다를 오른쪽에 끼고 이어진다.

다랭이마을에서 일정을 마치고 나오면 또 다른 길로 방향을 잡아보자. 남해대교가 아닌 창선·삼천포대교 쪽으로 가는데 이번에는 남해군의 동쪽 편으로 돌아 나가는 길이다. 1024번 지방도를 타고 다랭이마을을 나와 19번 국도와 이어지는 3번 국도를 따라 상주해수욕장, 미조항, 물건 방조어부림을 거치며 크게 돌아서 창선·삼천포 대교로 나와도 좋고, 시간이 없다면 신전삼거리에서 좌회전하여 1024번 지방도를 따라 창선교에 이르러 3번 국도를 따라 창선·삼천포대교까지 가면 된다.

어머니의 손맛과는 또 다른 맛이 있다. 할머니의 손맛이다. 같은 음식이라도 할머니의 손맛이 더 깊음을 느끼는 기회가 바로 치유체험 시간이다. 농가 민박을 통해서 얻을 수 있는 정겨운 맛은 할머니의 손맛이 아닐까 싶다. 다랭이마을에서의 식사는 농가 민박에서 주인 어르신이 직접 차려주시는 밥상을 받을 수도 있고, 혹 민박을 하지 않는다면 개별농가가 운영하는 가정식당에서 한 끼 사 먹을 수도 있다.

상차림은 마을의 삶 그대로다. 바로 옆 바다에서 건진 싱싱한 바다 음식과 마을에서 직접 재배한 농산물들로 만들어진 밥상은 평소 집에서 먹는 반찬 가짓수보다 부족할지 모르나 싱싱하고 깨끗하다. 훌륭한 식재료에 할머니의 손맛이 더해져 밥 한 그릇 금방 쓱싹 비우게 된다. 식사하는 동안 주인 어르신이 계속 들여다보신다. 부담스럽게 생각 말라. 당신들 자식에게 그러시듯 먼 길 온 도시 손님에게 부족한 것이 없나 확인하는 정이다. 밥 한 공기 더 얹어주고, 부족한 반찬들 채워주고픈 정. 맛있는 반찬이 있으면 주인에게 물어보시라. 어떤 재료로 어떻게 만들었는지. 친절하게 알려 주실 것이다. 알았다면, 재료를 사서 돌아오는 것도 괜찮을 것 같다. 다랭이마을은 개별농가 단위로 농수산물을 판매하기 때문에 구매하고 싶은 것이 있으면 머물렀던 농가에 부탁하고, 없으면 어디서 구할 수 있는지 물어보면 된다.

바닷가에 위치한 마을이지만 마을주민들의 주요 생산 활동은 논농사와 밭농사이다. 따라서 여느 농촌 마을과 같은 농사체험이 가능한데, 그것이 여느 농촌 마을과 다른 다랭이마을만의 특색 있는 농사체험이다. '내(川)가 더해진다'라는 가천이라는 지명이 설명해주듯이 아무리 가물어도 농사를 지을 수 있을 만큼 풍부한 물이 다랭이 마을을 흐른다. 그래서 물을 댈 수 있는 곳에는 어디든지 논을 만들었다고 하는데 그것이 바로 다랑논이다. 우스갯소리로 사람 엉덩이만큼의 땅만 있어도 논을 만들었다고 하니 한 뼘이라도 농토를 더 넓히려는 수백 년 전 선조들의 억척스러움이 묻어난다.

다랑논 만들기체험을 할 수 있는데 마을 한 편에서 체험객들이 모여 다랑논을 만들어 본다. 흙도 지고, 돌도 지고, 석축도 쌓고, 흙도 다지고 하는 활동을 하는데 그리 만만한 작업이 아니다. 하지만 함께 힘을 모아 다랑논을 만들었다면 눈으로 기억하는 것이 아니라 몸으로 기억하게 될 것이다.

또한 계절별로 모내기 철에는 다랑논에 들어가서 손 모내기 체험도 할 수 있고, 마을주민들이 많이 재배하는 마늘밭에 들어가 해풍 맞고 자라 최상의 맛을 자랑하는 마늘종을 뽑아 밥반찬도 하고 일정량 가지고 갈 수도 있는 치유체험도 유익하다.

다랭이마을에서는 바다체험에 더하여 선상치유체험을 함께할 수 있다. 선상치유체험의 경우 20인 이상이 모여야 하고 일인당 비용이 10,000원 정도가 들지만 가능하면 한번 해보는 것이 좋다. 함께 배를 타고 바다에 나가 그물을 던져 잡아 올린 고기를 그 자리에서 회를 떠 준다. 말 그대로 '자연산' 회인지라 맛이야 말할 필요도 없거니와 양도 충분하게 제공된다. 물론, 자연은 언제나 사람 마음대로 따라 주지는 않는지라 가끔은 고기가 잡히지 않을 때도 있지만, 함께 배를 타고 나가 돌아다니며 바다에 그물을 던져보고 남해바다의 풍광에 푹 빠져보는 것만으로도 다소 고가(?)의 체험비 1만 원이 아깝지 않은 충분한 값어치를 한다.

주말의 경우에는 대개 선상체험을 할 만큼의 인원이 모인다고 하니, 미리 문의를 해서 참가가 가능한지 알아보면 좋을 것이다.

다랭이마을 치유 여행 일정표

시 간	일 정
1일차 오전 ~13:00	출발 → 경남 남해 도착 (서울 기준 5시간 소요)
13:00 ~16:00	남해바다는 내가 지킨다 - 이순신의 유적을 찾아 - 충렬사(거북선 모형)와 이락사
TIP	다랭이마을, 들어가는 길 - 나가는 길 - 남해 해안도로 드라이브
16:30	남해 다랭이마을 도착
17:00~ 18:00	마을 둘러보기 - 한 뼘도 남기지 않는다 - 다랑논 - 에구구 민망해라 - 암수바위 - 마을의 안녕과 평안을 기원한다 - 밥무덤
18:00~ 19:00	저녁식사 - 민박집에서 차려주는 밥상
TIP	다랭이마을의 또 다른 맛 - 직접 담근 막걸리
19:00~ 23:00	다랭이마을의 밤 즐기기 - 영화 보며 별 보며 - 추억의 시골 학교 운동회 - 캠프파이어와 막걸리 한잔, (겨울) 쥐불놀이
2일차 07:00 ~08:30	이곳에 오르지 않고는 다랭이마을에 다녀왔다 이야기하지 말라 - 설흘산 봉수대 등반
08:30 ~09:30	아침식사 - 민박집에서 차려주는 시골밥상
10:00 ~15:00	다랭이 마을 본격 체험 # 몽돌해안 바다체험 (한겨울 빼고 가능) → 간질간질 손 그물 낚시 → 갯바위 해산물 채취 (자연산 바다 고둥, 미역, 톳 등) ※ 4월~10월까지 : 바다 물놀이 → 래프팅 → 뗏목 타기 # 다랭이마을 농사체험 (3월~10월) → 한 뼘, 두 뼘 다랑논 만들기 → 수확체험 (다랑논 모내기, 마늘종 뽑기 등) # 겨울체험(11월~2월) → 짚공예 → 연 만들기
TIP	체험 더 깊이 즐기기(체험 플러스) 1. 함께 모여 배 타고 나가볼까 - 다랭이마을 선상체험 2. 다랑이 바다체험 도중 끓여 먹는 라면의 맛은?
15:00 ~	귀가

7. 진안군 능길마을

해마다 정월이 되면 마을 앞마당이 시끌벅적하다. 바로 '깃고사' 준비 때문이다.

200여 년 전통의 이 행사는 마을주민 모두 함께 준비하고 정성을 다해 차례 의식을 치른다. 하늘과 땅과 조상님에게 지나온 시간을 감사드리고 다가온 한 해를 푸른 하늘빛 희망으로 가득 채운다. 주민 모두 한마음으로 높이 솟은 깃발을 바라보며 더 나은 미래를 약속하고 준비한다. 덕유산 줄기의 작은 고장이 우리 농촌의 희망을 보여줄지도 모르겠다. 스스로의 힘으로 전국 최고의 경쟁력을 갖춘 농촌 마을이 되었다.

당시 마을의 발전을 위해서는 좀 더 많은 정부의 지원을 받는 것이 가장 중요한 것으로 여기던 지역민들에게 결코 쉬운 일이 아니었음은 너무도 당연한 이야기다. 하지만 그의 노력에 올바르고 현명한 마을 사람들은 마음을 모았다. 해마다 '깃고사'에 모두 모여 한마음으로 기원하듯, 힘을 모아 마을의 잠재적 가치를 발견하고 살기 좋은 곳으로 바꾸어 나아갔다.

능길 마을은 도시화 된, 관광객들을 위한 마을 개발을 단호히 거부한다. 마을주민이 원하는 마을 발전을 생각하고 정부 지원사업도 마을주민의 생각이 일치할 때만 추진한다. 농산물 가공공장의 운영과 생산물의 도농 직거래를 통한 마을 연간 수입은 이미 10억 원 이상이 되었다. 시작한 지 4년 만의 기록이었다. 마을의 폐교를 이용한 '능길산골학교'를 중심으로 하는 마을 내방객 수도 연간 2만 명 이상이다. 53가구, 150여 명의 주민들이 사는 덕유산 자락, 해발

350미터에 위치한 작은 농촌 마을의 놀라운 기록이다.

치유체험 프로그램도 단순히 흥미 위주로 구성하지 않는다. 도시 민들의 일과성 체험에서 그치지 않고 치유체험을 통하여 새로운 삶의 공간으로 선택할 수 있는 표본 지역으로 성장하는 것이 마을의 목표다. 내방객들은 잘 정비된 '능길산골학교'의 숙박공간에 머무르며 다양한 체험 프로그램 속에서 자연스럽게 농촌 마을의 현실을 바라보고 미래를 준비하는 능길 마을의 모습을 느낄 수 있다.

능길 마을의 프로그램들은 다양성과 함께 '자유로움'이라는 단어로 대표될 수 있다. 많은 치유체험 프로그램들에는 마을에서 정해 놓은 시간과 일정이 있고, 무조건 그 틀에 따라 행사가 진행되곤 하는 모습을 볼 수 있다. 이에 비해 능길 마을의 치유체험 프로그램들은 다양한 내용을 내방객들에게 제시하고 원하는 치유체험 내용에 맞추어 일정을 진행하는 방식을 택한다. 상투적인 치유체험보다는 스스로 만들어가는 치유체험시간으로 좀 더 편안한 마음으로 마을과 농촌을 배우고 이해할 수 있도록 하는 것이 능길 마을의 치유체험 진행이다.

마을을 찾기 전, 체험 담당자에게 숙박, 식사 예약과 더불어 반드시 방문 기간에 알맞은 치유체험 프로그램에 대한 조언을 듣고 희망하는 프로그램들을 논의해 사전 준비를 하면 좋다.

치유체험 마을들에서 프로그램 진행에 가장 어려움을 겪는 겨울 프로그램을 살펴보아도 짚으로 새끼 꼬기, 논에서 연날리기, 고구마 구워 먹기, 팽이치기, 썰매 타기, 쥐불놀이, 황토방에서 쑥 찜질하기, 천연 염색, 전통 민요 배우기 등 다양한 프로그램들이 준비되어 재미있고 의미 있는 체험을 즐길 수 있도록 하고 있다.

특히 천연 염색 프로그램은 능길 마을이 자랑하는 치유체험 거리의 하나이다. 다른 여러 마을에서 진행되는 프로그램이지만, 이곳의 천연 염색은 치유체험학교의 실내 공간과 잔디 운동장의 야외 공간 모두를 활용하여 전문가의 진행으로 체험 이후 생활에서 실제 입거나 사용할 수 있는 제대로 된 치유 체험물을 만들 수 있다.

전통 민요 배우기 또한 전문성을 갖춘 프로그램으로, 농촌 마을의 늦은 저녁 시간 우리의 전통 가락을 전문가의 지도로 배워 볼 수 있는 시간을 가진다. 또한, 가야금과 장구 등 우리 전통악기도 준비되어 있어 배워 볼 수 있다. 능길마을에서는 '국악한마당' 교실이 여러 회차에 걸쳐 진행되기도 하였다.

마을의 평이한 자연환경을 자원으로 최대한 활용하고 있는 점도 돋보인다. 마을 뒷산에 산책로를 개설하고, 마을 앞을 흐르는 개천에는 징검다리를 놓아 물고기를 관찰할 수 있도록 하였으며 물레방아와 원두막도 도시에서 찾아오는 내방객들에겐 색다른 치유 거리가 된다.

이러한 치유체험 프로그램은 능길 치유체험학교를 중심으로 마을주민들의 적극적이고 분업화된 참여를 통하여 진행되고 있다. 마을부녀회는 유기농으로 준비되는 식사와 메주·된장 담그기, 두부 만들기, 천연 염색 등 고유의 생활 치유체험의 진행을 담당하고 있으며 마을 청년회는 해외연수와 유기농 연구 등의 경험을 바탕으로 마을 및 마을 주변의 치유체험 자원을 발굴하고 치유 프로그램 진행을 주도적으로 담당하고 있다.

이곳 능길 마을의 어르신들은 '게이트볼 동호회'를 결성하여 여가시간에 활발한 활동을 하며 내방객들과 함께 게이트볼을 즐기기도 하는 등 젊은이들 못지않은 정력을 보이신다. 마을의 전통과 단합을 주도하는 마을의 가장 큰 힘이 되는 분들이다.

단체의 특성에 알맞은 숙소와 넓은 운동장, 강당과 황토 찜질방 등의 시설, 다양한 프로그램이 준비되어 있는 능길 마을의 치유체험 활동은 개별 내방객뿐 아니라 기업체 등 수많은 단체들의 캠프, 워크숍 등의 진행장으로 정평이 나 있으며, 전라북도 진안의 이 작은 마을이 항시 찾아오는 손님들로 흥겹고 북적이게 만드는 큰 요인이 되고 있다.

능길 마을 치유 여행 일정표

시 간		일 정
1 일 차	오전 - 12:30	출발 → 전북 진안군 능길마을 도착(서울 기준 3시간 소요)
	12:00 - 12:30	환영 인사와 마을 소개
	12:30 - 13:30	점심 식사 - 마을에서 준비한 시골밥상으로
	13:30 - 14:30	마을 둘러보기(마을의 상징 소나무, 원두막, 풍력 발전기 등) 마을회관 들러 인사하기
	14:30 - 16:30	오리농법 농사체험 또는 황토 염색, 물놀이, 고기 잡기
	17:30 - 18:30	저녁 식사 - 친환경 농산물로 정성껏 준비
	18:30 - 19:30	전통 민요 배우기
	19:30 - 21:00	저녁 체험(모닥불에 감자, 고구마 구워 먹기), 능길 마을 이야기 듣기
	21:00 - 22:00	청정 지역에서만 보는 반딧불이 관찰하기
2 일 차	08:00 - 08:30	마을 산책
	08:30 - 09:30	아침 식사
	09:30 - 10:30	체험 프로그램 - 새끼꼬기, 여치집 만들기
	10:30 - 11:30	우리 음식 만들어 먹기 - 떡메치기, 두부 만들기
	11:30 - 12:00	마을 출발, 진안 마이산 도착
	12:00 - 16:00	중식 후, 마이산 등반(암마이봉, 수마이봉, 탑사 등)

8. 횡성군 덕고마을

편도 1차선 지방도 옆에 붙어 있는 횡성읍에서 그리 멀지 않은 덕고마을은 작은 시골 마을이다. 길옆으로 체험장이 있고, 농산물 판매장도 있고, 조금 안쪽으로 집들도 몇 채 보인다. 그런데, 마을 안으로 들어가니 유서 깊은 사당과 큰 공원이 자리 잡고 있다. 산을 병풍처럼 두르고 체육공원이 자리하고 있다. 수백 명이 함께 어울려도 부족해 보이지 않는다. 청정한 자연 속 너른 마당에서 한껏 뛰어놀고 싶다.

자연 속 너른 한마당 덕고마을은 적은 가구가 모여 사는 전형적인 시골 마을이지만 마을 안에는 어디에 내놓아도 부족하지 않은 자랑거리가 있다. 하나는 세덕사라는 사당이요, 하나는 횡성레포츠공원이다. 세덕사는 횡성 조씨가 집성촌을 이루고 있는 마을에서 고려 시대 정승 출신의 조상을 모시고 있는 사당이고, 횡성레포츠공원은 횡성 조씨 문중에서 기증한 땅을 횡성군이 체육공원으로 조성해 놓은 곳이다. 조상의 은덕이 이어지는 것 같다.

덕고마을은 다른 농촌 마을들과 비교하여 개별 가족 단위의 체험은 조금 어렵다. 하지만, 학교나 회사, 여러 모임 등 단체가 체험을 하기에는 좋은 시설을 가진 마을이다. 횡성레포츠공원을 이용해 체육활동과 더불어 마을에서 체험 활동을 함께한다면 신나는 하루, 그 이상을 보낼 수 있는 곳이다.

사실, 마을에서는 넓은 공원을 관리하느라 고생을 한다고 한다. 그런데, 농촌 마을체험은 하지 않고 공원에만 들러 야유회 등의 활동을 하고 난 후에 뒷마무리를 하지 않고 돌아가는 단체를 보고 있자면 섭섭하고 야속한 기분이 든다고 한다. 훌륭한 공간을 입장료도 없이 썼는데 뒷마무리까지 하지 않아 마을주민들이 해야 하는 것도 그렇지만, 기왕 이곳까지 왔는데 마을에 들러 계절마다 준비되어 있는 농촌 마을 체험거리들을 하나라도 즐기고 가면 더 좋겠다는 뜻이다.

체육활동이나 야유회를 기획하고 있는 모임이 있다면 덕고마을의 횡성레포츠공원을 이용하여 본래 행사를 진행하면서, 마을에서 준비해주는 저렴하고 정성 어린 식사도 하고 치유체험 활동도 함께하여 일석이조의 행사를 만들 수가 있다.

마을에 도착하면 먼저 짐을 풀고 마을주민들의 도움을 받아 마을을 둘러본다. 특히, 덕고마을은 마을 안쪽에 세덕사라는 큰 사당을 가지고 있는데, 횡성 조씨의 중시조인 조영인과 그의 아들 조충, 손자 조계순 3대가 고려 시대의 가장 높은 관직인 문하시중을 지낸 집안으로써 그 덕을 기리고자 후손들이 지었다. 강원도에서도 작은 고을인 횡성, 그것도 지금의 덕고마을 한 곳에서 3대에 걸쳐 정승을 이루어냈으니 자랑할 만할 터이다. 3대가 연이어 높은 벼슬을 지냈다 하여 3원수라고도 하는데, 조영인은 고려 인종에서 신종까지의 사람으로 외교관으로 금나라도 다녀왔으며, 신종 때 고려 시대의 최고관직인 문하시중을 지냈다. 그의 아들 조충은 문관으로서 상장군까지 겸해 고려 전 역사를 통틀어 몇 사람밖에 없는 문무의 최고위직을 겸직한 사람이며, 손자 조계순 역시 문하시중 평장사를 지냈다.

지금도 이 곳 세덕사에서는 봄(음력 3월 3일), 가을(음력 9월 9일)에 춘·추향제를 지내는데, 춘향제는 횡성 조씨 문중에서, 추향제는 지역 유림에서 지낸다고 한다. 특히, 이때 단순히 제사만 지내는 것이 아니라 문중 행사를 개방하여 방문객들이 참관하고 준비된 몇 가지 치유체험을 할 수 있다고 하니 이 시기에 마을 치유체험계획을 잡는다면 내력 깊은 전통 제례 의식 참관과 치유체험을 모두할 수 있는 일석이조가 되겠다.

마을 유래에 대하여 이야기를 들으며 세덕사를 탐방했다면 이제는 본격적으로 몸을 움직여보자. 일단 마을 안쪽 산기슭에 넓게 자리 잡은 횡성레포츠공원으로 이동해서 적당한 장소에 자리를 잡는다. 잔디가 깔린 운동장에서부터, 농구장, 축구장, 여름에는 수영장까지 있어 여느 마을의 작은 마당 하고는 비교가 되지 않는다. 공기 좋은 이곳에서는 땀을 흘려도 마을 뒤편 덕고산에서 불어오는 시원한 바람에 몸을 맡기면 어느새 개운해져 있음을 느낄 수 있다.

레포츠공원 뒤편으로는 덕고산을 돌아 볼 수 있는 숲길이 조성되어 있는데 숲길 따라 걸으면 그게 바로 삼림욕이다. 옷차림을 최대한 간편히 하고, 한발 한발 내디딜 때마다 숨을 깊게 마셔보자. 코만 숨 쉬는 것이 아니라 온몸이 숨을 쉰다.

마을에서는 허수아비 만들기 프로그램을 연중 진행하는데 모두 즐거워하는 프로그램 중 하나이다. 옛날에는 시골 논에서 허수아비를 쉽게 볼 수 있었는데, 이제는 허수아비가 아닌 다른 장치로 익어가는 곡식을 보호하는 것을 자주 볼 수가 있어, 허수아비 만들기도 특색 있는 치유 프로그램이 될 것 같다. 만드는 사람마다 개개인의 개성이 드러나는 다양한 모습의 허수아비가 만들어진다. 허수아비 만들기 치유체험을 하기 위해서는 못 입게 된 옷을 집에서 미리 가져와야 한다는 점도 잊지 말자.

보통 농사체험이라고 하면 여름, 가을에 곡식이나 과실을 수확하는 체험을 먼저 떠올리게 되고 또, 대부분 그렇게 운영되는 것이 현실이다. 땅을 고르고 씨앗을 뿌리거나 잡초를 뽑아 주는 등의 농사체험은 현장에서 금방 결과를 보지 못하기 때문에 보람을 덜 느낀다고 생각하기 때문이다. 또한, 수확체험도 마찬가지이긴 하지만 그 이전 단계의 농사과정은 좀 더 기술을 필요로 하기도 한다. 하지만, 모두가 좋아하는 거두는 치유체험의 경우 심고 가꾸는 농사의 참 의미를 생략한 채 열매만 거두는 것 같아서 미안한 마음이 든다. 그렇다면 어떤 농사체험을 하여야 할까? 어떤 부분을 치유체험으로 할까를 정함에 대한 답은, 바로 치유체험을 가는 시기가 결정해 줄 것이다. 사람이 인위적으로 자연의 흐름을 바꾸지 못하듯, 농사체험도 마찬가지이다. 다만, 수확 철이 아닌 때의 파종이나 김매기 등의 농사체험도 등한시하지 말았으면 하는 바람이다. 마을에서도 지도가 힘들어도 농사의 전 단계를 치유 체험화 하였으면 좋겠다는 바람이다.

덕고마을에서의 농사체험도 여름 이후의 수확 활동을 중심으로 하여 이루어지는데 감자, 옥수수, 고구마 순으로 이루어진다. 봄에도 이루어지는 치유체험이 있는데 오리 방사 치유체험이다. 농약 대신 오리를 놓아 잡초를 없애고 병충해를 예방하는 오리농법 논에서 오전에 오리를 풀어 놓을 때 함께하는 행사이다.

수확치유체험의 경우 한 가지 당부하고 싶은 것은 고구마 등을 캘 때 자신이 준비해 온 봉투에 담는 경우가 있는데, 요즘 대부분의 마을에서는 규격화된 봉투나 상자를 나누어 준다. 혹, 마을에서 개인 봉투를 허락한다고 해도 엄청난 크기의 봉투를 준비해 오는 경우를 종종 보는데 욕심부리지 말고 우리 가족 한 번 먹을 정도의 적당한 양만 가지고 가는 여유를 가졌으면 좋겠다.

농사 치유체험이 끝났다면 이번에는 준비된 재료를 가지고 전통 음식 만들기 치유체험을 해 보자. 마을 아주머니들의 안내에 따라 하나하나 하다 보면 어느새 음식이 완성된다. 개떡을 한입 물어도, 두부를 만들어 김치를 얹어 먹어도, 화전과 묵을 만들어 먹어도 좋은 재료로 공들여 만든 슬로우푸드이기에 피가 되고 살이 됨은 물론이거니와 맛도 일품이다.

깊어가는 가을 덕고마을에서 할 수 있는 또 하나의 치유체험이 있다. 뒷산에 올라 밤이나 도토리를 줍는 치유체험이다. 밤을 줍는다면 구워 먹을 수 있고, 도토리를 줍는다면 도토리묵을 만드는 치유체험을 할 수 있다. 수도권 인근에 체험을 위해서 인위적으로 조성해 놓은 농장이 아니라 자연 그대로의 숲에 들어가서 밤을 줍고 도토리를 딸 수 있는 것이다. 이 시기에 마을을 방문한다면 꼭 한 번 해보시라 추천하고 싶은 치유 프로그램이다.

덕고마을 치유 여행 일정표

시 간		일 정
1 일 차	오전~11:00	출발 → 강원 횡성 도착 (서울 기준 2시간 소요)
	11:00~13:00	마을 둘러보기, 유기농으로 차려지는 덕고마을 식사
	13:00~16:00	[체험1] # 마을 유래 알기, 마을문화유적탐방- 3원수를 기념하는 세덕사 # 숲길 산책과 횡성 레포츠공원에서 체육활동
	16:00~18:00	[체험2] 솜씨 자랑 한번 해볼까? - 전통공예체험 # 허수아비 만들기 (연중) # 짚공예 (겨울)
	18:00~19:00	마을회관에서 제철 음식 시골 백반으로 저녁 식사
	TIP	마을 특산품 둘러보기 - 농산물판매장
	19:00~22:00	자체 프로그램 진행
2 일 차	08:00~09:00	아침 식사 - 민박집에서 할머니가 차려주시는 밥상
	09:00~12:00	[체험3] # 산나물 채취, 쑥 뜯어 쑥개떡 만들기 # 농사체험 - 감자(6~7월), 고구마(10월), 옥수수 수확체험 (8~10월), 오리 방사(6월) 등 # 전통음식 만들기 - 두부, 화전, 묵 등(연중)
	TIP	덕고마을 10월에는 이것이 최고! - 밤과 도토리 줍기
	12:00~13:00	마을회관에서 별식으로 점심식사 - 봄(산나물 비빔밥), 여름, 가 을(채소 쌈밥), 겨울(시래기 국밥)
	13:00	마을 출발
	14:00~15:00	숨어서 지킨 신앙, 100년의 역사를 간직한 풍수원 성당
	15:00~	귀가

9. 화천군 산속호수마을

해마다 가을이 되면 동촌리 사람들은 600년을 마을과 함께한 커다란 느티나무 아래로 모인다. 그곳에서 마을을 감싸고 있는 높고 험한 해산, 그 깊숙한 곳 어딘가에 지금도 살고 있다고 믿는 호랑이와 함께하는 축제를 펼친다.

마당 한가운데 호랑이 모습의 커다란 나무 조각이 터를 잡고 주변으로 사물놀이, 마당놀이가 사람들을 흥겹게 한다. 맛깔스러운 음식과 마을의 특산물도 풍성하다. 축제에는 한 해 동안 인연을 맺었던 마을의 손님들도 함께한다.

모두 손을 모아 이곳 동촌리, 산속호수마을이 오랫동안 맑고 깨끗한 곳이기를 희망한다. 주민 모두가 건강하고 장수하기를 소망한다. 찾아오는 손님들 모두 이곳에서 행복한 추억 만들기를 기원한다.

강원도 화천군 동촌리 '산속호수마을'. 어여쁜 이름에 어울리는 아름다운 경관을 자랑하는 곳이다. 마을 앞으로 맑고 깨끗한 '파로호'의 넓은 전경이 사람들의 시선을 시원하게 만들고 뒤로는 골짜기에 호랑이와 반달곰이 살았다는 높이 1190미터의 '해산'이 웅장한 모습으로 마을을 감싸고 있다.

이곳은 자연과 사람들의 삶이 나뉨 없이 어우러진 곳이다. 마을을 둘러보는 것만으로도 찾아오는 이에게 편안한 휴식의 느낌을 준다. 오염과는 거리가 먼 청정 지역이기도 하다. 뒷동산에는 산나물과 야생버섯이 지천으로 있고 계곡에는 일급수에만 서식하는 물고기들이 흔한 곳이다.

불과 십여 년 전만 하더라도 이곳은 도로시설조차 제대로 되어있지 않았던 낙후되고 가난한 강원도 산골 마을의 하나에 불과했다. 평범한 오지마을이었던 이곳의 변화는 천혜의 자연환경을 관광 상품으로 개발하고, 삶의 질을 좀 더 나은 것으로 바꾸려는 마을주민들의 단합된 노력에서 시작되었다. 폐교를 리모델링하여 '해산 농촌 체험 연수원'을 만들고 방문객들이 편히 쉴 수 있는 '녹색체험관'을 세웠다. 자연자원을 최대한 활용하는 여러 가지 치유체험 프로그램을 개발하고 마을의 모습도 단장하였다. 이제 마을은 치유체험시설과 숙박시설 이외에도 공동찜질방, 건강 관리실, 컴퓨터실, 세미나실, 야외 운동장과 수영장 등 잘 정돈되고 편리한 시설들을 곳곳에 갖추고 있다.

산속호수마을 사람들은 모두 눈앞의 이익만을 바라보는, 장사꾼이 되지는 않겠다는 각오다. 치유체험 마을사업과 각종 특화작물사업으로 생기는 수익금 모두를 마을 공동의 자산으로 운용한다. 이러한 자금은 노인회, 부녀회, 청년회 등에서 계획하는 사업에 마을 운영진의 공정한 회의를 거쳐 투자한다. 이제는 많은 금액은 아니지만 마을 아이들을 위하여 그리고, 젊은 사람들이 돌아오는 마을로 만들고자 장학금도 조성했다. 하나로 뭉친 주민들의 마음은 마을의 모습을 빠르게 변화시키고 있다.

산속호수마을 사람들이 생각하는 마을의 발전은 새로운 시설과 편리함에만 있지는 않다. 무엇보다 청정한 마을의 자연자원을 그대로 지키고 가꾸려 노력한다. 네 곳의 마을 주변 계곡은 자연 휴식년을 정해 순번제로 개방하여 생태적인 안정을 도모한다. 마을 전체를 유채꽃이 가득한 공원으로 가꾸기를 목표로 한다. 주민 전체가 건강하고 안정된 삶을 누릴 수 있도록 노력하고 마을을 찾는 모든 사람들이 다시 이곳을 찾고 오랜 시간 관심을 가지고 지켜보아 주기를 바란다.

산속호수마을에는 마을 치유체험의 중심인 해산농촌체험연수원이 있다. 폐교시설을 개조하여 깨끗이 정비하고 실내치유체험장, 숙박시설, 식당시설, 세미나실을 만들었다. 주로 단체 내방객들이 이용하는 시설로 교실을 개조한 단체숙소가 깔끔하게 준비되어 있다. 세미나실은 약 100석 규모로 방송 장비, 빔프로젝터, 인터넷 등 도시의 최신 세미나시설에 견주어도 뒤떨어지지 않는 공간이다. 기업체 등의 단체 연수 치유 프로그램, 각종 세미나, 교육 등의 진행에 사용할 수 있고, 마을 전체 회의 공간으로도 사용되며 가끔 주민들이 모두 모여 영화도 본다고 하니 참으로 유용한 치유시설이다. 연수원은 치유체험 활동 진행의 실무를 총괄하는 사무장 내외가 지킨다. 도시의 좋은 직장에서 근무하던 젊은 사무장은 귀농에 대한 수년간의 계획과 꿈을 산속호수마을에서 펼치고 있다.

또한 팬션급 숙박시설인 녹색 체험관이 있다. 마을 입구의 깨끗한 숙박동이 있는데 모두 4호실로 구성되어 있다. 각 호실마다 방 2~3개, 거실 등으로 구성되어 있는 현대화된 시설이다. 체험객뿐만 아니라 단순 숙박을 원하는 이들에게도 일정 비용을 받고 개방한다. 이 외에도 마을에는 탐방객들의 숙박에 전혀 불편함이 없도록 깨끗하게 정돈된 농가 민박 10여 가구가 있다.

주민들 중, 고령자가 많고 이분들의 운동량이 상대적으로 부족하다는 점을 고려해 만들어진 마을의 공동 체력단련장이 있다. 건강 관리실에는 운동 기구가 비치되어 있고 건강요가 교실, 한방건강검진과 치료 등이 정기적으로 진행된다. 건강 관리실 바깥으로는 마을주민들이 공동으로 관리하고 이용하는 찜질방 시설도 있다. 체험객들도 이용 가능하며, 청정자연환경과 더불어 이 마을이 장수촌이 되어가는 이유 중 하나라 할 수 있겠다.

마을 UCC가 이곳에서 시작된다. 마을 지원금과 수익금으로 지어진 첨단 컴퓨터실이다. 마을주민 모두가 이용할 수 있도록 넓은 공간에 최신형 컴퓨터와 복합기 등의 시설이 준비되어 있다. 마을에서는 최신정보에 뒤떨어지지 않는 마을이 될 수 있도록 마을 전체의 무선 인터넷 시설도 계획 중이라고 한다.

또한 화전민 치유체험관이 있다. 마을에서 십여 분 떨어진 계곡에 지어진 두 채의 전통 가옥이다. 황토로 지어진 이 시설은 전기도, 수도도 들어오지 않는다. 숯가마를 만들어 난방을 하고 천연 계곡물을 식수로 활용할 수 있다. 문명의 번잡함을 벗어나 자연의 치유체험을 즐기고 싶은 체험객이나 이곳의 깊은 산에서 약초채취를 하는 이들이 이용한다. 또한, 숯가마에서는 마을 노인회에서 전통방식의 참나무 숯을 생산하고 있다.

산속호수마을 치유 여행 일정표

시 간	일 정
오전 ~12:00	강원도 화천 도착 (서울 기준 2시간 30분 소요)
12:00~13:00	마을 도착, 마을 인사
13:00~14:00	맛있는 점심식사 - 무공해 산나물 반찬으로 푸짐한 상차림
14:00~15:00	마을 둘러보기 - 호랑이 차 타고 파로호의 멋진 경치 구경
1 일 차 — 15:00~18:00	[산속호수마을 체험 활동] 봄 ➜ 계곡 탐방 : 봄나물 채취, 화전민 가옥 탐방, 유채꽃 길 탐방, 봄 달래, 표고버섯 따기 여름 ➜ 물놀이 : 1급수 계곡물의 천연 수영장에서 물놀이, 산천어 잡기 가을 ➜ 수확체험 : 산속 가득한 토종밤 따기, 가을 달래, 표 고버섯 따기, 메밀꽃 밭 거닐기, 예쁜 단풍 계곡 트레킹 겨울 ➜ 얼음 놀이 : 얼음 썰매, 팽이 만들기, 얼음낚시, 화전 민 숯가마 구경하기
18:30~19:30	저녁 식사 - 듬뿍 넣은 산달래 향이 더욱 맛을 내는 별미 매 운탕
19:30~22:00	'별이 쏟아지는 밤에' 마을 어르신께 '호랑이' 이야기 듣기 ➜ 저녁 간식 준비 ➜ 별이 쏟아지는 산골 마을의 밤, 별자리 관찰 ➜ 청정계곡 '반딧불이 관찰'
2 일 차 — 08:00~09:00	아침 산책 - 새벽 안개 가득한 파로호의 멋진 경관 감상
09:00~10:00	아침 식사 - 자체취사 또는 마을 준비
10:00~12:00	청정자연 제대로 공부하기 - 숲 해설가와 함께하는 자연생태 관찰체험
12:00~13:30	토속음식 체험장에서 무공해 재료로 직접 만들어 먹는 식체 험(점심)
13:30~14:00	작은 돌 채색해 나만의 돌 만들어놓기, 마을 출발
15:00~16:00	나의 벽돌은 어디 있을까? - 평화의 댐 탐방
16:00~	집으로

10. 연천군 새둥지마을

작고 여린 새끼 새에게 '둥지'는 가장 안전하고 편안한 휴식과 교육의 장소다. 어미 새의 보호를 받으며 하늘을 날아오르는 힘찬 날개의 펄럭임을 준비하는 공간이다. 새둥지마을은 우리 청소년들의 '둥지'가 되고 싶다. 도시의 공해와 물질문명으로 지치고 약해진 아이들이 마을을 찾아 조금 더 건강하고 힘찬 사람이 되기를 바란다.

우리나라 교육 현장의 현재 모습은 그리 밝지 못하다. 교사와 학생, 학부모들은 모두 위기감에 사로잡혀 있다. 입시 만능의 현실 속에 학교 교육은 사교육에 그 자리를 빼앗긴 지 오래다. 학교는 단지 출석 일수를 맞추는 곳이라는 극단적인 이야기도 흘러나오고 높이 존경받아 마땅한 선생님의 위치는 흔들리고 있다. 더불어 밝고 꾸밈없는 웃음으로 가득해야 할 우리 아이들의 정서는 메말라간다. 새둥지마을은 어두운 교육 현실 속에 새로운 대안을 제시하고 싶어 한다. 작고 약한 힘이지만 그 무엇보다도 소중하고 필요한 움직임이 되고 싶다. 경기도 최북단에 위치한, 불과 십여 년 전 민간인 통제선에서 해제된 마을이다. 아직 때묻지 않은 환경 속에 살아가는 백여 명의 주민들은 마을 전체를 체험교육농장으로 꾸며 더 많은 우리의 아이들이 마음껏 뛰어놀 수 있도록 준비하고 있다.

재미있게 농촌과 자연을 이해하고 느끼는 과정에서 거칠어진 우리 아이들의 감성이 부드럽게 되살아나기를 바란다. 학교 교육과 연계하여 도시의 아스팔트 운동장과 콘크리트 놀이터에서 결코 느낄 수 없는 흙과 물과 바람의 이야기를 들려주고 싶다. 자연과 사람과 사회의 가치와 그 중요성을 이야기하는 학교 선생님들의 말씀이 올바른 것임을 우리 아이들에게 피부로 느끼게 하고 싶다.

아이들을 맞이하는 마을의 준비는 꼼꼼하다. 교과서의 내용에 맞춘 체계화된 체험 프로그램들을 다양하게 마련하였다. 먹거리, 잠자리 등도 도시의 아이들이 쉽게 적응할 수 있도록 많은 신경과 정성을 쏟았다. 아이들에게 건네는 말 한마디도 아이들의 눈높이에 맞출 수 있도록 여러 마을주민이 치유체험교사 양성 교육도 받고 있다. 아이들의 해맑은 웃음을 바라보고 싶은 새둥지마을의 마음이다. 새둥지마을은 치유 마을 내방객들의 연령별 수준에 맞춘 지성, 감성교육과 신체 활동을 병행하여 내방객에게 딱 맞는 치유 프로그램을 운영한다는 목표를 가지고 있다. 따라서 마을을 방문하는 내방객들은 단체의 연령과 수준, 목적에 알맞은 치유체험내용을 치유체험 담당자들과의 사전 연락을 통하여 반드시 확인하고 찾아가는 것이 좋다. 소규모 가족 단위 내방객들도 몇몇 가족을 묶어서 알맞은 모듈을 만들어줌으로 치유체험비용을 단체의 수준으로 저렴하게 낮출 수 있고, 더욱 다양한 치유체험을 할 수 있도록 안내하고 있다.

농사 치유체험은 가장 대표적인 마을 치유체험 프로그램이다. 청정 지역에서 재배되는 신선한 농산물을 직접 심고 가꾸는 치유체험을 하며 저렴한 가격으로 구입할 수도 있다. 못자리 만들기, 모내기, 산나물 캐기, 야생화 가꾸기, 김매기, 수확하기(감자, 고구마, 고추, 땅콩, 무, 배추, 옥수수, 참외) 등 농사에 관련된 거의 모든 일이 새둥지마을에서는 치유 프로그램화 된다. 시기별 가장 알맞은 농사 치유체험을 즐길 수 있다.

새둥지마을의 자랑거리는 이색치유체험이다. 마을에서는 내방객들의 흥미를 유발하고 신체적 활동 영역도 다양화시킬 수 있는 이색적인 치유체험 프로그램을 준비하고 있다. 다른 농촌 마을 치유 프로그램에서 찾아보기 힘든 내용이 많다.

농촌에서 사용하는 기계 및 운송수단 치유체험
: 경운기 운전하기, 이앙기 사용법 배우기, 트렉터 타기, ATV 운전하기, 트렉터가 끄는 잔디 썰매 타기

동물농장체험
: 말타기, 말 먹이 주기, 마차 타기

또한 아이들에게 꼭 가르쳐주고 싶은 것이 전통문화 치유체험이다. 새둥지마을 치유체험 프로그램의 상당 부분은 잊혀가는 우리 전통문화와 먹거리, 놀 거리 등을 다음 세대의 주인공인 우리 아이들에게 본 모습대로 알려주고 싶다는 마을주민들의 소박한 생각에서 시작되었다.

전통음식 치유체험
: 연천의 특산물인 콩으로 손두부 만들기, 손칼국수 만들기, 화전 부치기, 전통 만두 만들기, 식혜 만들기, 도토리묵 만들기, 녹두전 부치기, 송편 만들기, 김장 담그기, 메주 만들기, 고추장과 된장 담그기, 인절미 떡메치기 등 우리 고향의 전통음식은 거의 모두 음식 치유체험 프로그램으로 진행하고 있다. 마을부녀회가 진행하는 전통음식 치유체험의 모든 재료는 직접 준비한 청정재료들만 사용한다.

전통놀이 및 도구 만들기 치유체험

: 연 만들어 날리기, 윷놀이, 자치기, 허수아비 만들기, 쥐불놀이, 제기 만들기, 널뛰기, 새끼 꼬기, 썰매 타기, 얼음 팽이 지치기, 임진강 낚시하기 등의 다양한 프로그램들은 치유체험 진행을 위한 준비물도 만만치 않고 마을주민들의 협동이 없다면 진행이 쉽지 않을 프로그램들이다.

전통문화 치유체험

: 전통 인사예절, 제사 지내는 법, 족보 살피는 법 배우기, 식사예절, 촌수 알아보기 등 주변에서 쉽게 접하지만 막상 그 절차를 배우기가 쉽지 않은 치유체험들로 마을의 어르신들이 진행하는 치유 프로그램이다. 새둥지마을은 잘 갖추어진 치유체험시설의 설치와 다양한 내용의 치유 프로그램 개발을 위해 마을 전체 주민의 힘을 모아 준비하였다. 초보, 기초, 심화의 단계별 프로그램 진행을 통하여 지성, 감성, 신체를 개발한다는 '주제 중심 통합접근'의 목표를 가지고 각 프로그램들이 진행되고 있다. 공교육과의 연관성을 찾아 학교의 외부 치유체험 장소로서 반드시 필요한 사안들로 내용을 구성하였으며 이러한 치유 프로그램의 진행을 위해 마을주민들이 '치유체험학습 교사 양성 과정'도 수료하였다. 아이들에게 단순한 흥미 위주의 체험으로만 인식되지 않기를 바라는 마음에서 활동과정을 기록으로 남길 수 있는 워크북을 만들고 치유체험일기도 만드는 등 부수적인 노력도 게을리하지 않는다. 치유체험교육관으로 훌륭하게 갖추어진 숙박공간과 먹거리에도 많은 노력을 기울여 부녀회가 운영하는 식당 공간은 가장 품질 좋은 지역 농산물로 만들

어지는 높은 영양과 최고의 건강 식단으로 운영한다.

새둥지마을 치유 여행 일정표

시 간		일 정
1 일 차	오전 ~11:30	경기 연천 도착 (서울 기준 1시간 30분 소요)
	11:30~12:30	새둥지 마을 도착, 마을주민들과 인사
	12:30~13:30	백학 참쌀로 지은 점심 식사
	13:30~14:30	트렉터 열차 타고 마을 한 바퀴 둘러보기
	14:30~17:70	수준별 체험 활동 진행 수준 1. - 유치원~초등학교 저학년에 맞춘 프로그램 수준 2. - 초등학교 고학년에 맞춘 프로그램 (초보, 기초, 심화의 3단계 프로그램 개발)
	17:30~19:00	저녁 식사 - 마을부녀회장님의 한마디, "우리 마을 오는 손님, 먹거리는 절대 소홀히 하지 않는다"
	19:00~22:00	새둥지마을의 늦은 밤 체험학습 # 전통예절교육 - 촌수 따지기, 식사예절, 족보보기, 제사 예절 # 청정 마을의 저녁 야외활동 - 별자리 관찰, 반딧불이 관찰
2 일 차	07:30~08:30	임진강 따라 통일을 기원하며 마을 산책
	08:30~09:30	아침 식사
	09:30~12:00	새 둥지 체험 활동 농촌 체험 / 문화체험 / 자연체험 / 놀이체험
	12:00~13:30	직접 만들어 먹는 음식체험으로 점심식사 - 손칼국수, 전통 만두, 도토리묵, 녹두전
	13:30~14:00	마을 인사 후, 출발
	14:30~15:00	신라의 마지막 임금님께 인사드리기 - 경순왕릉 탐방
	15:30~16:30	세계적인 구석기 유적지 - 전곡리 선사 유적지 탐방
	16:30~	집으로

제4장

치유산업자원해설의
경제적 효과

제1절
치유산업자원 해설 서비스의 현실

　치유산업의 등장은 우리 사회가 직면한 여러 문제, 특히 보건·복지·사회 관련 문제를 해결하는 데 농산어촌의 다원적 기능이 도움을 줄 수 있다는 생각에 기반을 두고 있다. 고령 사회로 대표되는 사회·인구학적 변화에 대한 대응은 이미 국가적으로 핵심적 사안이다. 아울러 빠르게 변화하는 경쟁 사회를 사는 현대인의 정신건강 문제에 대한 대책의 필요성이 꾸준히 제기되고 있다.

　유럽에서는 치유산업을 노인, 장애인을 포함한 다양한 사회적 취약계층을 대상으로 돌봄, 교육, 재활 등의 서비스를 제공하여 보건복지 관련 비용부담을 줄이면서도 더 나은 품질의 대안적인 서비스를 제공하는 방식으로 받아들이고 있다.

　네덜란드에서는 각종 노인성 질환 등으로 돌봄이 필요한 노인들이 데이케어를 위해 치유농장을 이용할 수 있으며, 이를 통해 노인들이 시설에 들어가는 것을 늦추며 살던 집에서 최대한 오래 살 수 있게 함으로써 장기요양 서비스의 품질은 높이고 비용부담을 줄이고 있다. 또한 네덜란드에서는 우울증, 번아웃 증후군, 외상후스트 레스장애 등 정신건강에 어려움을 겪는 경우 지방정부의 복지급여 지원으로 치유산업을 활용하여 건강 회복의 기회를 가질 수 있다.

치유산업은 현대사회에서 농산어촌의 다원화와 보건복지 분야의 새로운 요구에 잘 부합하는 형태의 활동이다. 치유산업은 농산어촌 자원을 먹거리 생산이 아닌 국민 건강 증진 및 회복을 위해 활용하 는 것으로 농산어촌의 다원적 기능 중 대표적인 형태의 하나이다.

유럽에서도 치유산업이 가장 잘 발전된 국가로 꼽히는 네덜란드 에서는, 치유산업을 특히 소산업인들의 다원화 필요성과 보건복지 분야 개혁 요구에 잘 부합하는 형태의 활동으로 보고 정부가 초기 의 발전을 지원하였다.

치유산업의 서비스를 노인, 장애인 등 사회적 약자에 대한 돌봄, 재활, 교육과 같은 공공서비스의 성격으로 규정하고 보건복지, 특 수교육, 고용 등 타 영역과 적극적으로 연계할 필요가 있다. 보건복 지, 교육, 고용 영역과의 연계를 통해 농산어촌에서 제공되는 서비 스의 질적 수준을 높이고 신뢰성을 확보할 수 있다. 또한, 농산어촌 에서 제공하는 서비스가 복지급여의 대상이 되는 사회서비스로 인 정되면 복지 재정을 통한 운영이 가능해지고, 이를 통해 사회적 취 약계층의 접근성을 높이고 치유농업 시설의 지속 가능한 운영이 가 능해질 수 있다.

치유산업을 공공서비스의 성격보다 개인의 여가 및 건강 추구 활 동으로 규정하면 상대적으로 공공 재원 투입의 당위성 및 타 영역과의 연계 필요성이 약해진다.

　현재 국내 치유산업 현황에 대한 구체적 자료는 아직 공개된 것이 없다. 2021년 10월 기준으로 국내에 치유농장 설립 및 운영을 위한 등록, 허가 등 별도의 시스템은 마련되어 있지 않아 '치유산업', '치유농장' 등의 용어는 누구나 자유롭게 사용할 수 있다. 현재 전국적으로 수백 개에 이르는 농장들이 치유산업 관련 활동을 하는 것으로 추산되며, 이들의 성격은 매우 다양하다. 일례로 치유농업법은 치유농업 관련 현황조사를 농촌진흥청장의 의무로 명시하고 있으므로 관련 현황자료가 발표될 것으로 예상한다.

　국내 치유산업은 정부와 여러 민간영역에서 해석하는 개념이 다양하고, 전 국민을 대상으로 하는 만큼 폭넓은 스펙트럼을 보인다. 서로 성격이 다른 여러 형태의 활동들이 모두 치유산업이라는 용어로 불리면서 치유산업에 대한 합의가 이루어져 있지 않았다.

　치유산업에 대해 다양한 개념과 이해가 등장한 이유 중 하나는 '치유'라는 단어가 여러 가지 해석의 여지를 주는 데 있는 것으로 보인다. 이렇게 각자 편의에 맞는 해석을 한 결과 힐링을 위한 체험과 건강기능식품 섭취 등 휴식 관련 목적에서부터 현대인들의 신체적, 정신적 질환의 개선을 위한 활동, 원예치료 및 사회적 약자와 함께하는 보건복지 서비스적 성격까지 다양한 성격의 활동들이 모두 치유산업이라는 이름으로 불리고 있다.

　따라서 치유산업의 발전과 적절한 지원을 위해서는 치유산업의 개념과 지향점에 대한 공론화를 통해 이에 대한 이해와 합의가 필요하다. 특히 치유농업과 유사한 개념으로 사회적 농업이 있으며, 농림축산식품부는 2018년부터 '사회적 농업 활성화 지원사업'을 시행해오고 있다.

현 정부의 100대 국정과제 중 '누구나 살고 싶은 복지 농산어촌 조성'에 사회적 농업이 포함되며 농림축산식품부에서 활성화 지원사업을 매년 진행해오고 있다. 농림축산식품부는 사회적 농업을 "농업 활동을 통해 장애인, 고령자 등 취약계층에게 돌봄, 교육, 고용 등 다양한 서비스를 공급"하는 활동으로 정의했다.

여러 지방자치단체에서 치유농업 및 사회적 농업 관련 조례제정, 지원금 지급, 시범사업 등을 추진하고 있다. 치유농업법은 치유농업에 대한 국가 및 지자체의 지원을 명시하고 있고 지방농촌진흥기관을 통해 치유농업 시범사업을 시행하는 지자체가 늘어나고 있다. 조례제정은 치유농업 및 사회적 농업 추진에 대한 지방정부의 강력한 의지로 보이나 치유농업의 개념이나 지향점이 명확하지 않고, 또 사회적 농업과 치유농업의 구분이 불분명한 상황에서 성급한 움직임이라는 지적도 있다.

우리나라에서 추구하고 있는 장애인 탈시설 정책, 지역사회 통합돌봄과 같은 보건복지정책과 관련해서 일부에서는 유럽의 케어팜 (Care Farm) 모델을 언급하기도 한다. 네덜란드에서는 장애인, 노인 등 장기요양 대상자들이 시설 수용 없이 집에서 지내면서도 충분한 보호와 돌봄을 받는 데 케어팜이 큰 역할을 하고 있다. 국내 일부 장애인 관련 단체들과 요양 기관 등에서는 유럽의 케어팜 모델이 우리나라에서 추진 중인 탈시설화와 지역사회 통합 돌봄이 추구하는 바에 부합한다는 의견을 내고 있다.

앞으로 치유산업이 발전하려면, 치유산업의 지향점을 명확히 해야 하고 이를 위한 공론화가 필요하다. 특히 치유농업은 농산물을 생산하여 판매하는 활동이 아니라 서비스를 제공하는 활동이기 때문에 비용부담 주체에 대한 논의가 필연적이다. 치유농업을 치료 효과를 제공하는 활동으로 규정한다면, 효과를 규명한 후 의료보험과 연계하여 비용을 지급하는 방안을 논의할 수 있을 것이다. 다만, 이 경우 기존 의료계와의 갈등이 예상되므로 대안으로 한의학 혹은 대체의학과 접목하는 방향을 검토해볼 수 있다.

유럽의 사례와 같이 취약계층의 돌봄, 교육 및 재활 등을 목적으로 하는 활동은 장기요양보험이나 사회서비스와 연계를 통한 지속 가능한 운영 방식이 바람직하므로 이의 제도화를 위해 정부의 직접적인 개입이 필요하다.

농산어촌자원을 활용한 체험을 통해 힐링 효과를 얻는 것을 치유산업의 지향점으로 삼는다면, 보건복지 영역과의 연계는 쉽지 않을 것이다. 농촌진흥청을 중심으로 지속적으로 이루어지고 있는 치유산업의 의·과학적 효과 연구는 보건복지영역과의 연계를 위한 근거 자료로도 활용될 수 있으나 그 한계 역시 충분히 고려해야 할 것이다.

치유산업 시행이 농산어촌 생산환경을 개선하는 데 기여하여 건강한 먹거리 생산과 유통환경 구축 등 생산자 중심의 농산업으로 전환하는 데도 도움이 될 것으로 보는 관점도 있다.

앞으로 치유산업이 발전하려면, 농산어촌 이외 분야와의 적극적인 연계가 절실하다. 치유산업은 농산어촌의 하드웨어를 활용하여 건강 증진을 위한 서비스라는 소프트웨어를 제공하는 활동이므로, 농산어촌은 물론 보건복지, 교육, 고용 등 여러 부처의 협력과 지원이 필수적이나 아직은 농산어촌 이외의 영역에서의 관심이 충분하지 않다. 협력의 목표는 치유를 위한 농산어촌의 인프라 및 자원 활용 비용을 보건복지 및 교육서비스 재원으로 부담하는 시스템을 구축하는 데 있다.

이를 위해서는 앞서 언급한 대로 치유산업의 개념과 지향점이 먼저 분명해져야 한다. 예를 들어 도시인들의 힐링을 목적으로 하는 활동인 경우와 정신장애인을 대상으로 하는 활동은 각기 다른 지원제도와 연계되어야 할 것이다. 현재 주로 이루어지고 있는 농산어촌 영역의 지원금을 통한 시설 개선 및 컨설팅 등은 초기 치유농장 조성에는 도움이 될 수 있지만 지속 가능한 운영을 위해서는 일회성 지원금이 아닌 농장에서 제공되는 서비스에 대한 정당한 대가가 안정적으로 지급될 수 있는 구조가 필요하다. 보건복지 영역과 연계되면 장기요양보험 및 사회서비스 등의 제도를 치유산업 서비스에 적용할 수 있게 되어 치유산업 시설은 안정적으로 재원을 마련할 수 있다.

앞으로 치유산업이 발전하려면, 지금의 치유농업법에 치유산업시설 설립 및 운영과 관련한 내용을 포함하는 법 보완이 필요하다.

치유산업 활성화를 위해 필요한 것은 단기적인 지원사업보다도 치유산업시설과 활동을 가로막는 각종 규제를 적절하게 변경하는 것이다.

치유산업서비스가 다양한 취약계층을 대상으로 하는 경우 제공되는 서비스는 공적인 성격이므로 공적 영역에서 이에 대한 비용을 부담할 수 있는 제도적 기반 마련이 필요하다.

앞으로 치유산업이 발전하려면, 사회적 농업과 연계해야 효율적인 정책 수행이 가능해진다. 사회적 농업을 추진하고 있는 농림축산식품부는 2020년 보건복지부를 비롯한 타 부처들과 MOU를 통한 협력사업을 진행 중이다.

따라서 치유산업을 위해 타 부처와 새로운 협력을 추진하기보다 사회적 농업과 중복되는 영역(돌봄, 복지, 재활, 교육 등)에 대해서 사업을 함께하는 것이 효율적일 수 있다.

제2절
치유산업과 스토리텔링

　많은 시청자들이 광고 속에 숨겨진 이야기에 대단한 관심을 보이면서 동시에 제품의 매출도 급상승하는 경우가 있다. 문화는 이렇게 스토리텔링으로 태어난다고 해도 과언은 아니다. 영화 <미나리>, <기생충>, 게임 <리니지>, 드라마 <겨울연가>, <대장금>, <대조영> 등 뛰어난 스토리 상품들이 대표적이다. 이는 모두가 탄탄한 '스토리텔링'을 기반으로 해서 만들어졌기 때문이다. 스토리텔링이 새롭게 주목받는 이유는 디지털시대의 문화산업의 규모가 급속도로 커지면서, 주요 콘텐츠의 성공을 좌우하는 것이 바로 '스토리'이기 때문이다. 스토리텔링은 이렇게 문화기술과 결합하면서, 모든 장르를 아우르는 상위범주가 됐다. 급기야 인터넷을 통해 누구라도 문자, 영상, 소리를 통해 스토리텔링을 구현하게 됨으로써 스토리텔링은 산업을 넘어서 개인과 사회에 있어 중요한 소통의 방식으로 자리 잡고 있다.

　본래 스토리텔링은 스토리(story)와 텔링(telling)의 합성어로 '이야기하기'라는 뜻이다. 여기서 스토리텔링은 사람 사는 이야기 등을 그냥 담화하는 것이 아니라, 생산자에 의해 창작되거나 기존에 있던 이야기를 수용자의 욕구 충족을 위해 효과적으로 가공해 '이야기'로 풀어주는 작업이다.

경기도 연천군에서 된장, 간장 등 장류를 생산하는 ㈜메첼의 도완녀 대표가 딱 이 케이스다. 그의 전직은 바로 첼리스트. 서울대 음대 출신으로 독일에서 강사로까지 나설 만큼 잘나가던 그는 스님 출신인 남편을 만나면서 된장 기업의 CEO로 변신해 주목받고 있다. 1993년 결혼 이후 첼리스트 혹은 음악 분야의 사업가로 활동했던 도 사장은 남편이 운영하던 장류 기업을 넘겨받아 대표이사에 오른다.

문화공연기획사를 운영하면서 나름대로 기업경영 노하우를 쌓았던 도 사장은 장류 제품 생산의 핵심이라 할 항아리 관리에서부터 직원관리, 물류, 유통 등 전 분야를 총괄하고 돈연 스님은 브랜드와 마케팅 활용과 관련한 아이디어를 제공한다. '메주와 첼리스트'도 스님의 아이디어에서 나왔다고 한다.

스토리텔링은 이렇게 '사람 사는 이야기'를 고객의 욕구 충족을 위해 효과적으로 가공해 '이야기'로 풀어주는 작업이다. 스토리와 정보, 지식을 총체적인 의미의 '이야기'로 묶는다면 스토리텔링이란 결국, 원형이 되는 어떤 이야기를 타인에게 전달하는 담화의 방식, 또는 담화 과정이다.

예컨대 스토리텔링을 계발하려는 노력은 올바른 전통문화에 대한 이해에서 시작되는데 전통음식의 경우 음식과 관련된 서사, 즉 스토리텔링이 될 수 있는 역사적 배경과 그 내용을 심도 있게 연구하는 것이 가장 기본이 돼야 한다. 즉, 음식은 인류와 역사를 같이 해 왔기 때문에 오색(五色), 오감(五感), 오미(五味), 우주론, 음양오

행설, 자연 등 음식과 관련된 이야기는 무궁무진하다는 뜻이다.

이제 유비쿼터스 시대의 도래가 확실한 만큼 문화산업의 중요성이 더욱 커질 것은 분명하다. 따라서 문화산업의 발달에 따라 스토리텔링의 필요성은 더 이상 강조할 필요가 없다. 기술은 어떤 콘텐츠를 만들어도 남아 있지만 스토리는 계속 새롭게 생산돼야 한다.

제3절
치유산업과 체험객의 만족

체험객 만족은 치유체험 활동의 궁극적 목적이라고 할 정도로 중요한 개념이라 할 수 있다. 체험객 만족은 개념적으로 체험객이 기대했던 치유체험농장과 방문 성과 측면에서 방문의 투자비용과 편익을 비교한 결과라고 할 수 있으며 조작적으로는 여러 제품의 속성에 대한 편익함으로 특정될 수 있는 태도라고도 할 수 있다.

체험객 만족은 방문자의 내방 전 기대와 방문 성과와의 일치 여부 과정에서 형성되는 소비자 태도라고 할 수 있다. 체험객 만족에 관한 기존의 연구결과에 따르면 체험객 만족에 대한 접근 방법은 두 가지 측면으로 나타나고 있는데 하나는 치유체험 경험에서 발생한 결과를 중점으로 두는 것이며, 다른 하나는 평가과정에 초점을 두고 있는 것이라고 할 수 있다.

체험객 만족의 개념은 치유체험의 후속 단계를 대표하는 심리적 구성개념으로 체험객들의 요구에 부합하여 만족하게 될 관광에 대한 요구와 동기, 경험의 유형 등을 인지하는 것으로 가정하고 있으며, 체험객들은 만족, 충족된 심리적 성과 등을 정확히 판단할 수 있다는 것을 의미하고 있다.

체험객 만족은 치유체험 이전에 가졌던 기대나 요구에 대한 치유체험 후에 느끼는 감정의 상태로 요약할 수 있다. 즉 체험객 만족은 개인이 선택한 치유 활동에 참여한 후에 형성되는 긍정적 감정이나 인지의 정도라고 할 수 있으며, 또한 체험객 자신이 치유체험 총체에 대한 사후 이미지를 평가하는 것으로 치유체험에 대한 일종의 태도로서 치유체험 경험의 평가 결과 긍정적인 감정의 상태로 정의할 수 있다.

체험객 만족은 치유체험상품, 서비스의 구매와 치유 활동 참여가 체험객 자신의 경험을 근거로 하고 있으며, 체험객이 치유 활동 참여에 있어서 얻을 수 있는 행동에 대한 기대수준과 실제로 얻어진 지각 수준과의 비교·평가에 의해 생긴 주관적인 심리상태이다. 체험객들은 다양한 태도, 성향, 욕구를 가지고 있으므로 치유농장에서 체험객이 지각하는 정도가 다르며, 만족에 영향을 주는 요인들도 다르게 나타난다.

체험객 만족에 대한 개념은 학자마다 제각기 다른 관점에서 규명하고 있으나 몇 가지 공통점을 찾아볼 수 있는데 이를 요약하면, 만족이란 서비스 또는 재화를 구매, 소비하는 과정에서 경험하게 되는 제품의 결과에 대한 개인적 차원에서의 총체적이고 주관적, 심리적인 평가라고 할 수 있다.

체험객 만족은 개념적으로 체험객이 기대했던 방문지와 방문 성과 측면에서 방문의 투자비용과 편익을 비교한 결과라고 할 수 있다. 즉 체험객 만족은 방문지의 방문 전 기대와 방문 성과와의 일치 여부 과정에서 초점을 두고 체험객 만족에 대한 개념을 정의할 수 있다. 즉 체험객 만족은 방문자의 방문 전 기대와 방문 성과와의 일치 여부 과정에서 형성되는 소비자 태도라고 할 수 있다.

체험농장에서의 해설 서비스 만족을 높이기 위해 가장 우선 고려되어야 하는 해설사 구성요인은 진행능력과 신뢰성으로 해설 서비스 청취자들이 해설사의 해설을 진행하는 목소리의 자신감, 목소리의 빠르기, 진행의 유연성 등과 해설사가 지닌 성실하고 정직해 보이는 모습에 대해 지각하는 정도가 해설 서비스에 대한 만족을 좌우한다. 그러므로 해설사의 자질을 향상시키기 위한 교육에서 치유산업자원에 대한 전문지식의 증대뿐 아니라 해설사의 해설 태도와 테크닉을 강화하는 교육이 필요하며 지역 문화 및 역사에 대한 교육에 지나치게 치중하기보다는 '해설안내기법' 또는 '기본소양 교육'의 강화가 필요하다. 치유 마을 해설사의 전문성, 신뢰성, 외적 호감성 등을 청취자들이 지각할 수 있도록 하는 노력이 필요하며 체험객의 지각을 돕기 위해 기술적으로는 해설사의 전문성과 신뢰성을 밝혀줄 수 있도록 해설 경력이나 전문교육을 받은 사실을 전문 해설사에 대해 공신력 있는 기관의 인증을 나타내는 표찰을 착용할 수 있도록 해야 한다.

그 외에도 오감을 자극하고 만족시킬 수 있는 매체를 사용하고 해당 매체를 능숙하게 다루는 것이 해설 서비스 만족을 증대시키는 데 도움이 될 수 있음을 보이고 있다. 매체의 경우에는 시각과 청각을 모두 활용할 수 있는 다양한 매체를 좀 더 적극적으로 사용하여야 해설 서비스에 대한 만족을 높일 수 있다.

제4절
치유산업과 치유자원해설

치유자원해설의 목적은 방문자의 만족, 자원관리, 이미지 개선에
있다. 방문자 만족이란 방문자가 방문하는 곳에 대하여 보다 잘 알
고, 보다 잘 느끼고, 보다 잘 이해할 수 있도록 하는 것을 말하며,
치유자원관리란 방문자로 하여금 방문하는 곳에서 적절한 행동을
취할 수 있도록 교육하여 자원의 훼손을 막는 것을 말한다. 또한
이미지 개선은 관리자의 관리 노력에 대해 홍보하여 관리자의 이미
지를 바람직한 방향으로 부각시키는 것을 말한다.

목적	세부 내용

체험객 만족	- 체험객에게 안전함과 영감을 줄 수 있으며,
	  심적 여유와 풍요로움, 그리고 즐거운 경험을 제공한다.
	- 체험객으로 하여금 치유자원에 대해 보다 잘 알고,
	  잘 이해할 수 있도록 한다.
	- 체험객이 원하는 치유체험지역을 용이하게 이용토록 한다.
	- 연령계층에 따라 다양한 프로그램을 제공한다.
	- 치유산업자원에 대한 호기심을 자극하고
	  일상생활에 적용할 수 있도록 관련성을 부여한다.

치유자원관리	- 치유자원과 치유시설에 대한 사려 깊은 이용을 유도한다. - 체험객의 지식 부족으로 어떠한 피해가 발생하는지를 인식하게 한다.
이미지 개선	- 양질의 치유자원해설 프로그램과 체험객 센터를 통하여

목적	세부 내용
	대중과의 긍정적인 관계를 창출한다. - 대상지 관리자의 관리 노력에 대한 이용자의 이해를 높인다. - 이용자로 하여금 관리자가 이용자의 만족을 위해 노력하고 있다는 사실을 알 수 있게 한다.

1. 스토리텔러의 이미지 제고

　현대사회를 이미지의 시대 또는 감성의 시대라고 한다. 그만큼 개인이든 기업이든 관련자들에 대한 이미지의 제고가 필요한 시대이다. 특히 스토리텔러의 업무는 식물성 산업이다. 유통과정에서 고객을 찾아가는 것이 아니라 고객이 접근하는 것이다. 체험객이 직접 스토리텔러가 있는 장소로 직접 찾아와야 한다.

　따라서 처음 방문한 체험객을 영원한 자신의 고객으로 만드는 것을 궁극적 목표로 하는 총체적 스토리텔러 기법이 필요하다. 그리고 이러한 스토리텔러 기법에는 재방문의 주요동기 요인들이 포함되어야 한다. 체험객의 마음에 드는 심리적 영상, 즉 좋은 이미지를 심어줄 수 있도록 해설의 질을 높은 수준에서 획일화하도록 노력해야 한다. 해설사의 이미지는 해설과정에서의 기술적 질과 기능적 질이라는 양 차원을 체험객이 어떻게 인지하는가에 따라 달라진다. 여기서 기술적 질이라고 하는 것은 표현력, 리더십, 지식 등을 의미한다. 그리고 기능적 질이라 함은 스토리텔러의 태도, 고객접촉, 접근성, 외모, 열의, 행동 등 다양한 인적 요소가 포함된다. 따라서 해설기법은 해설의 질적 수준을 높여 탐방객에게 좋은 이미지를 제공하는 원천이 된다.

2. 치유자원 해설의 질

치유자원의 해설은 스토리텔러와 체험객 간에 시간적, 또는 공간적으로 분리되어 존재할 수 없다. 해설의 질에 대한 인식은 체험객의 기대와 스토리 기법에 대한 비교의 결과이다. 그리고 질에 대한 평가는 해설되는 즉시 이루어지며 해설과정에서 이해의 난이도, 스토리텔러의 태도에 대한 평가도 또한 함께 포함된다. 따라서 해설의 질에 대한 평가는 체험객에 따라서 문화유산의 종류보다 더 다양하며 많은 차이가 있다.

치유자원해설은 전문용어의 난이성을 얼마만큼 쉽게 풀어 가느냐 하는 것과 알려고 하는 체험객의 의지에 따라 느낌이 달라진다. 체험객의 경험적 이미지로 남게 될 양질의 해설을 위해서는 그 과정에 충실해야 하며, "순간의 최선"을 위해 노력해야만 하는 특성이 있는 것이다. 해설의 질은 체험객에게 경험적 이미지로 남게 된다.

3. 치유자원 해설 단계

제1단계 : 조사연구
해설하고자 하는 치유자원에 관련된 모든 정보자료의 수집
역사성, 예술성 등 자원이 가치를 제고시킬 만한 이야기 거리의 수집

제2단계 : 테마 설정

수집된 정보자료를 토대로 테마를 설정한다.

역사성을 강조할 것인가, 예술성을 강조할 것인가, 교육적 효과를 강조할 것인가

제3단계 : 시나리오 작성

테마별로 시나리오를 작성한다. 체험경로의 동선을 고려하여 시나리오 순서를 정하며 부분적으로 강조할 부분과 의미 있는 문자의 해설도 삽입한다.

제4단계 : 체험객의 동기파악

체험객이 치유자원을 답사하러 온 동기나 목적을 미리 파악하고 그에 적합하도록 해설을 펼쳐 나간다.

제5단계 : 시나리오 수정

체험객의 동기와 목적은 다양하다. 계속해서 해설을 담당하다 보면 그들의 주된 동기나 목적, 그리고 요구 사항 등을 간파할 수 있을 것이다. 이때 메모를 해 두었다가 기존의 시나리오에 첨부하거나 수정을 하면서 다듬어 나가야 한다.

제6단계 : 해설 및 안내

체험객이 오게 되면 암기한 시나리오대로 해설을 하면서 안내를 하게 된다. 이때는 앞서 제시한 해설원칙들을 고려하여 객관적이면서도 개성 있는 이미지를 심어줄 수 있도록 한다.

제7단계 : 자기진단

해설 중에 체험객의 반응을 유심히 살피고 해설이 끝난 후에 개선방안을 찾도록 하여야 한다. 즉, 어떤 대목, 또는 이야기에 관심과 흥미를 보였는가, 또는 주의가 산만해졌는가 등을 관찰해두고 자기진단을 계속하면서 훌륭한 해설사가 되도록 지속적인 연구를 해야 한다.

치유자원 해설 유형은 크게 스토리텔러가 직접 해설하는 안내자 해설인 인적 해설과 스토리텔러 없이 체험객이 직접 유인물이나 해설 간판, 오디오나 비디오 등과 같이 매체를 이용한 해설인 비인적 해설로 나누어진다.

표 4-2. 치유자원 해설기법의 유형

유형	내용	
인적 해설기법	이동식 해설 정지식 해설	
비인적 해설기법	길잡이시설 해설	해설판 전시판 브로셔 해설센터
	매체 이용해설	모형 기법 실물기법 청각 기법 시청각기법 멀티미디어 재현시설기법 시뮬레이션 기법 인쇄물 기타

* 자료 : 기존의 자료를 바탕으로 연구자 재구성

1. 인적 해설

효과적인 해설을 하기 위해서는 해설을 듣는 체험객들의 눈과 귀, 마음을 열어야 한다. 이는 해설사가 체험객으로 하여금 생동감 있는 해설을 통하여 치유자원이 가지고 있는 의미와 가치를 단순한 설명이 아닌 대화를 통해 서로 하나가 되어야 함을 의미한다. 가장 효과 있고 만족도가 높은 해설기법은 발로 인적 해설 서비스를 받았을 때라는 연구결과를 도출하였으며 이러한 인적 해설 서비스에는 이동식 해설과 정지식 해설이 있다. 이동식 해설은 넓은 지역을 돌아다니면서 그 지역에 관해 체험객에게 해설 서비스를 제공하거나 치유농장에서 이동하며 치유체험에 관해 해설을 하는 것으로 이 방법은 대규모 치유체험관이나 야외치유농장의 체험 시에 적절하다. 정지식 해설은 치유체험객이 많은 곳에 치유체험 해설사가 고정 배치되어 해설 서비스를 제공하는 경우로 해설 프로그램의 주제와 관련된 특별한 기술을 시연해 보여주기도 하고, 체험객들에게 기술을 가르쳐 주기도 하며, 어떤 경우에는 그 지점에서 발생하는 현상을 설명해 준다.

2. 비인적 해설

비인적 해설은 해설사가 치유자원해설에 직접 관여하지 않는 가운데 체험객 스스로 브로셔나 전자 장치, 치유자원 안내 해설판 등을 이용해 이루어진다. 이런 비인적 해설 서비스 기법에는 크게 길잡이시설 해설기법과 매체 이용 해설이 있다.

길잡이시설 해설은 체험객이 해설자의 도움이 없는 상태에서 독자적으로 치유자원 체험대상을 추적하면서 제시된 안내문에 따라 그 내용을 이해하고 인식수준을 제고하는 것으로 특정 사건의 역사적 경과, 환경의 변화과정, 특이한 생물의 특성 등을 치유자원 해설대상으로 하고 있으며, 이 해설 유형은 전문직에 종사하는 사람, 지적 욕구가 강한 사람, 교육수준이 높은 사람에게 효과적인 해설기법이다. 이러한 길잡이시설의 설계 시 해설내용의 구성에 있어 일관성을 유지해야 한다. 기본구조의 결정요소는 해설 수단과 내용의 설정 및 체험대상자에 따른 전달내용이 결정되어야 하며, 기본구조의 윤곽에 있어서는 치유자원 해설 제목의 결정과 단락별 세부 내용 및 끝맺음이 분명하게 나타나야 한다. 특히 치유자원해설 내용에 있어서는 정확성과 명료성이 요구되며, 전체 해설내용은 신뢰성이 있어야 한다. 치유자원 해설판의 설계 시 요구 사항은 디자인상에 있어 치유자원 해설판의 모양과 글자체·규격·위치가 고려되어야 하며, 치유자원 해설판의 선택에 있어 치유체험 지역 분위기와의 조화성 유지, 기후, 부식상태, 곤충피해, 도난·훼손방지 등도 주의점으로 지적될 수 있다. 길잡이시설 해설기법의 장점을 보면 비용의 저렴성, 운영 및 유지비용의 감소, 이용자별 독해속도의 신속성과 완만성 보장, 독해내용 선택의 임의성 확보, 이정표 기능의 수행으로 체험객의 길잡이 역할, 기념성의 부여로 사진 촬영의 대상으로 선택 가능, 방문의 증거 등을 들 수 있다. 한편 단점으로는 독해자의 인식수준과 정신적 노력이 요구된다는 것이며, 일방적 의사전달로 쌍방적 질의응답 능력의 결여, 의무감 해소능력의 부족,

체험객에 의해 훼손의 가능성이 있다는 것이다.

매체 이용해설은 여러 가지 장치들을 이용하여 치유자원을 해설하는 것으로 체험객에게 여러 가지 상황을 경험하게 할 수 있기 때문에 치유자원 재현에 특히 효과적인 해설 유형이다. 재현은 체험객에게 치유자원을 효과적으로 인식시키고 이해시키는 수단으로서 역사적 사실과 사상을 재현하는 것으로 치유자원 재현대상은 역사적 지점과 생활·사건이며, 치유자원 재현내용은 역사의식·민속문화 등에 사실감을 구현하여 역사적 사실을 추적·묘사하고, 치유자원 해설대상에 생동감을 부여하여 민속 문화의 현장성을 제시함과 동시에 치유자원의 교육적 효과를 높여 역사적·문화적·인종적인 이해수준을 향상시키는 것이다.

매체 이용 해설기법의 종류는 약 8가지로 형태를 모방한 기법으로 축소모형·실물모형·확대모형이 있는 모형 기법과 사실을 그대로 재현해 놓은 사실 재현, 유적을 재현해 놓은 유적재현, 유명한 성인·사상가·독립운동가 등을 재현한 인물 재현, 그리고 인간이 만들어 낸 특이하고 가치가 있는 기술을 재현해 놓은 기술재현이 있는 실물기법이 있다. 또 청각 기법에는 그때마다 안내나 설명을 해 주는 방송과 미리 녹음해 놓은 녹음테이프, 상황이나 연출에 적절한 음악 등이 있고, 시청각기법에는 직접 가볼 수 없는 장소나 인물 등을 녹화해 놓은 비디오 시설, 필요한 해설을 누르면 그 부분을 볼 수 있는 터치스크린, 유명한 장소에 얽힌 설화나 전설·인물 등을 극화한 영화 등이 있다.

멀티미디어 재현시설 기법은 인물이 등장하여 과거의 체험이나 영웅담을 재현시켜주는 방법인 디오라마와 인물 대신 만화로서 과

거의 체험이나 영웅담을 재현시켜주는 방법인 애니메이션이 있다. 시뮬레이션 기법은 가상체험과 게임시설로 생생하고 직접적인 체험을 하는 기법으로, 예를 들면 아산의 충무공 이순신기념관을 가보면 임진왜란을 체험할 수 있는 가상 체험실이 마련되어 별도의 입장료를 내면 가상의 전쟁체험을 할 수 있다. 이것은 보다 생생하고 직접적인 체험과 자극을 줄 수 있는 기법으로 게임시설 역시 가상체험처럼 직접적인 체험과 자극을 얻을 수 있다. 인쇄물에는 팸플릿과 리플릿 및 안내해설서가 있고 기타로는 시각물인 사진·그림·지도 등이 있다.

매체 이용해설은 터치스크린과 비디오 등으로 인쇄물·해설 간판의 시각적 문제를 해소할 수 있고, 전시물·축소모형·실물모형 등을 체험객의 시선을 집중시킬 수 있으며, 최신장비를 도입한 매체 해설은 첨단기술의 놀라움과 편리함으로 체험객에게 호기심과 신비감을 주어 장시간의 관심을 유도할 수 있다는 장점이 있다. 또 공급수준과 형태의 다양성을 확보하여 소리의 크기, 장치의 모양, 색깔을 자유로이 조작할 수 있어 상황별 대처능력을 줄 수 있으며, 반복이 용이하며, 유사상황의 연출에 있어서도 음향효과의 이용, 상황의 재현, 유사효과의 유도가 높게 나타날 수 있다. 반면 단점에는 고장대비와 관리유지를 위해 정기적 보수 및 예비품이 항상 준비되어 있어야 한다는 것과 계속적으로 동일내용이 반복되어 재방문자나 종사자에게 있어서는 지루함을 줄 수 있고, 설치를 하는 데 있어 전기이용, 야외 및 벽지 이용에 있어서는 제약점이 따른다는 것이 있다.

표 4-3. 비인적 해설기법의 장·단점

유형	장점	단점
길잡이시설 해설	방문의 증거 비용의 저렴성 운영 및 유지비용의 감소 독해내용 선택의 임의성	독해자의 정신적 노력 요구 일방적 의사전달 의문감 해소능력 부족 야생동물, 부식 등 훼손 가능
매체 이용해설	관람객의 시선 집중 첨단기술의 편리함 상황별 대처 가능 상황의 재현 유사효과	고장 및 관리유지 필요 동일내용 반복의 지루함 전기이용 등의 제약점 정기적 보수 및 예비품 준비

* 자료 : 기존의 자료를 바탕으로 연구자 재구성

제6절
스토리텔러의 경제적 역할과 활동

1. 치유산업자원 창조요소 발굴과 매뉴얼 개발(8거리 개발)[29]

지금까지는 주변 권유에서 시작했던 마을 방문 동기가 '볼런테인 먼트'(자원봉사+즐거움)로 가면서 점차 여가활동의 한 분야로 자리 매김하고 있는 현상이 나타나고 있다. 이런 즐거움을 유도하는 마을 가꾸기 핵심수단은 8거리 개발 중 특히 지역창조요소 개발부문 이다. ① 볼거리: 경관, 집락, 사람, 농촌 등 ② 먹거리: 토속, 향토 음식 ③ 쉴 거리: 향토성, 서정성, 전원성, 편락성, 쾌적성 ④ 알 거리: 지역, 개인사, 전설, 민요, 약효, 술, 그리고 외지인이 모르는 이야기 등으로 스토리 브랜드 만들기 ⑤ 할 거리: 타지 불가(他地不

---

29) **농촌 마을 치유자원과 8거리와의 관련성** : 농촌의 치유산업자원 개발을 활성화하기 위해서는 휴먼웨어 측면(치유농장 운영 농가의 주민 자발성 유도전략)을 포함한 마을 가꾸기 개념으로 지역을 인식해야 한다. 치유산업자원 거리 가꾸기의 내용에는 역사, 가로, 경관, 지역 문화, 예술, 전통예능, 식, 특산품, 이벤트, 축제, 스포츠, 관광, 리조트, 테마파크, 녹지 정비 등의 분야가 있다. 이 분야는 각각 전문성을 가지고 각기 다른 사업영역을 가지고 있지만, 농촌지역 발전의 기본이 되는 치유자원을 발굴한다는 데 공통점이 있다. 이처럼 농촌의 치유산업자원 창조요소를 발굴 발전시키는 한편, 도시민들이 만족할 수 있는 다양한 체험 거리를 제공한다는 점에서 치유자원 8거리 테마 개발과 깊은 관련이 있다.

味)의 독특한 취미나 창작, 전통놀이(만들어야 지역특화 가능) ⑥ 일거리: 농산어촌에서 노동을 수반하는 체험(농촌의 가치 인식, 노동의 신성함) ⑦ 놀 거리: 재미와 감동+정보와 교양을 주는 놀이 ⑧ 팔 거리 등을 만들어 부가가치를 높이자는 것이다.

이 같은 8거리 개발은 마을 가꾸기 6원칙이 뒷받침되어야 한다. 즉 ① 농촌역사와 경관, 지역을 즐길 수 있는 개발 ② 환경보전이나 휴양에 기여할 수 있는 개발 ③ 지역 분위기에 조화될 수 있는 디자인 ④ 지역경제에 기여할 수 있는 투자 ⑤ 농촌관광에서 이익을 얻은 자의 책임의식 ⑥ 마케팅과 계몽 활동의 필요성 등이다. <그림 5-1>은 8거리 평가시스템이다. 앞으로 8거리와 오감의 복합화를 통한 치유산업자원 테마 개발을 어떻게 진전시키느냐에 따라 앞서가는 마을과 뒤처지는 마을로 구분될 것이다.

그림 5-1. 치유산업자원 8거리 개발 평가시스템[30]

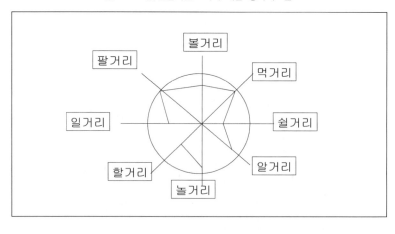

---

30) 8거리는 기본 3요소(볼거리, 먹거리, 쉴 거리)와 지역창조요소(알 거리, 할 거리, 일거리, 놀 거리, 살 거리)로 구성됨.

2. 8거리 개발 프로그램 부문 중
치유산업자원 창조요소 발굴[31]

그동안 농외 소득증대 차원에서 추진해온 우리 체험 관광 농업은 경영능력 부족과 과다한 시설투자로 운영이 부실하고, 개별사업자 중심의 지원으로 지역과 연계되지 못하였다. 무엇보다 주요 고객층인 도시민의 요구가 반영된 농촌치유체험자원을 활용할 수 있는 프로그램 개발이 미흡하다는 것이 큰 문제다. 이제 농촌의 다양한 자연경관과 생태, 문화자원 등에서 차별화된 가치와 가능성을 발굴하여 도시와 농촌이 교류함으로써 농촌 활성화를 도모하는 새로운 농촌치유체험전략이 요구된다. 즉 개별농가 중심, 숙박 중심의 관광에서 탈피하여 '자연환경+농특산물+전통문화'를 토대로 먹거리+볼거리+쉴 거리+알 거리+할 거리+놀 거리+일거리+살 거리 등 8거리 자원 중 지역 치유자원 창조요소(쉴 거리+알 거리+할 거리+놀 거리+일거리+살 거리)를 개발하는 것이 도시와 교류하는 농촌 치유산업자원 활성화 전략이다. 이로써 오늘날 당면한 도시민의 여가욕구 충족, 농외소득 증대, 국토의 균형개발, 환경보전 등 다면적인 목표를 달성할 수 있을 것이다. 따라서 지역 치유산업자원 창조요소개발을 위한 농장 가꾸기 사전진단방법을 제안하고자 한다. 먼저 진단방법으로 ① 농장 가꾸기의 힘을 결정하는 4가지 요인에 대한 설문조사가 필요하다.

---

31) 현재 일반화되는 농촌 체험 관광 프로그램은 크게 3가지 종류(숙박, 식사, 농가체험)로 나누어 볼 수 있다.

표 4-4. 농장 가꾸기의 힘을 결정하는 4가지 요인

설문번호	4 가지 요인	내용
I (1~10번)	목표적 요인	농장주는 농장 가꾸기의 목표를 어느 정도 이해하고 있으며, 그것을 달성하기 위한 의욕은 어떠한가.
II(11~25번)	구조적 요인	농장주나 치유자원 마을풍토에 영향을 끼치는 여러 가지 요인들은 어떻게 되어있는가. (마을구조, 규칙, 제도, 사업의 흐름 등)
III(26~35번)	인간적 요인	농장주의 특질은 어떠한가. (능력, 의욕, 행동 경향 등)
IV(36~50번)	풍토적 요인	마을 특유의 분위기, 관행, 규범, 사고방식 등은 어떠한가.

② 마을 가꾸기의 힘을 결정하는 4가지 요인별로 점수를 합계한 후 평균점을 계산한다.

③ 평균점에 의하여 문제의 정도를 다음과 같이 해석한다.

4 가지 요인별 평균	문제의 정도
4.1~5.0점	아주 양호
3.1~4.0	양호
2.1~3.0	조금 문제
2 점 이하	크게 문제

진단 결과는 다음과 같은 <표 4-5>로 나타낼 수 있다.

표 4-5. (A) 마을의 요인별 분석

<진단치 수준 : 1~5점>

구분			목표적 요인	구조적 요인	인간적 요인	풍토적 요인	계
성별	남자	(A) 마을	3.6	3.4	3.4	3.4	3.5
		전국평균	3.6	3.1	3.3	3.2	3.3
	여자	(A) 마을	4.0	3.7	3.7	3.7	3.6
		전국평균	3.8	3.6	3.3	4.0	3.7
유형별	일반농가	(A) 마을	3.5	3.6	3.6	3.7	3.6
		전국평균	3.5	3.2	3.6	3.2	3.4
	신규농가 (귀농인)	(A) 마을	3.7	3.7	3.4	3.6	3.6
		전국평균	3.9	3.6	3.0	4.0	3.6
월소득	100만 원 미만	(A) 마을	3.9	3.7	3.7	3.6	3.7
		전국평균	3.4	3.3	3.2	3.5	3.4
	100만 원 ~300만 원	(A) 마을	3.7	3.5	3.5	3.5	3.6
		전국평균	3.6	3.6	3.5	3.6	3.6
	300만원 이상	(A) 마을	3.8	3.6	3.6	3.8	3.7
		전국평균	4.0	3.3	3.1	3.7	3.5
계		(A) 마을	3.7	3.6	3.5	3.6	3.6
		전국평균	3.7	3.4	3.3	3.6	3.5

　다음으로 8거리 개발 평가시스템을 통한 (A) 마을의 현재 보유 수준을 파악할 필요가 있다. 아울러 도시 청소년과 중고등학생의 대상에 맞는 치유산업자원 테마를 개발하여 지역 학생들의 봉사학점제와 연계시킨 프로그램을 적극 개발해야 한다. 일본의 경우 이러한 지역 치유체험 학습의 교육적 가치를 높이 평가해 초등학교의 70%가량이 지역 치유체험 학습을 실시하고 있다. 특히 지금은 지역 치유체험 학습을 보다 적극적으로 추진하기 위해 '종합학습시간'이라는 과목을 신설, 정규 교육의 하나로 편성했다.

그동안은 우리나라 농산어촌 교육농장은 어린이 치유체험 위주로 농장을 운영했다. 앞으로는 농산업 활동을 하면서 마음과 몸이 아픈 이들을 농산업을 통해 치유하는 '힐링 산업'으로 치유체험 프로그램을 좀 더 전문화할 것이다. 그러기 위해서는 시설에도 많은 투자를 하고 치유산업 전문인력도 필요하다.

3. 스토리텔러의 활동

가. 스토리텔러의 역할

해설사는 여러 가지의 역할을 하는데 먼저 해설사는 치유산업자원의 가치를 재미있게 소개하는 이야기꾼이라고 할 수 있다. 해설사의 능력에 의해 체험객의 만족과 경험은 차이가 날 수 있다. 또한 전속 안내원으로서 체험객을 동행하며 이곳저곳을 안내하는 형식이 아닌 특정 마을 치유자원에 전속하여 체험객을 대상으로 치유산업자원의 내용을 설명하는 것이다. 해설사의 본분은 자원봉사자이다. 이들은 마을의 치유산업자원의 문화와 역사를 체험객에게 알림으로써 마을에 대한 자긍심을 굳건히 하고 마을의 이미지를 제고하는 데 기여하게 된다. 대가를 기대하지 않고 봉사 차원에서 해설사로 참여함으로써 지속적인 활동을 기대할 수 있을 것이다. 해설사는 마을 경제 활성화에 앞장서는 치유체험종사원이다. 이들은 치유체험서비스 마인드로 무장하고 체험객들이 만족스러운 치유체험을 할 수 있도록 도와주는 동시에 주변의 먹거리, 볼거리로 체험객을 유도하도록 노력해야 한다.

나. 전문지식

치유산업자원해설은 마을 자원을 사실적으로 설명하는 것에 그치지 않고 마을 자원이 지니고 있는 의미와 가치를 연구하여 체험객이 쉽게 이해할 수 있도록 하는 과정이다. 해설사는 체험객들의 체험 욕구를 실제로 찾아내서 분석할 수 있어야 하며 해당 마을 자원뿐만 아니라 이와 관련된 지역과 문화에 대하여 다양한 치유자원 체험 상식을 가지고 있어야 한다. 이러한 측면에서 볼 때 치유산업자원해설은 대상 마을 자원의 특징과 상호관련성을 묘사, 설명함으로써 마을 관광 활동에 참여하고 있는 체험객에 대한 교육적 활동이고, 치유체험 대상지에 대한 인식을 넓혀주는 활동이며, 그곳 이용자에게 새로운 이해와 통찰력, 열의, 흥미를 불러일으키는 활동이라고 할 수 있다.

해설사는 단순히 치유산업자원에 대한 지식과 상식 외에도 좀 더 창의력으로 새로운 치유체험 대상지를 개발하고 체험 자체에 대한 기본 지식을 습득해야 하며, 업무에 대한 풍부하고 완벽한 지식을 가져야 된다. 그리고 해설사는 자신의 전문적인 지식을 좀 더 쉽고 흥미롭게 체험객들에게 전달하여 유적, 유물, 문화와 자연의 이해를 증진시키고 더불어 이를 통해 치유산업체험자원의 가치를 제고시켜 준다. 즉, 치유산업자원해설 활동 중 업무지식은 전통문화에 대한 지식, 문화재에 대한 지식, 치유체험 대상지지 주변에 대한 지식, 문화재에 대한 감상능력을 의미한다.

다. 의사소통

의사소통(Communication)의 개념에는 물체(자연)와 물체와의 의사소통, 물체와 인간과의 의사소통, 인간과 인간과의 의사소통이 포함되어 있다. 특히 대인적 문화 의사소통으로서 치유산업자원해설은 체험객과 치유자원해설사의 휴먼 커뮤니케이션이다. 그러므로 치유체험은 사람과 사람 간의 의사소통이 중심이 된다.

이야기의 소재를 풍부하게 갖추고 때와 상대방에 따라 적절한 화재를 제공할 수 있도록 해두는 것은 물론, 화법 그 자체에 대해서 평소 연구해둘 필요가 있다. 침착하게 천천히, 분명한 발음, 요점을 반복, 무의미한 발성을 넣어서는 안 된다.

체험객과 치유체험 목적지 간 의사소통에는 다양한 매체가 개입되며, 의사소통 과정은 첫째, 수요자 관점에서는 치유체험자원의 이해에 관여하는 일련의 요소라 할 수 있고 둘째, 마케팅 관점에서는 체험객의 만족과 방문 촉진을 위해 치유체험 목적지에서 제공하는 정보의 총체라 할 수 있으며 셋째, 정보 교환 관점에서는 치유산업자원에 대한 체험객과 체험목적지의 의사소통으로 이해할 수 있다.

라. 친절도

해설사에 있어서 친절도는 아무리 강조해도 지나치지 않을 정도로 중요한 항목이다. 치유산업자원 해설사 역시 마을 치유산업자원을 홍보하고 이미지 향상을 높이기 위하여 실시하라는 서비스 차원이기 때문에 더욱 세심하게 체험객 모두에게 신경을 써야 한다.

서비스 업무에서 친절은 '상대방의 고충을 덜어주고 마음을 편하게 해주는 것'이라고 하고(김주원, 1992), 친절한 서비스를 접객 종사원의 자존심을 손상시키는 비굴한 행위가 아닌 마땅히 고객들에게 기쁨을 주면서 종사원 스스로가 보람과 즐거움을 주는 행위로 보았다(김혜성, 1995). 즉, 서비스 업종에 종사하는 사람에게는 빠질 수 없는 덕목으로서 치유산업자원을 설명하는 치유산업자원 해설사에 있어서도 빠질 수 없는 중요한 항목 중의 하나로서 치유산업자원을 홍보하고, 활성화하고, 이미지 향상을 높이기 위하여 실시하는 서비스 차원이기 때문에 더욱더 체험객에게 세심하게 신경을 써야 한다.

따라서 체험객의 지각 수준을 높여주는 해설 서비스를 이용하였을 때 체험객의 가치 인식 정도는 극대화될 것이다. 지금까지 서술한 내용을 이를 요약하면 다음과 같다.

치유산업이 지속 가능한 성공적인 모델이 되기 위해서는 치유농업자원개발을 통해 경영수익구조 측면에서 마케팅 트렌드 변화에 민감하게 대처해야만 한다. 그렇지 많으면, 타 지역들처럼, 마치 숙제를 다해놨는데 강아지가 노트를 뜯어 먹었다는 식이 되어서는 안 된다. 이를 위해서는 치유농업자원개발을 통한 콘텐츠마케팅이 필요하다.

첫째, 지역 볼런투어리즘(voluntourism=봉사+관광) 확산을 위한 관내 치유농장들의 체계적이고 적극적인 지원시스템이 구축되어야 한다. 예컨대 언텍트 시대의 SNS 마케팅 일환으로 관내 대학생 서포터즈(일반인 유튜브 포함) 선정을 통한 홍보 활동 등이다. 여기서 유의할 것은 대개 자원봉사자 중에는 형식적으로 또는 일시적으로 참여하는 경향이 있다. 그러다 보니 무책임하고 단기적인 봉사에 그치는 경우가 많다. 이런 '볼런투어리즘'이 관내 사회공헌프로그램 등을 활용한다면 더없이 좋은 제도로 정착될 것이다.

둘째, 8거리 개발과 함께 지역창조요소의 개발부문이다. 이는 지역 가꾸기의 오감 활용이 필요하다. 치유농장의 활성화는 핵심 8거리(볼거리, 먹거리, 쉴 거리, 알 거리, 할 거리, 일거리, 놀 거리, 살거리)를 통해 치유농장자산의 가치 증진과 관광자원의 부가가치를 만들어 판매하자 것이다. 여기에다 지역 가꾸기의 오감 활용(시각, 청각, 미각, 후각, 촉각) 등에 만족을 줄 수 있는 다양한 소재를 개발해야 한다.

이 같은 8거리 개발은 지역 가꾸기 6원칙이 뒷받침되어야 한다. 즉 ① 치유역사와 경관, 지역을 즐길 수 있는 개발 ② 환경보전이나 휴양에 기여할 수 있는 개발 ③ 치유농장 분위기에 조화될 수 있는 디자인 ④ 지역경제에 기여할 수 있는 투자 ⑤ 치유체험 관광에서 이익을 얻은 자의 책임의식 ⑥ 마케팅과 계몽 활동의 필요성 등이다. 특히 스토리텔링 마케팅은 매우 중요하다.

셋째, 도시 청소년과 중고등학생의 대상에 맞는 치유농장체험, 지역자원봉사 등을 '봉사학점제'와 연계시킨 프로그램을 적극 개발해야 한다.

마지막으로 치유농업자원개발 사업이 단기에 그치지 않기 위해서는 지역 치유농장주를 중심으로 하는 사업 추진체계가 정착되어야 시너지 효과를 낼 수 있을 것으로 사료된다.

제5장

치유산업경제 테마
프로그램의 현실적 적용

제1절

세대별 · 대상별 치유 프로그램

국가의 사회문제 해결, 고용창출, 사회안전망 구축과 사회통합, 건강관리 등을 위해 국민의 생애주기별 맞춤형 복지정책에 맞게 치유산업자원의 경제적 서비스제공을 위한 정책 수립 및 사업화 서비스 전략이 필요하다.

급격하게 진행된 도시화로 인해 현대인의 생활공간은 자연 중심의 환경에서 인공 환경으로 급속히 변화하였으며, 청소년기의 학업 스트레스, 청년기의 취업 스트레스, 중장년기의 업무 스트레스, 노년기의 장수 스트레스 등 현대사회에서는 연령대별로 다양한 환경 스트레스를 받는 실정이다.

국내의 경우, 산림자원을 활용한 문화 · 휴양 사업의 목적으로 태아에서부터 장례까지 생애주기별 맞춤형 서비스를 사업화하여 제시하고 있으나, 치유산업자원을 대상으로 구체적인 서비스 설계 및 모델의 개발은 시작단계에 있다.

생애주기	치유활동명	내용	
영유아기 (0~6세)	원예활동	일반 유아 : 정서안정	정각장애 유아 : 사회성 증진
	산림활동	일반 유아 : 친환경적 태도 증진	저소득층 유아 : 사회성 증진 및 표현력 강화
	동물교감활동	일반 유아 : 정서지능 개발	자폐 유아 : 주시행동 향상
아동청소년기 (6~18세)	원예활동	일반 아동 : 정서치유	일반 아동 : 식습관 개선
	산림활동	일반 아동 : 자연친화적 태도 증진	ADHD 아동 : 자기 표현력 향상
	동물교감활동	초등학생 : 정서안정	지적장애 청소년 : 사회성 향상
청년기 (19~35세)	원예활동	성인 조현병 환자 : 조현병 증상 치유	성인 교도소 재소자 : 심리/정서 안정
	산림활동	대학생 : 정서안정	성인 우울증 환자 : 우울감 개선
	동물교감활동	대학생 : 스트레스 감소	정신지체 장애인 : 직업 재활
중장년기 (36~64세)	원예활동	갱년기 여성 : 정서적 안정	가족상담 내담자 : 가족문제 해결
	산림활동	중년기 여성 : 혈중지질 감소	한 부모 가정 중년 부모 : 정서치유
	동물교감활동	중년여성 : 우울증 치유	뇌졸중 환자 : 정서치유
노년기 (65세 이상)	원예활동	일반 노인 : 삶의 만족도 증진	우울 노인 : 우울감 감소
	산림활동	일반 노인 : 균형 및 보행능력 증진	우울 노인 : 우울감 감소
	동물교감활동	독거노인 : 고독감 해소	치매노인 : 인지재활

이에 따라 연령계층별, 특수한 문제 유형 또는 대상별 치유산업
서비스제공에 체계나 통합된 연구 및 모델이 필요한 상황이다.

제2절

농장별 경제적 치유 프로그램

치유 유형	명칭	치유대상	권역	치유 프로그램	보완사항
농작업 매개 치유 (3)	배꽃피는 마을	초중고	낙안 별량 권역	배꽃 향기 맡으며 (농작업)과수원에서 의 만찬	- 관행 농업에서 친환경 농업으로의 전환
		가족			
	빛나농원	가족	낙안 별량 권역	텃밭 요리교실 제철 채소 활용한 팜크닉	- 치유요리에 대한 개발 및 치유 텃밭의 조성
		초중고교			
	가천산방	주부	서면 권역	녹차 향, 녹차(농작 업) 녹차 족욕과 다도	- 녹차 밭을 보행자가 거닐 수 있는 구조로 리뉴얼
		가족			
동물 교감 치유 (2)	순천 승마장	초중고	낙안 별량 권역	말과 함께하는 하루 승마장 소풍	- 치유, 휴게시설의 확 충 - 치유 프로그램 운영자 역량 강화
		가족			
	미듬팜	유아~고등학생	서면 권역	동물 교감치유 샌드아트 창작동화	- 기존 진행하는 샌드아 트와 소동물 이야기를 결합한 치유창작동화 콘텐츠 발굴
		가족			
산림 원예 치유 (4)	모이라 농장	특수아동가족	서면 권역	편백숲 산림치유 허브와 팜파티	- 누구나 쉽게 접근할 수 있는 무장애 시설 확충
		가족			
	산골 관광농원	유치원~초등	승주 권역	편백숲 산림욕 로프·그물 놀이 치 유	- 누구나 편백나무숲을 접근할 수 있는 무장 애 시설 설치
		가족			
	지역사랑	정신/지체 장애	승주	다육이와 함께	- 다문화가정을 위한 치

복지학교	다문화가정 등 소외계층	권역	원예치유	유콘텐츠의 개발
고산생태 치유마을	특수직업군	승주 권역	그대가 최고 고산 생태탐방	- 특수직업군에 대한 면밀한 분석과 사전 인터뷰, 조사를 통해 요청사항 청취
	가족			

제3절

치유유형별 경제적 프로그램 내용

가. 원예 활동

○ 치유농업 프로그램 개발 시 활용할 수 있는 <원예 활동> 유형 및 내용

구분	콘텐츠
텃밭(정원)에 심기 (5)	밭 조성하기
	파종하기
	모종 심기
	솎아주기
	지주대 세우기
요리하기 (6)	과일청 만들기
	장 담그기
	장아찌 만들기
	허브 티백 만들기
	음식(음료) 만들기
절화 및 절엽 활용하기 (7)	절화 절엽 수확
	절화와 절엽 운반
	절화 절엽 선택
	식물 다듬기
	절화 절엽 장식

	꽃다발, 꽃바구니 만들기
주택 정원 관리하기 (8)	분식물 장식과 배치
	정원 잔디 관리
	정원 잡초 뽑기
	정원 주변 정리
	주택 주변 정리
텃밭(정원) 유지와 관리 (9)	식물 준비하기
	식재 디자인 파악
	디자인대로 심기
	원예 도구 운반
	잔디관리
	잡초방제
	전정
	정원관리
	주변 정리
	친환경 방제제 만들기
	해충 방제
	물주기
	퇴비 만들기
	비료 주기
	수확하기
	팻말 만들기
	멀칭
판매하기 (10)	수확물 및 공예품 판매하기
포장하기 (11)	수확물 포장하기

나. 산림 활동

○ 치유농업 프로그램 개발 시 활용할 수 있는 <산림 활동> 유형 및 내용

구분	콘텐츠
생태체험 및 숲 체험 (1)	미래 숲 상상하기
	나무 높이 측정하기
	나무 상처 치료하기
	나무 행복지수 재기
	나무와 인터뷰 하기
	녹색 댐 실험
	느리게 달리기
	생태계 이해하기
	곤충 채집 및 관찰
	나 홀로 숲 관찰하기
	다양한 각도에서 숲을 관찰하기 (거울, 화장지 심, 돋보기 이용)
	나무관찰 및 설명하기
	나무 증산 작용 관찰하기
	동굴탐사
	작은 동물의 발자국 관찰하기(야생동물 이해하기)
	토양 속 미생물 관찰하기
	나무 나이 알아맞히기
	나무 종류 구분하기
	숲속 오감 체험
	숲의 숨은 색깔 찾기
	나무 심장 소리 듣기
	새소리 감상하고 흉내 내기
	향기로 사물 알아맞히기
	눈 가리고 자연 체험하기(촉감지수 알아보기)
	맨발로 자연물 느끼기
	숲속에서 누워있기(낙엽에 파묻히기)

산림자원 활용 작업하기 (2)	자연물 이용 패션 디자인
	장작용 소재 찾기
	목공 작업 계획
	목공 작업 실행
	장작 자르기
	장작용 소재 운반
	장작 쌓기
신체 활동 및 명상 (3)	숲속 피구
	나뭇잎 명상
	노르딕워킹
	바디 스캔
	산책하기
	숲속 ASMR
	숲속 요가
	숲속 트레킹
기타 공예 활동 (4)	나무 목걸이 만들기
	산림자원 이용 액자 만들기
	산림자원 이용 팔레트 만들기
	석고 방향제 만들기
	숲속 차 마시기
	천연 벌레퇴치제 만들기
	천연 염색하기
	천연물감 만들기
	천연비누 만들기

다. 동물교감 활동

○ 치유농업 프로그램 개발 시 활용할 수 있는 <동물교감 활동>
유형 및 내용

구분	콘텐츠
치료 도우미 동물 (1)	인사하기
	악수하기

	동물에게 자기소개하기
	이름 지어주기
	이름 부르기
	이름 맞추기
	이름표 만들어 주기
	접근하기
	먹이 측정하기
	물 떠다 주기
	먹이 주기
	간식 만들기
	간식 주기
	동물 케어를 위한 준비물 준비하기(빗질 브러쉬 등)
	빗질해 주기
	목욕시키기
	마사지해 주기
	단장시키기
	기타 위생관리(말발굽 파기, 이갈이 용품 만들기 등)
	구출하기
	쓰다듬기
	산책하기
	책 읽어 주기
	사육장 및 주변 청소하기
	사육장 꾸미기
	성장일지 작성하기
치료 도우미 동물 훈련 및 놀이하기 (2)	복종 훈련하기
	예절교육 하기
	끌기
	기승 하기
	하마 하기
	동물 위에서 균형 잡기
	조종해보기
	장애물 넘기 훈련하기
	원반던지기 훈련하기
	반환점 돌아오기 훈련하기
	동물의 재주 찾기

	공놀이 게임 하기
	보물찾기 게임 하기
	빙고 게임 하기
	발 모양 찍기
	인형 던지기 게임 하기
	과자 따먹기 게임 하기
	퀴즈게임 하기
	자유 놀이하기
치료 도우미 동물과 소통하기 (3)	소리 알아맞히기
	생김새 살펴보기
	표정 살펴보기
	동물의 신체 탐색하기
	동물의 오감 알아보기
	오감을 활용한 교감하기
	감정 관찰하기
	장점 찾기
	동물이 좋아하는 것 찾기
	선물하기
	편지쓰기
	동물의 성격 이해하기
	칭찬하기
	스킨십 하기
	추억 회상하기
	동물과의 관계 돌아보기
	동물과 사진찍기
	동물과 함께 사진앨범 꾸미기
치료 도우미 동물 케어 방법 배우기 (4)	동물의 성장 알기
	동물에 관한 정보 수집하기
	만지는 방법 배우기
	안는 방법 배우기
	친해지는 법 배우기
	커밍 시그널 이해하기
	동물 마사지 배우기
	동물에 대한 기본예절 배우기
	동물 행동언어 배우기

	먹이 주기 방법 배우기
	복종 훈련하는 법(핸드 시그널) 배우기
	케어 및 위생용품의 사용 및 방법 배우기
	빗질하는 방법 배우기
	산책 시 주의사항 알기
	원반 던지고 받는 방법 배우기
	공놀이 방법 배우기
	승마하는 법 배우기
	사육장 및 주변 청소하는 방법 알기
클라이언트 간 소통하기 (5)	대상자 간 서로 인사하기
	대상자 간 감정 교류하기
	타인에게 동물 소개하기
	동물 퍼즐 맞추기
	동물의 모습 그림 그리기(집단활동)
	동물 관련 시각자료와 실제 모습 비교
	동물의 성장 모습 예측하기
	동물들 간 관계 구상하기
	롤링 페이퍼 작성하기
	말타기 순서 정하기
	동물에 대한 생각 나누기
	인간의 오감 알아보기
	착한 일 자랑하기
	자신의 미래모습을 이야기하기
	마무리 인사하기

라. 농작업 매개 활동

○ 치유농업 프로그램 개발 시 활용할 수 있는 <농작업 매개 활동> 유형 및 내용

구분	콘텐츠
농장 활동 (1)	건초 작업
	농장 및 정원 활동 도구 관리하기

	농장 유지 및 관리
	마당 청결 유지하기
	맷돌에 콩 갈기
	모내기
	오리 방사하기
	울타리 헛간 보수하기
	페인팅하기
	허수아비 만들기
	가구 제작하기
	나무 우체통 만들기
	낚시하기
	도예 활동
	목공예
	연못 관찰하기
	자전거 타기
	캠핑하기
	장작 준비하기
	장작 패기
	장작 불피우기
농기계 이용 및 정비 (2)	농기계(트랙터) 다루기
	농기계 관리하기
	농기계 수리하기

제4절
치유 프로그램의 경제적 운영방안

치유산업 프로그램의 경제적 역량개발을 위해서는 치유농장 운영자의 다양한 영역의 역량개발이 필요하다. 그렇지만 역량개발 프로그램을 실시함에 있어서 다양한 치유 프로그램의 경제적 운영은 더더욱 어렵다. 일회성 치유체험에 그치지 않고, 체험객들에 대한 체계적인 관리를 통해 다양한 역량을 고루 개발할 수 있도록 프로그램을 경제적으로 운영하는 것이 필요하다.

특히 체험 수요자에 대한 치유체험 프로그램에 대한 요구조사와 이를 토대로 치유 프로그램을 기획 및 설계하고, 치유체험 목적을 충실히 수행할 수 있도록 치유체험 프로그램을 구성하는 등 다양한 영역에서의 치밀한 준비가 필요하다.

치유산업경제 실천을 위한 경제적 운영 및 발전방안을 마련할 때 가장 선행해야 할 사안은 치유산업 정책 수립 주체인 관련 공무원이 치유농업의 핵심가치인 연대, 편의성, 지속가능성, 치유기술에 대한 이해와 공감이 선행되어야 한다.

구 분	개 념
연대(solidarity)	사회적 약자 등에 대한 배려, 관련 분야 종사자와의 협업
편의성(easiness)	농가에서 도입하기 쉬움
지속가능성(sustainability)	환경친화적이고 경제적으로 지속 가능
치유기반기술(heal-tech)	치유적인 성과를 높이기 위한 기술

아울러 농산어촌 어메니티(amenity) 조성에 힘써야 한다. 어메니티란 인간이 생태적·문화적·역사적 가치를 지닌 환경과 접하면서 느끼는 매력·쾌적함·즐거움이나 이러한 감정을 불러일으키는 장소를 의미한다. 치유농장을 운영하는 농가는 어메니티를 조성하는 것에 집중하고 여타 홍보·마케팅, 인력지원 등 다른 서비스들은 중간지원 조직(치유농업지원센터) 지원을 통하여 제공받을 수 있도록 인프라를 구축해야 한다. 이를 위해 농산어촌별 방안을 차례로 살펴보면 다음과 같다.

첫째, 치유농업 분야다. 치유농업의 등장은 우리 사회가 직면한 여러 문제, 특히 보건·복지·사회 관련 문제를 해결하는 데 농업의 다원적 기능이 도움을 줄 수 있다는 생각에 기반을 두고 있다. 고령 사회로 대표되는 사회인구학적 변화에 대한 대응은 이미 국가적으로 핵심적 사안이다. 아울러 빠르게 변화하는 경쟁 사회를 사는 현대인의 정신 건강문제에 대한 대책의 필요성이 꾸준히 제기되고 있다. 유럽에서는 치유농업을 노인, 장애인을 포함한 다양한 사회적 취약계층을 대상으로 돌봄, 교육, 재활 등의 서비스를 제공하여 보건복지 관련 비용부담을 줄이면서도 더 나은 품질의 대안적인 서비스를 제공하는 방식으로 받아들이고 있다. 네덜란드에서는 각종 노인성 질환 등으로 돌봄이 필요한 노인들이 데이케어를 위해 치유농장을 이용할 수 있으며, 이를 통해 노인들이 시설에 들어가는 것을 늦추며 살던 집에서 최대한 오래 살 수 있게 함으로써 장기요양 서비스의 품질은 높이고 비용부담을 줄이고 있다. 또한 네덜란드에서는 우울증, 번아웃 증후군, 외상후스트레스장애 등 정신건강에 어려움을 겪는 경우 지방정부의 복지급여 지원으로 치유농업을 활용하여 건강 회복의 기회를 가질 수 있다. 치유농업은 현대사회에서 농업의 다원화와 보건복지 분야의 새로운 요구에 잘 부합하는 형태의 활동이다. 치유농업은 농업, 농촌 자원을 먹거리 생산이 아닌 국민 건강 증진 및 회복을 위해 활용하는 것으로 농업의 다원적 기능 중 대표적인 형태의 하나이다. 유럽에서도 치유농업이 가장 잘 발전된 국가로 꼽히는 네덜란드에서는 치유농업을 특히 소농업인들의 다원화 필요성과 보건복지 분야 개혁 요구에 잘 부합하는 형태의 활동으로 보고 정부가 초기의 발전을 지원하였다. 치유농업의 서비스를 노인, 장애인 등 사회적 약자에 대한 돌봄, 재활, 교육과 같은 공공서비스의 성격으로 규정하고 보건복지, 특수교육, 고용 등 타 영역과 적극적으로 연계할 필요가 있다. 보건복지, 교육, 고용 영역과의 연계를 통해 농장에서 제공되는 서비스의 질적 수준을 높이고 신뢰성을 확보할 수 있다. 또한, 농장에서 제공하는 서비스가 복지급여의 대상이 되는 사회서비스로 인정되면 복지 재정을 통한 운영이 가능해지고, 이를 통해 사회적 취약계층의 접근성을 높이고 치유농업 시설의 지속 가능한 운영이 가능해질 수 있다. 치유농업을 공공서비스의 성격보다 개인의 여가 및 건강 추구 활동으로 규정하면 상대적으로 공공 재원 투입의 당위성 및 타 영역과의 연계 필요성이 약해진다. 현재 국내 치유농업 현황에 대한 구체적 자료는 아직 공개된 것이 없다. 2021년 10월 기준으로 국내에 치유농장 설립 및 운영을 위한 등록, 허가 등 별도의 시스템은 마련되어 있지 않아 '치유농업', '치유농장' 등의 용어는 누구나 자유롭게 사용할 수 있다. 현재 전국적으로 수백 개에 이르는 농장들이 치유농업 관련 활동을 하는 것으로 추산되며, 이들의 성격은 매우 다양하다. 치유농업법은 치유농업 관련 현황조사를 농촌진흥청장의 의무로 명시하고 있다.

국내 치유농업은 정부와 여러 민간영역에서 해석하는 개념이 다양하고, 전 국민을 대상으로 하는 만큼 폭넓은 스펙트럼을 보인다. 서로 성격이 다른 여러 형태의 활동들이 모두 치유농업이라는 용어로 불리면서 치유농업에 대한 합의가 이루어져 있지 않았다. 치유농업에 대해 다양한 개념과 이해가 등장한 이유 중 하나는 '치유'라는 단어가 여러 가지 해석의 여지를 주는 데 있는 것으로 보인다. 이렇게 각자 편의에 맞는 해석을 한 결과 힐링을 위한 체험과 건강기능식품 섭취 등 휴식 관련 목적에서부터 현대인들의 신체적, 정신적 질환의 개선을 위한 활동, 원예치료 및 사회적 약자와 함께하는 보건복지 서비스적 성격까지 다양한 성격의 활동들이 모두 치유농업이라는 이름으로 불리고 있다.

따라서 치유농업의 발전과 적절한 지원을 위해서는 치유농업의 개념과 지향점에 대한 공론화를 통해 이에 대한 이해와 합의가 필요하다. 치유농업과 유사한 개념으로 사회적 농업이 있으며, 농림축산식품부는 2018년부터 '사회적 농업 활성화 지원사업'을 시행해 오고 있다. 지난 정부의 100대 국정과제 중 '누구나 살고 싶은 복지 농산어촌 조성'에 사회적 농업이 포함되며 농림축산식품부에서 활성화 지원사업을 매년 진행해오고 있다. 농림축산식품부는 사회적 농업을 "농업 활동을 통해 장애인, 고령자 등 취약계층에게 돌봄, 교육, 고용 등 다양한 서비스를 공급"하는 활동으로 정의했다.

여러 지방자치단체에서 치유농업 및 사회적 농업 관련 조례제정, 지원금 지급, 시범사업 등을 추진하고 있다. 치유농업법은 치유농업에 대한 국가 및 지자체의 지원을 명시하고 있고 지방농촌진흥기관을 통해 치유농업 시범사업을 시행하는 지자체가 늘어나고 있다. 조례제정은 치유농업 및 사회적 농업 추진에 대한 지방정부의 강력한 의지로 보이나 치유농업의 개념이나 지향점이 명확하지 않고, 또 사회적 농업과 치유농업의 구분이 불분명한 상황에서 성급한 움직임이라는 지적도 있다. 정부가 추구하고 있는 장애인 탈시설 정책, 지역사회 통합 돌봄과 같은 보건복지정책과 관련해서 일부에서는 유럽의 케어팜(Care Farm) 모델을 언급하기도 한다. 네덜란드에서는 장애인, 노인 등 장기요양 대상자들이 시설 수용 없이 집에서 지내면서도 충분한 보호와 돌봄을 받는 데 케어팜이 큰 역할을 하고 있다. 국내 일부 장애인 관련 단체들과 요양기관 등에서는 유럽의 케어팜 모델이 우리나라에서 추진 중인 탈시설화와 지역사회 통합 돌봄이 추구하는 바에 부합한다는 의견을 내고 있다.

앞으로 치유농업이 발전하려면, 치유농업의 지향점을 명확히 해야 하고 이를 위한 공론화가 필요하다. 치유농업은 농산물을 생산하여 판매하는 활동이 아니라 서비스를 제공하는 활동이기 때문에 비용부담 주체에 대한 논의가 필연적이다. 치유농업을 치료 효과를 제공하는 활동으로 규정한다면, 효과를 규명한 후 의료보험과 연계하여 비용을 지급하는 방안을 논의할 수 있을 것이다. 다만, 이 경우 기존 의료계와의 갈등이 예상되므로 대안으로 한의학 혹은 대체의학과 접목하는 방향을 검토해볼 수 있다.

유럽의 사례와 같이 취약계층의 돌봄, 교육 및 재활 등을 목적으로 하는 활동은 장기요양보험이나 사회서비스와 연계를 통한 지속가능한 운영 방식이 바람직하므로 이의 제도화를 위해 정부의 직접적인 개입이 필요하다. 농업자원을 활용한 체험을 통해 힐링 효과를 얻는 것을 치유농업의 지향점으로 삼는다면, 보건복지 영역과의 연계는 쉽지 않을 것이다.

농촌진흥청을 중심으로 지속적으로 이루어지고 있는 치유농업의 의·과학적 효과 연구는 보건복지영역과의 연계를 위한 근거 자료로도 활용될 수 있으나 그 한계 역시 충분히 고려해야 할 것이다. 치유농업 시행이 농업생산 환경을 개선하는 데 기여하여 건강한 먹거리 생산과 유통환경 구축 등 생산자 중심의 농산업으로 전환하는 데도 도움이 될 것으로 보는 관점도 있다.

국내 치유농업은 현재 시작단계에 있으며, 치유농장을 설립하여 프로그램을 운영하기 위한 절차 및 방법, 평가체계 등은 부재한 상황이다. 이에 국내 치유농업의 조기 정착과 활성화를 위해 기존의 농촌 인프라인 농촌교육농장이나 체험농장, 치유를 표방하는 농장을 활용한 운영 매뉴얼 및 프로그램 개발에 대한 요구가 높은 실정이다. 치유농업의 초기 단계인 국내 상황을 고려하여 적극적인 치료나 재활이 요구되는 대상보다는 현재의 농장 운영에서의 확장성을 높이기 위한 비장애인 중심의 예방형 프로그램을 개발하고 그다음 단계로 중장기 프로그램 개발과정에 초점을 맞추어야만 한다. 뿐만 아니라, 비장애인 중심 예방형 프로그램에 적합한 일회성, 단기 프로그램 개발에 초점을 맞추고, 어느 정도 성숙단계에 접어들면 치료나 재활을 위한 중장기적 접근 방법을 모색해야 한다.

둘째, 산림치유 분야다. 산림치유는 향기, 경관 등 자연의 다양한 요소를 활용해 인체의 면역력을 높이고 건강을 증진시키는 활동이다. 현재 우리나라는 산림치유 분야의 선도적인 위치에 있으며, 전문 프로그램 개발, 공간조성, 인력양성 분야에 뛰어난 성과를 창출해 국제적으로 높은 지지와 관심을 받고 있다. 우리나라에서는 2010년 최초 산림치유의 숲 개장 이후 67개소의 치유의 숲을 조성·운영 중에 있으며, 2019년 말 누적 방문객은 186만 명, 산림치유 프로그램 이용객은 32만 명으로 국민의 건강을 위한 필수공간으로 거듭나고 있다. 영국, 뉴질랜드, 미국 등에서는 산림의 건강 증진 효과를 바탕으로 자연을 처방하는 시도가 시작됐으며, 중국에서는 범국가적으로 산림치유 정책을 추진하는 등 그 발전 속도가 가속화되고 있다. 영국 스코틀랜드 의사들은 2018년부터 병원을 방문한 환자에게 '약' 대신 '자연'을 처방할 수 있는 권한을 부여받았으며, 고혈압, 우울증, 정서불안, 심장질환 환자들에게 증상을 완화하고 행복 수치를 높이는 자연 처방을 제공하고 있다. 뉴질랜드와 미국에서도 다양한 신체 활동과 영양 상태 개선을 위해 산림을 이용하거나, 생활권 녹지에 다양한 숲길을 조성해 '의료길' 또는 '처방길'이라고 부르며 운영하고 있다. 중국은 2015년 10월 이후 중국의 지방자치단체와 지역단체들이 산림치유를 적극적으로 승인하고, 그에 앞서 중국 국가임업초원국(산림청)에서는 국외 산림치유 개념도입, 홍보, 연구를 추진한 바 있다. 특히 중국은 한국의 산림치유 관련 법률 제정 사례와 공간조성 현황을 참고해 발전해나가고 있으며,

중국의학과 접목해 중국에 적합한 요소와 특징을 반영한 산림치유 방안을 찾아가고 있다. 숲은 우리 주위에 가까이 있기 때문에 국민 누구나 쉽게 찾아 갈 수 있고, 향기, 경관 등 자연의 다양한 요소를 활용하여 인체의 면역력을 높이고 건강하게 만들어주는 치유의 공간이다. 이렇게 숲의 건강 증진에 대한 국민의 관심이 높아지면서, 치유의 숲 누적 방문객은 100만 명을 넘었고, 산림치유 프로그램 이용자 수 역시 매년 증가 추세를 보여 점차 산림치유서비스의 정착이 이루어지고 있다. 국립산림과학원은 국민의 질병을 예방하고 건강을 증진하기 위해 숲의 경관, 햇빛, 피톤치드 등 다양한 산림치유 인자의 효과를 구명하고 대상자별 건강 증진을 위한 맞춤형 프로그램을 개발하는 연구를 수행해왔다. 최근에는 이와 같은 산림치유를 보다 의학적이고 전문적으로 발전시킨 산림 의학 등의 새로운 개념도입을 추진하고 있다. 독일 등 유럽에서는 의학적 치료와 더불어 산림 및 자연환경의 치유 프로그램을 운영하고 있으며, 이를 통해 환자나 일반인들이 자연 속에서 휴양을 하며 질병 예방, 건강 증진, 재활치료를 하고 있다. 우리나라도 국민들이 질병 예방 및 건강 증진을 위한 방안으로 산림의 중요성을 인식하고 있다.

단기 산림치유 프로그램으로는 숲 치유, 건강치유 등의 프로그램이 있다. 숲 치유 프로그램에는 숲속에서 다양한 걷기 활동을 통해 교감신경을 안정화시키고 신진대사를 촉진하는 프로그램이나 숲의 산림인자를 활용한 신체 활동과 해먹 명상을 통해서 편안한 휴식을 도모하는 프로그램, 자신의 호흡을 느끼고 면역력을 증진하는 숲 감성 나눔 프로그램, 숲 산책을 하면서 숲의 경관을 즐기는 숲길 산책 프로그램, 아침 식사 이전 스트레칭 프로그램, 호흡이나 걷기 명상 등을 통해서 마음의 균형을 다스리는 명상 프로그램, 균형운동 프로그램 등이 있다. 장기 산림치유 프로그램으로는 숲속 힐링 스테이 프로그램이 대표적이다. 1주일 동안 산림에서 지내면서 숲 산책이나 트레킹, 맨발 걷기, 치유 장비를 통해서 혈액순환을 촉진하고 피로회복을 돕는 프로그램, 명상 프로그램 등 다채로운 프로그램을 즐기는 것이 주요 핵심이다.

셋째, 해양치유 분야다. 우리나라는 삼면이 바다로 둘러싸여 천혜의 조건을 갖추고 있음에도 해양생물자원에 대해서는 인식 부족과 해양오염 등으로 육상생물자원에 비해 관심이 부족하였다. 따라서 국내의 해양바이오 분야를 지원하기 위해 2004년 해양수산부의 '해양생물 활용 유용 신물질 개발사업'과 「마린 바이오 21 사업」으로 약 46억 원을 투자하였다. 현재에도 해양바이오산업에 대한 투자가 증가하고 있으나 해양바이오 분야의 인프라 구축이 취약함 등의 문제점이 있다. 따라서 해양생물자원에 대한 지속적 관심과 효율적인 활용을 위한 연구개발이 필요하다. 특히 크나이프 요법을 정립한 "세바스티안 크나이프(1821~1897) 신부"는 서양 자연치유법을 정립했으며 독일 남부의 작은 마을 바트 뵈리스호펜(Bad Woerishofen)을 크나이프 치유 마을로 온 세상에 알린 장본인으로 "물 박사"로 불린다. 크나이프 신부는 가장 오래되고 명확한 치유법인 물 치유에 대해 지속적으로 관심을 갖고 직접 실행하면서 크나이프 치유법을 체계화시켰다.

미국과 한국에서 비슷한 현상으로 의료비가 높아지고 질병이 매우 많이 일어나고 있으며, 꼭 코로나가 아니더라도 그 어느 때보다 건강이 중요한 화두로 떠오르고 있는 시대이다. 질병 사망의 약 70

퍼센트는 고혈압, 당뇨병, 비만, 관절염, 골다공증, 치매 및 암 등 비감염성 질환(Non-communicable disease; NCD)에 해당하고, 이 것들은 "생활습관질환"이기도 하다. 그렇기 때문에 일상생활에서 식습관과 어떤 생활 태도를 갖는지 살펴볼 필요가 있고, 크나이프 치유는 스스로 자신의 면역력을 높여서 어떠한 어려움과도 맞설 수 있는 힘을 키워 준다.

크나이프 치유를 일상생활에서 꾸준하게 실천하는 것이 건강한 삶을 유지하는 관건이다. 먼저, 크나이프 치유의 개념을 이야기하면서 우리가 치유를 논해야 하는 이유와 크나이프와 같은 자연치유가 서양에서 각광받는 이유, 그리고 자연치유가 무엇인지를 알아야한다. 그런 뒤 물 치유의 가장 기본들을 실습할 수 있도록 크나이프 방법과 몸 닦기, 물 붓기, 천 감싸기 몸 담그기, 솔 마사지 등을 세분하여 상세하게 익힌다. 더불어 각 방법마다 어떤 효과가 있고, 적용대상은 어떻게 되는지 그리고 피해야 할 금기 대상은 어떤 것이 있는지 등이 학습대상이다. 일부 요법은 전문가의 도움이 필요하지만 일반적으로 학다리 걷기, 팔 담그기, 이슬 밟기, 눈 밟기, 맨발 걷기 등등은 일상생활에서 손쉽게 할 수 있는 방법들이다.

크나이프 치유는 다섯 가지 요소인 "물, 움직임, 음식섭취, 치유식물, 삶의 질서"를 기본으로 달리 이르면 물, 신체 활동, 균형 잡힌 식생활, 치유식물과 삶의 질서를 이용한다. 질병의 원인을 자연환경과 생활환경의 부조화로 인해서 발생하는 것으로 보고, 생명체가 스스로 가진 자기 치유능력을 활용해서 원래 상태로 회복할 수 있다고 본다. 크나이프 자연치유는 물의 냉온 및 수압을 이용한 자극 등으로 우리 뇌와 신체 세포를 일깨우고, 즐겁고 규칙적인 신체 활동, 균형 잡힌 식이 섭취와 더불어 심신의 균형과 평상심의 마음가짐을 유지함으로써 신체의 모든 조직과 생체리듬을 정상화, 활성화시켜 고유한 생명유지와 회복 기능에 유익함을 준다. 익히고 실천하면 가정의 상비약처럼 질병을 예방하여 의료비를 줄이는 데 많은 도움이 될 것이다.

크나이프 물 치유에서 가장 대중화된 방법은 팔 담그기와 학다리 걷기이며 이밖에 물 붓기, 젖은 천으로 닦기, 천 감싸기 등의 세분된 치유방법들이 있다. 이 방법들은 우리 인체의 넓은 장기인 피부를 자극해 몸에서 발생하는 열이 쉽게 방출할 수 있도록 유도한다. 또한, 화학적 반응을 동반한 신진대사로 인해 발생한 열이 몸 밖으로 쉽게 방출되는 것을 막는 물리적 열 조절 작용을 도와 체온을 일정하게 유지하도록 한다. 열 조절 작용은 혈액순환을 촉진하여 치유 효과를 증가시키고, 따라서 면역 체계가 강화되는데 이러한 일련의 과정들이 물 치유의 기본 원리이다.

제5절
요약 및 제언

앞으로 치유농업이 발전하려면, 농업 이외 분야와의 적극적인 연계가 절실하다. 참고로 외국의 치유산업 지원 정책과 관련 법규는 아래 표와 같다.

외국의 치유산업 지원 정책과 관련 법규

구분	관련 법규	주요 정책 수단		주요 재원
		내용	분류	
이탈리아	사회적 협동조합법 (1991) 사회적 농업법 (2015)	돌봄 서비스 제공 대가 지급	보상	사회보험
		직업 재활 프로그램 참여수당 지급	보상	
		고용 취약계층의 임금 보조	보상	
		교육서비스 제공 대가 지급	보상	
		직업교육 참여수당 및 교육 운영비 지원	보상	EU 사회기금
		국유지 사용 우선권	촉진	-
		공공조달 및 공공일자리 선정 우선권	촉진	-
		사회적 농업 관찰국(observatory) 운영	촉진	국가
네덜란드	장기요양법(2014) 사회지원법(2014) 청소년·아동법(2014)	돌봄 서비스 제공 대가 지급	보상	개인 예산제
		돌봄 농업지원센터 운영1(1999~2008)	촉진	농업부, 보건복지부

구분	관련 법규	주요 정책 수단		주요 재원
		내용	분류	
벨기에	현금 급여 지급 관련 법령 제정(2015)	돌봄 서비스 제공 대가 지급	보상	사회보험
		농업 생산성에 부정적인 영향을 미치는 부분에 대한 보전금 지급	보상	농업부
		시설정비 비용 지원	촉진	
		플랜더스 녹색 돌봄 지원센터 운영(2004~)	촉진	5개 주 정부
일본	장애인 자립지원법 (2006) 빈곤 생활자 자립지원법 (2015)	시설정비 비용 지원	촉진	후생노동성, 농림수산성
		인력·기술 지원	촉진	
		장애인 직업교육 운영 예산 지원	보상	
		공공 직업소개소(헬로워크) 운영	촉진	후생노동성
		고령자 대상 사회적 농장 설립 지원	촉진	
		빈곤계층대상 직업교육 운영비 지원	보상	

주1: 2009년부터는 정부가 직접 업무를 위탁해 운영하던 '네덜란드 국립 농업 및 돌봄 지원센터'를 해산하고, 그 기능을 돌봄 농업 협의회 단체에 이관함.
자료: 김정섭·나현수(2019)

치유산업은 농산어촌 산업의 하드웨어를 활용하여 건강 증진을 위한 서비스라는 소프트웨어를 제공하는 활동이므로, 농축임산업은 물론 보건복지, 교육, 고용 등 여러 부처의 협력과 지원이 필수적이나 아직은 농축임산업 이외의 영역에서의 관심이 충분하지 않다. 협력의 목표는 치유를 위한 농축임산업의 인프라 및 자원 활용 비용을 보건복지 및 교육서비스 재원으로 부담하는 시스템을 구축하는 데 있다. 이를 위해서는 앞서 언급한 대로 치유산업의 개념과 지향점이 먼저 분명해져야 한다. 예를 들어 도시인들의 힐링을 목적으로 하는 활동인 경우와 정신장애인을 대상으로 하는 활동은 각기 다른 지원제도와 연계되어야 할 것이다.

현재 주로 이루어지고 있는 농축임산업 영역의 지원금을 통한 시설 개선 및 컨설팅 등은 초기 농장 조성에는 도움이 될 수 있지만 지속 가능한 운영을 위해서는 일회성 지원금이 아닌 농장에서 제공되는 서비스에 대한 정당한 대가가 안정적으로 지급될 수 있는 구조가 필요하다. 보건복지 영역과 연계되면 장기요양보험 및 사회서비스 등의 제도를 치유산업 서비스에 적용할 수 있게 되어 치유산업 시설은 안정적으로 재원을 마련할 수 있다.

앞으로 치유산업이 발전하려면, 현재의 치유농업법에 치유산업시설 설립 및 운영과 관련한 내용을 포함하는 법 보완이 필요하다. 치유산업 활성화를 위해 필요한 것은 단기적인 지원사업보다도 치유산업시설과 활동을 가로막는 각종 규제를 적절하게 변경하는 것이다. 치유산업 서비스가 다양한 취약계층을 대상으로 하는 경우 제공되는 서비스는 공적인 성격이므로 공적 영역에서 이에 대한 비용을 부담할 수 있는 제도적 기반 마련이 필요하다. 아울러 치유산업 관련 추진사업 중간 모니터링 시스템이 필요하다. 이를테면 치유산업 관련 사업을 추진하는 경우 매년 결과보고가 이루어지고 있으나 해당 사업이 추진 목표에 맞게 진행되고 있는지에 대한 모니터링 작업이 필수적이다. 모니터링의 주체는 시민단체나 전문가가 평가 주체가 될 수 있다. 대체로 여성 가족 정책 연구기관에서 수행하면 성 인지적 관점에서 모니터링을 수행할 수 있다. 치유산업 사업에 대한 성 인지적 모니터링 체크리스트에 대한 선행연구를 제시한다. 계획수립단계, 집행단계, 평가단계별 성 인지적 관점에서 모니터링 할 수 있는 지표가 제시되어있다. 이에 대한 참고사항은 아래 표와 같다.

단계	모니터링 항목	평가지표
계획 수립 단계	법령 및 규범의 성인지성	·사업 관련 법 혹은 지침에 성차별적 조항이 있다. ·사업 관련 법 혹은 지침에 성 평등적인 조항이 있다.
	계획수립의 적절성	·사업 대상자를 대상으로 수요조사를 실시하였다. ·성별 영향을 고려하여 계획이 수립되었다.
	사업 담담자의 성 인지성	·성별 요구도 차이를 인식하고 통계자료도 제시하였다. ·성 주류화 관련 교육을 받았다.
	여성의 참여 정도	·심의위원회의 여성 비율 40%가 된다. ·여성단체의 의견을 반영하였다.
	성별 영향평가 추진 역량	·성별 분리통계를 생산하고 있다. ·담당자는 성별 영향평가 교육을 이수했다.
사업 추진 단계	정보이용의 편의성	·사업 홍보 및 안내가 적절하게 이루어졌다. ·정보의 접근 및 이용절차는 간소하다.
	정보의 차별적 접근성	·사업 관련 정보는 남녀 누구나 볼 수 있다. ·사업정보를 접근하는 데 성별 차별이 없다.
	사업수행의 성 형평성	·사업대상자대비 사업 수혜자 성비가 유사하다. ·수혜자의 성, 연령, 소득 차이 따른 요구를 반영하였다.
	예산집행의 형평성	·사업예산의 사업 대상자의 성비와 유사하다. ·성 인지 예산서 분석을 하였다.
사업 평가 단계	정책 개선 정도	·사업결과에 대하여 모니터링을 수행하였다. ·사업집행결과 정책이 개선되었다.
	컨설팅 만족 정도	·컨설팅 결과를 사업담당자가 수용하였다. ·성별 영향평가 후 정책이 개선되었다.
	만족도 조사	·사업 수혜자를 대상으로 사업만족도를 조사하였다 ·사업담당자를 대상으로 사업만족도를 조사하였다

허미영(2014) 성별 영향평가 모니터링방안 연구

앞으로 치유산업이 발전하려면, 사회적 농업과 연계해야 효율적인 정책 수행이 가능해진다. 사회적 농업을 추진하고 있는 농림축산식품부는 2020년 보건복지부를 비롯한 타 부처들과 MOU를 통한 협력사업을 진행해야 한다. 따라서 치유산업을 위해 타 부처와 새로운 협력을 추진하기보다 사회적 농업과 중복되는 영역(돌봄, 복지, 재활, 교육 등)에 대해서 사업을 함께하는 것이 효율적일 수 있다.

　기타 치유산업 중장기 발전방안 마련 시 정책 제언 사항으로는 법률보완 필요, 전문인력양성체계 마련, 민관 거버넌스 구축, 치유산업 확산 및 선점을 위한 지자체형 사회보장제도 도입, 치유산업 관련 추진사업 중간 모니터링 시스템 마련, 중앙부처 사업, 지자체 사업 주체 간 협력체계 구축, 지자체 푸드 플랜과 연계, 유사정책사업과의 연계를 위한 전략 등이 중요하다.

　중장기적으로는 치유산업을 규율하는 현행 '치유농업연구개발 및 육성에 관한 법률'과 시행령을 새로이 보완할 필요가 있다. 현행 법률안에는 중간조직의 활동 및 기관과 연계 시 어떤 규정이 필요한지, 중간지원조직에 대한 경제적 지원 여부에 대한 조항이 빠져 있는 실정이다. 또한, 법률보완 작업 시에도 치유산업이 지니는 연대와 사회통합 가치를 유지하려면 소관 부처인 농촌진흥청뿐만 아니라 농림축산식품부 등 여러 행정 기관들이 협의하고 치유산업, 사회적 농장을 운영하는 정책대상 농가들이 참여하여 법률개정에 의견이 반영될 수 있어야 한다.

　2021년부터 치유농업사 1급, 2급 자격시험이 시행되고 있다. 하지만 아직 치유농업사가 배출되었을 때 구체적으로 어떻게 고용할 것인가에 대한 청사진이 마련되어 있지 않다. 치유산업사, 치유농업사, 치유 가드너 등 전문인력 양성에 관한 세부지침 마련이 필요하다. 특히 사회적 농장에 기반을 둔 치유산업 추진 시에 의료기관과의 연계, 기관과 농장 간 협약 등 다양한 사안에 대하여 운영 매뉴얼이 제시되기 위해서는 기존 법령, 시행령과 조례제정 및 개정이 필요하다.

일본의 경우 장애인을 농장에서 고용할 경우 필요한 절차를 지침 서화하여 다운로드가 가능하도록 게시하고 있다. 지자체 주무부서는 치유산업 발전방안 마련 시 유관기관 및 참여 주체(시민, 농림축산어민, 장애인, 보건소, 시도광역 정신건강센터, 시군 치매 안심센터, 학교급식위원회, 교육지청, 농촌진흥청, 행정자치부 마을 만들기 사업, 고용노동부 일자리사업 등)들 간 민간 거버넌스가 필요하다.

사회혁신 개념이 포함된 치유산업 사업계획 수립 시에 사업 대상자인 주민이 참여하여 지역 문제를 해결하는 리빙랩 운영을 시도할 필요가 있다. 청소년 자살률 증가와 학교폭력 증가 현실을 고려할 때, 관계 기관들 간 소통과 협력이 필수적이다.

세계에서 치유산업이 가장 활성화되어 있는 네덜란드의 성공 요인은 사회지원법을 통해 돌봄이 필요한 사람들에게 재정지원을 하고 있으며, 케어팜도 돌봄 서비스 제공처로 등록할 수 있게 되어있다. 하지만 국내에서 의료보험제도와 연계하여 치유농장을 지원하기 위해서는 국민적 합의, 중앙부처 간 조율 등 풀어야 할 과제가 많아서 시간이 많이 소요될 것으로 보인다. 따라서 각 지자체가 앞장서 치유농장 품질 인증제 요건에 통과한 치유농장을 돌봄 기관으로 인정하고 재정적 지원을 할 경우 국내 치유농장 시장을 선점할 것이다.

참고 문헌

김경미, 정순진, 김재순, 장혜숙. 2018. "생애주기별 치유농업 프로그램 적용을 위한 사회보장위원회 정책 탐색" 한국원예학회 학술발표 요지.: 205~206.

김진이. 2018. "치유농업 육성 및 활성화 방안". 광주전남연구원.

농촌진흥청. 2018. 일본의 사회적 농업 돌봄 농장 실천 메뉴얼. : 27~47.

노정기. 2020. 농업법인의 설립과 성공적인 운영 방법 교안.

박수영. 2016. "그린케어 농업의 체계적 도입을 위한 기본전략". 전남대학교 박사 학위논문.

이명헌. "네덜란드의 다기능 농업개념과 현황", e-서계농업 제7호.

이아영, 김선옥, 박신애, 이왕록, 김대식. 2018 "농장 기반 가족 단위 치유농업 프로그램 운영 및 효과 검증." 한국원예학회 학술발표 요지 : 148~148.

이정해. 2017. 유럽의 사회적 농업: 벨기에, 네덜란드 이탈리아 사례, 한국의 농업 현실과 사회적 농업. 한국농촌경제연구원 세미나 발표자료. 미간행.

이정해. 2017. 사회적 농업 국외 사례 조사: 네덜란드, 이탈리아, 2017년 2월 해외출장 보고서. 한국농촌경제연구원. 미간행.

이혜진. 2016. 영국의 사회적 농업. 세계농업, 196, 9-26. 한국농촌경제연구.

이승철, 강찬구, 이민훈, 이은미. 2013, 힐링을 힐링하다(CEO Information 897호). 삼성경제연구소.

임승수, 김승애. 2016. "유럽의 사회적 농업 개관과 이탈리아의 사례". 세계농업 11월호. 한국농촌경제연구원.

유은영, 정민예, 정지인, 하예나. 2020. "치유농업 서비스 체계 구축 가이드 개발". 연세대.

정덕화, 정백근, 허무룡, 연성찬, 김정환, 이정규. 2012 rAgro-medical 기반 조성을 위한 요소별 체계확립 및 구성 모델(안) 개발(농촌진흥청 용역

보고서)」. 경상대학교.

전성군. "초원의 유혹". 한국학술정보. 2007. 11

전성군 외. "스마트 생명자원경제론". 한국학술정보. 2014. 11

전성군 외. "치유농업사 300". 모아북스. 2022. 3

전성군 외. "농촌컨설팅지도". 모아북스. 2022. 4

황영모, 이민수, 신동훈, 배균기. 2016. "농업·농촌의 다원적 기능과 지원 프로그 램 연구". 전북연구원

Fridgen, J. D. (1991). Dimensions of Tourism Educational Institute of the Howard, J. A. & Sheth, J. N. (1969). The Theory of Buyer Behavior. New York : John Willey & Sons. 145

조록환

서울대학교와 동 대학원(교육학박사)을 졸업하고 농촌진흥청에서 치유 및 관광산업 분야에 33년 6개월 종사하였다. 독일 크나이프 치료사를 취득한 후 현재는 대구한의대학교 치유산업학과 교수로 재직하고 있다. 주요 저서로 〈크나이프 치유〉(공저) 등 다수의 저서가 있다.

전성군

전북대학교와 동 대학원(경제학박사)을 졸업한 후 캐나다 빅토리아대학과 미국 샌디에이고 ASTD를 연수했다. 현재는 농협대 및 전북대에서 학생들을 가르치고 있다. 주요 저서로 〈생명자원경제론〉, 〈협동조합교육론〉, 〈협동조합 지역경제론〉, 〈치유농업 300〉, 〈농촌컨설팅지도〉 등 26권의 저서가 있다.

치유산업경제론

초판인쇄 2022년 10월 21일
초판발행 2022년 10월 21일

지은이   조록환·전성군
펴낸이   채종준
펴낸곳   한국학술정보㈜
주 소   경기도 파주시 회동길 230(문발동)
전 화   031) 908-3181(대표)
팩 스   031) 908-3189
홈페이지 http://ebook.kstudy.com
E-mail 출판사업부 publish@kstudy.com
등 록   제일산-115호(2000. 6. 19)

ISBN 979-11-6801-822-8 93320